10年後、ともに会いに

寺井暁子

目次

第二部　イスラエル・パレスチナ編

第三部　エジプト編

はじめに

ある人が言った。
20代は、暗いトンネルの中を進む時期だと。
自分が何者かを社会に対して説明しなければならなくなり
でもそれを定義できるほどまだなにも形にはなっていない。
自分のしていることがいつか形になるかも分からず
あるいは、行動すら起こせず
出会う人々に
「あなたは誰？」と聞かれることが苦痛で仕方なく感じる時期だと。

ある人は正しかった。
人を大事に。出会いを大切に。なんて言いながら
ほんとうは人に会いたくない時期があった。
自分より若い人が目をきらきらとさせて
「社会人ってどうですか」と聞く、そのまなざしを受け止めきれず
自分よりも多く年を重ねた人が
「君は結局何をしたいの？」と、ぶつける質問に萎縮した。

そのくせ相手が「若いころは」の語り草を始めると
胸の真ん中あたりがむらむらとして、挑戦的なまなざしを向けた。

人に会いに行くたびに緊張した。
鏡の前で笑顔とおもしろい話の練習をした。
テンポのいい音楽を聞いて電車に乗った。

自分より若い人が
「何がしたいか分からないのです」と泣きつけば
「大丈夫だよ」と責任なく励まし
自分よりも多く年を重ねた人が
「若いうちは、何になりたいかなんて分かる必要はないさ」と言えば
「でも自分は知りたいのです」と熱血漢になった。

そんな自分が、嫌いだった。

ある人は言った。
トンネルを歩くことに集中すればいいよと。
無理に人と会う必要はないよと。

でもトンネルの中を歩きながら、私は思った。
こんな時間を共有しているかもしれない人たちに会いに行きたい。

私の通った高校は、アメリカの山奥にある寮学校だった。
同級生は90人。80近くの国から集められ
2年間をともに過ごした後、それぞれの場所へと散っていった。

思春期を一緒に過ごした仲間たちは今
世界のどこかで、揺れながら生きているのだろうか。

何か目指す職業を見つけたの？
それとも偶然が重なってそこにいる？
今の自分をとりまく世界について思うことは？
将来の自分を、そして世界を、どう想い描いている？
……日々何を感じてる？

同窓会で聞くような選び抜かれたサマリーではなくて
その元となる雑然とした毎日に、少しの時間でも寄り添ってみたい。
その中で流れる思想や、感情や、思いつきを、集めてみたい。

いつか会いに行くからね。
どこにも記録されず、きっと誰にも記憶されていないけれど
私の中でずっと消えずにいる17歳の約束。

＊　＊

この本は、20代後半になった「わたし」と
「わたし」が会いに行ったかつての同級生たち
そして思いもかけず出会うことになった
あたらしい仲間たちとの物語です。

第一部

ヨーロッパ・北米編

夜行列車

ベルリンからウィーンまでの10時間。人生2度目の寝台列車――。

初めて夜行列車に乗ったのは社会人の夏休みを使ってタイに行ったときだった。チェンマイからバンコクまで。興奮してなかなか寝付けず、食堂車で同席したイギリス人男性とずいぶん長いこと話をしていた。

「誰もが人生の中で、1冊の本が書けるはずなんだ」

あのとき、半分開いた窓から外の闇に溶け出した彼の言葉が、今この電車にまとわりつく風の中にも流れている気がして、私は少しだけ開いたカーテンの外を見つめていた。

真っ暗な田舎道に時々灯り。時を刻むように、ぽつり、ぽつり。現れては後ろに流れていく。

ふいに目の前に遠い昔の光景が浮かんだ。校庭の隅で、雲梯の1つ目と2つ目のバーに手をかけている7歳の頃の自分だった。足はまだスタート地点の台についている。この足を離して、振り子みたいに体を揺らして手を伸ばせば次のバーに届くのに、どうしても離せないでいる。ドキドキしながら砂利だらけのグラウンドに目をやると、太陽が力を失い始めた夕方の校庭には誰もいなかった。小さな私は少しほっとして、離すことのできなかった両足に重心を移し戻す。

3つ目のバーは、ひとりのときほど決まって遠かった。昼休みにみんなと遊んでいるときは、3つ目、4つ目、終わりまで、猿みたいに勢いよく渡っていくことができたし、あとからついてくる友達を「遅いなあ」と思いながら待つ余裕だってあった。でもひとりになると、からきしだめだった。

ゴトゴトと背中が揺れ続けるベッドの上で7歳の自分に話しかけた。

「ねえ、今、あなたのこと見ていたよ」

女の子は、驚いたように私を見て、気まずそうに俯いた。

光と影

@Vienna

ウィーン中央駅着、朝5時10分。無性にコーヒーが飲みたいけれど駅中のカフェスタンドすらまだ開いていない。地下鉄に乗り換え、人が流れるようにたくさん降りた駅で自分もなんとなく降りてみる。駅の階段を上がると、いかにも歴史のありそうな風格の教会がそびえ立っていた。

電車を降りた人たちが次々とどこかに向かってしまう中、おじいさんが1人、広場向かいの歩道に椅子を置いて座り、絵を描き始めた。人を寄せ付けないその佇まいこそが絵になりそうで、明るくなったら写真を撮らせてもらえないかぼんやりと考えていた。

空が薄紫色に染まり出した。教会が朝日を浴びて、その瞬間しかない輝きを放ち始める。それを真剣に見つめるおじいさんの横顔からこの色をキャンパスに置きたかったことが分かって、やっぱりそっとしておこうと思い直す。見上げると、教会の屋根のまわりを鳩たちが優雅に飛び回っていた。

朝10時半。すっかり明るくなったウィーンの街角で待ち人を探す。ホセがベルリンから夜行列車ひと晩の距離にいると知ったのは、たまたま彼が数日前にフェイスブックに登録したという連絡がきたからだった。「ベルリンにいるけど、行ってもいい?」「どうぞ」トントン拍子に話が進んで会いに行くことが決まっても、私はこれからの時間が想像できずにいた。

10年ぶりにあの頃の同級生たちに会いに行く――そう決めたとき、私は親友と呼べるような近しかった人も、そうでなかった人も、会える人にはとにかく全員会おうと決めていた。ホゼは後者。話は続くだろうか。いや、それ以前に顔すらうろ覚えだったから、ちゃんと会えるのかさえも不安だった。

地下鉄のホームでお互いの姿を見つけた私たちは、いったい互いに何を思っただろう。挨拶のハグを交わし、小さなため息とともに最初に出た言葉は、わお、だった。

「僕の家に荷物を置いて、とりあえずカフェに行こう」ホゼは私の鞄を持って歩き出した。彼の後を追いながら、ああ、ホゼはこんなに背が高かったんだと思った。

何を話したらいいのか分からないまま街角のカフェのテラス席に座る。ホゼは建築家になっていた。大学卒業後ロンドンにある設計事務所に就職したが、最近辞めてウィーンに移ってきたという。

「商業建築がつまらなかったんだ。香港や中国に建てる高層ビルの床面積をどうやったら最大化できるかについて毎日計算していた。既存のデザインのコンセプトの上に、ただ四角を積み上げていくだけの創造性のない作業を、僕は建築とは呼べなかった」

4ヶ月前からウィーンにある大学院で研究を始めた。グロテスク建築という、聞き慣れない分野の研究。

「恐怖、気味の悪さといった感覚を呼び覚ますデザインのことだよ。ビジネスにはならない。

僕のところの教授はこの分野の先駆者だけど、まだ一度も建物を建てたことがないんだ。誰も気味の悪い建物を建てて欲しいなんて依頼はしないからね。でも今はそれでいい。僕にとっての建築は既成概念、既存のセンスを破る形を作ること。そのプロセスそのものなんだ」

素材を発展させてまったく新しいものを作る。たとえばファッションデザインと似ている、と彼は言った。

「既存の考え方から連想できないものを見たとき、人は胸がざわざわして気味が悪いと感じるんだ。ファッションでは新しいスタイルが毎シーズン出てくるでしょ。流行になって人々が慣れると、デザイナーはまた誰も見たことがない服を生み出してその概念を超えようとする。ファッションも建築もその繰り返しなんだよ」

私はノートを広げた。ホゼの話は概念的で難しいのに何故か引き込まれる。

「だからまず、いくつかの要素があってね。まあ細胞みたいなものだけど。それを理にかなわない形で発展させて恐怖を作り出すんだ」

ホゼは私のノートに、細胞が進化していく図を描き始めた。

ふと私は自分の中の「恐怖」について話してみたくなった。前の晩に、夜行列車の中で繰り返し思い出していた幼い頃の光景。思い出すと胸がざわつく、私の影のようなその光景は、ホゼの言うようないくつかの「要素」に分解することができるのかな。そうしたら、私は自分が本当は何を怖がっているかを知って、それに慣れて、前に進んでいけるかな。そんなことを呟いて、相手に投げてみた。

ホゼは私の話を理解しようといくつかの質問をした後に言った。

「面白いね。僕が作り上げているものを、君は分解しようとしている。僕らはまったく違う世界で、本質的には同じ、逆向きの作業をしているのかもしれない」

ノートからホゼに視線を移す。9月の末だというのに、いつの間にか辺りは真夏のように暑い。木々の間をぬって届く肌を刺すような太陽の光は、ホゼの顔に陰影をつけていた。

「ねえ、あなたにとっての光と影ってなに？」

この旅で会う人たちに聞いてみたかったことが自然と口をついた。それをかなり直接的な言葉で聞いたことに、自分自身が驚いた。

ホゼはしばらく考えて言った。

「光はまだ知らないこと、影はすでに知ってしまったこと」

向き合って座る私との真ん中辺りを見つめながら、ホゼはさらに自分の考えの中に入り込んでいく。

「僕は未知に惹かれるんだ。すでに知っていると思うことは危険だ。それは心地良い場所かもしれない。でもそれは、人が考えることをやめてしまう場所でもある」

私とは逆の光と影。私にとっての光はすでに知っていること。スポットライトを当てられても恥ずかしくない自分。影は、はっきりと言葉を見つけられない未知のこと。放課後の雲梯のように、理由も分からず、人に見られたくない自分の姿やあり方のこと。

「光にスポットライトを当てても何も映らないよ。すでに形がある物にスポットライトを当てたら影になると思うけどな」

はっとさせられる。建築家らしい突っ込みだと思った。

カフェで長い時間を過ごした後に訪ねた研究室は、グロテスクという言葉のイメージとは対極の、真っ白で清潔なスタジオだった。窓際に置かれたホゼのパソコンモニターの中では、彼が描いた3Dの「細胞」がドクンドクンと脈打ちながら分裂して、増殖して、全体の形を発展させている。直線がどこにもないまるで生き物のようなそれは、建築と言われてもピンとこない。

「まだコレという要素を見つけてはいないんだ。でもこの方法で、見たこともない建築に辿り着こうと思う」

ホゼはパソコンの画面を見つめて言った。

研究室の出口には卒業生たちの完成模型が並んでいた。

「あれ、ハウルの動く城みたい」

私が模型の1つを指して言うと、ホゼの仲間の1人がにっこり笑った。

「ハヤオ・ミヤザキでしょ。グロテスク建築はジブリの世界観に通じるものがあるんだ。往々にして建築よりもアートの方が新しい世界観に辿り着くのが早い。大きなハコを作る建築よりも既存の形を破りやすいからね」

散歩に出ようとホゼが言った。

晴れ渡った午後の空。ウィーンの街には白い建物が並び、所々に広々とした緑の公園が広がる。私がその色彩に感激していると彼が聞いた。

「東京の色って何色?」

目を閉じて、数週間前に出てきた街の風景を呼び覚ましてみる。

「残念ながら、灰色の建物が多いよ」

「建物の話じゃないよ。街の色。たとえばウィーンは僕はクリーム色だと思うんだ。伝統的で、綺麗で、刺激はそこまで強くない。ぬるさがある」

伝統的な建物が並ぶ目の前の風景は、あんな建築を目指しているホゼには物足りなく映るのかもしれない。

「ウィーンがクリーム色ならホゼの育った街は?」

「ポルトのこと? あそこは灰色。とても濃い灰色」

ポルトガルの故郷。その街を彼はとても後ろ向きなところだと言った。嫌悪感さえ含まれた言い方に少したじろいでしまう。

「ロンドンは?」

「エキセントリックな緑色。なんていうか、クレージーな場所」

ふと昔、上司に連れて行かれた六本木のガールズバーを思い出す。

「じゃあ、東京はショッキングピンク」

あとでツイッターで聞いてみたら、誰かが「桜色のピンク」と言った。東京の色は、最終的にピンクのグラデーションになった。

ホゼは、ロンドンが大好きだったと言った。仕事を辞めたのはロンドンの刺激と魅力を味わい尽くしたからだと。毎晩街のどこかで建築家が話をするようなイベントがあり、仕事が終わると必ず出向いた。ときには同じスピーカーに当たることもあったが、それでも飽きなかった。そうやって2年が過ぎたある日、ふと終わりが来たという。

「別に2年と決めていたわけじゃなかったんだ。人は将来の計画を立てるじゃない。3年後はこうしていたいとか、5年後はこうなっていたいとか。僕にはそういうのがないんだ。子どもっぽいくらいに」

「別になくたっていいじゃない」

「あったほうがいいことだってあるさ。たとえば自分が今どの辺にいるか、分かるじゃない」

「計画通りにはいかないことの方が多いよ。Plan is made to be broken（計画は立てたそばから壊れていく）って言わない？」

私も言い返す。これから先、3年、5年後のプランがないのは彼だけじゃない。

「私、自分が子どもっぽいって認めたくないなあ」

そうぼやくと、ホゼはちょっと笑ってそれ以上何も言わなかった。


私がウィーンで過ごした4日間はちょうど大学院の休みと重なっていて、ホゼとゆっくり過ごすことができた。ウィーンはぶらぶら歩くには退屈しない場所だった。平日だというのに、昼間から美術館の敷地や公園でのんびり寝転ぶ人たちがいくらでもいる。その中に混ざって、私たちはスーパーのハム売り場で包んでもらったサンドイッチをつまむ。真っ白な教会や大きな噴水を前に行われるロケ撮影にも何度か遭遇した。

夜は大学院の仲間たちと合流することもあった。路上に並ぶレストランのテラス席の間をぬって歩き、教会に入って無料のオペラコンサートを聞き、カフェやバーを遅くまで渡り歩いた。ホゼの仲間は、ベルギー、イギリス、トルコ、サウジアラビア、中国から来た留学生たち。研究が忙しくて観光もしていなかったので、みんながほぼ初めて繰り出す街にはしゃいだ。

でも何をしていてもホゼは悩んでいた。取り組んでいる作品があまり良い評価を貰えなかったらしく、休暇が終わるまでに軌道修正しようともがいていた。

「細胞と細胞を理にかなわない形で発展させないといけないんだ」

しきりにそう繰り返しては歩く先々でヒントを探し、ある午後はずっとパソコンにかじりついていた。

休暇は2週間。数日後にはシリアに行くチケットを取っている。ホゼは昨年イランを旅して、初めて中東に足を踏み入れた。私がまだ見ぬその世界の話をしてくれたとき、ホゼの静かな声には興奮の色が混ざっていた。

「中東は僕の想像をはるかに超えていた。見たことのない世界だったよ」

シリアに行くことで見たこともないものとの出会いがまたあるかもしれない。自分の既存の概念を壊すものの創造につながるかもしれない。

「でも僕は今、行かずにここに残って作業を進めるか、あるいは行くにしてもパソコンを持ち込むか、迷っているんだ」

「迷ったときはどうやって決めるの？」

「それは教えないよ。だって君は答えを知っている」

「ここ何日かあなたが言っている『理にかなわない形』で決めるとか？」

「僕がウィーンに来たのだって、いくつかの理にかなわない選択の結果なんだ」

どういうことかと聞き返した私には答えず、ホゼはしばらく黙って歩いた。気分転換にと2人でシンフォニーを聞きに行き、近くのポルトガルバーでソーセージを食べた帰り道。私たちはホゼが気に入っているという場所に向かって歩いていて、夜はもうかなり更けていた。

長い沈黙の後、ホゼは静かに言った。

「僕には付き合っている女の子がいた。昨年の旅で出会った子で、彼女はエジプトに住んでいた。ある日僕は仕事を辞めて彼女の元に行こうと思った。その日の仕事が終わった後、上司に『辞めます』と言った。家に帰って荷物をまとめて、会社を出て6時間後にはエジプトに飛ぶため、ヒースロー空港にいた」

彼の言ったことを理解するまでに、少し時間がかかった。

「よく荷物まとめられたね」

「持ち物が少ないんだ。Tシャツ6枚、ジーパン、パソコン、それと寝袋。部屋を見たでしょ?」

殺風景な6畳間とクローゼット。研究仲間のアパートの一室を間借りしているホゼの部屋には、たしかにそれぐらいのものしか見当たらなかった。

「上手くいかなかったんだ?」

できるだけそっと言葉を夜の闇に送り出す。ホゼは隣で静かに頷く。

「後悔はしていない。彼女が、会社を辞めたすべての理由じゃないから。仕事に夢中だったら、エジプトに移住しようなんてきっと考えもしなかったと思うから」

ホゼのストーリーを頭の中で再生してみた。想像は引っ越しの場面で何度も一時停止する。

「すごいことを、ずいぶんと淡々とやってのけるんだね。もし私があなただったら、荷物を詰めながらきっと心臓が破裂するくらいドキドキしたと思う。それでどこかの時点で心臓の音に耐えきれなくなって泣いたと思う。叫んだかもしれない」

「もちろんそのすべてを僕も経験した。まだ4ヶ月前のことだ。消化しきれていないよ」

その選択で失ったものはたくさんあるという。ルームメイトたち。個人で進めていた仕事のパートナー。もっと計画的にことを運べば迷惑をかけないで済んだ人たちがたくさんいる。前日まで「順調だよ」と電話で話していたポルトガルの家族に、仕事を辞めて移住したことを告げるときは電話を持つ手が震えた。


ロンドンの空港で彼は考えていた。「まだ引き返せる」と。

「日が昇ったら出社して、『出て行きます』と書き置きを残したルームメイトたちには『冗談だよ』と笑って、元の生活に戻ることができる。でも、それは想像のつく世界だった」

そして彼は想像がつかない世界の方へと歩いて行った。


ある日突然、多くを捨てて別の流れに身を任せる。流れ着いた今の場所で彼は夢中になれるものを手にしているけれど、きっとその過程のすべてを消化できたわけでも、許せているわけでもない。

(かっこいいなんて言わないでくれ)

ホゼの沈黙からそんな意思が伝わってきて、私は大きく息を吸った。

ひと言だけ、感じたままを伝えた。

「その生き方、セクシーだと思うよ。あなたのいう光そのものじゃない」

見たことのない自分へ——きっとそれも、彼の言う光だ。

しばらく黙ったまま歩いた私たちは、ホゼのお気に入りの場所に着いた。そこは彼のアパート近くの、住宅街にある道だった。

「よく見ていて。ここの街灯がさ、しばらく見ているとついたり消えたりするんだ」

壊れかけの街灯はチカチカと小刻みではなく、とてもスムーズに、ゆったりと切り替わった。それに合わせてまわりの景色がそっと揺らめく。アパートの色合いが、両側に停められた車にかかる影が、私たちを包む光の量が、何度もゆっくりと変わる。

「光と影だ」

「光と影でしょ?」ホゼが繰り返した。

私がウィーンを発つ朝、電車の駅に向かいながらホゼが言った。

「シリアにパソコン、持っていかないことにしたよ」

「どうやって決めたの?」

「そんな風が吹いたんだ」

出発は今夜。きっとまたほとんど時間をかけずに荷物をまとめて旅立つんだろう。

「ねえ、もし私の夢が叶って、10年後またあなたを訪ねに来ることがあったら、あなたはどこにいるかな?」

「分からない。でも、そこにいる理由が想像のつかないような興味深い話だったらいいなって思うよ」

どこまでも自分の光を追う彼を、いつか思いもよらない場所に訪ねたい。

眠れない夜

@Blatislava

「ブラチスラバ」

旅を始めるまでは名前すら知らなかったスロバキアの首都。ウィーンから1時間半しか離れていないその街で電車を降りると、駅前の広場には黄色い埃が舞っていた。ぼんやりとした色彩の中には大勢の人が立ち、道路の縁に座りこんでいる人もいる。たったの1時間半で国が変わり、経済圏が変わった。

昔の同級生はいつの間にか目の前にいて、淡々とした調子で「やあ」と言った。どきり。どの方向から来たのだろう。色白の肌、白い大きめのジャケット、薄い色のジーンズ。彼の姿は、辺りをとりまく淡い水彩画のような景色に溶けているように見えた。

市街地に向かうバスは、古い車体ではないのに道が悪いのか激しく揺れた。何度も何度も席から振り落とされそうになる。そんな私を不思議そうに見ながら、デビッドは静かな声で笑った。

「それで、なんでヨーロッパにいるんだって？」

「みんなに会いに行こうと思って」

「僕もアメリカに残って、その間にたくさん旅行がしたかったたな」

高校を卒業した後そのままアメリカの大学に進むも、1年で学費が尽きて自分の国に帰ってきた。ぼそりぼそりと呟く彼の言葉がずしりと重い。アメリカとスロバキア。「先進国」と「旧ソビエト国」の経済格差。その力は私に旅をさせてくれるけれど、同じ力のせいで彼は大学を辞めざるを得なかった。いったん家族が住む田舎の街に帰り、ブラチスラバに住み始めたのは8年前だという。

1週間前。ウィーンに行くことをフェイスブックに書き込むと、デビッドからのチャットメッセージが入った。

「僕の街に遊びにこない？」

「行く。どこにいるの？」

「ブラチスラバ」

高校のころのデビッドはひとりでいることが多かった。そんな彼とよく挨拶を交わしたことは覚えているけれど、彼は自分の国について語ったことがあっただろうか。出身国はスロバキア？ それともスロベニア？ 慌てて、地図を検索した。

デビッドは休みを取ってくれていて、無知の私に街を案内してくれた。彼の住む新市街にはソビエト的な広い道路が走り、開発中の住宅地が並ぶ。旧市街に着くと今度は丘の上には黄色いお城がそびえ立ち、そこに続く石畳の道にはウィーンのようにたくさんのレストランがテーブルを広げている。街灯という街灯には真っ赤な花が括りつけられていて、黄色い家々と夜でも鮮やかな色彩を奏でている。オーストリアからの独立。チェコとの連邦体制、そして解消。ソビエト軍による占領。EUへの加盟。街の表情が変わるたびに、デビッドがひと通り説明してくれたこの国の複雑な歴史が腑に落ちていく。

どこの店のメニューにも、スロバキアコルナとユーロ、2つの値段が隣り合わせで記されていた。スロバキアコルナの表記の方がゼロが2つも多い。デビッドが注文したのはチキンの上に桃が乗った料理だった。

「付け合わせが果物って新鮮」

「スロバキアだと普通だよ」

食生活をもっと覗いてみたくてスーパーに行くと、にぎり寿司のパックが並んでいるのを見つけた。少し嬉しくなってデビッドを引き止める。

「ねえ、日本の寿司が売られてるんだね！」

「ああ。うん。でも僕は食べたことがないんだ。家に電子レンジがないんだよ」

すたすたと歩いていくデビッド。呆気にとられて反論する機を逃してしまった。

私が訪ねた時期はちょうどぶどうの収穫時期と重なったらしく、週末になると街のいくつかの広場では収穫祭が行われていた。デビッドの暮らすアパート近くの湖畔には屋台が並び、出張遊園地が来た。

「空中ブランコに乗ろう」

尻込みする私に構わず、デビッドはチケットを2枚買ってくる。

「遊園地好きなの？」

「うーん。どうだろ。昔、遊園地で働いていたから懐かしくて」

彼が働いていたその遊園地は、アメリカにあるという。帰国してブラチスラバの大学に入り直してからも、短期でアメリカに働きに行けるというプログラムを利用して夏休み中は向こうに行っていたらしい。

大学卒業後はこの街で職を転々としていた。印刷店の受付、コールセンターのオペレーター……指を折りながら、「9回転職したな」と数えた彼の職業を、全部は覚えきれなかった。

「昨年の金融危機の直後、1年ぐらいは無職だった。100件ぐらい履歴書を送ったんじゃないかな」

またぼそりと言う。

今はあるグローバル企業の現地支店で、アジア地域にあるいくつかの支店の経理業務を請け負っている。有名企業の一見安定していそうな仕事。「よかったじゃない」と私が明るく言うと、彼は曖昧な返事をした。

「行ったことのない国のオフィスで起きていることを処理しているんだ。奇妙な感覚だよ」

収穫祭から別の収穫祭へ移動するバスを待っていると、真緑のスポーツカーが目の前を通った。

「あんな車、買いたいな」デビッドが呟く。

「今の自分、これからの自分、どんなことを考えているの?」と聞いてみた。

「It's ok for now. Let's see what happens later」彼は言った。

今のところはこれでいい、これからどうなるかね、と。

「考えるんだよね。月給1000ドルの今の仕事は兄弟に比べれば少し高い方だし、弟みたいに営業で走り回らなければいけないわけでもないし、まあいいかなって。……やっと手に入れた仕事だから、しばらくはここで働くつもり。昇進したいって頑張って、そのために人を蹴落とさんばかりの人たちもまわりにはいて。僕も昇給はしたいけど、違う仕事でもいいかなとも思っている。まあどうなるか、しばらく様子を見るよ」

「It's ok for now. Let's see what happens later」

一緒にいた4日間、彼は私が聞いたいくつものことに対して、何度もこの言葉を繰り返した。


夜になると、たくさんの人に電話をかけ予定を聞いていた。友達を紹介しようとしてくれているみたいだった。携帯電話を眺めながら彼は言った。

「アキコが来て思い出したんだけどさ、帰国した最初の頃、僕は結構寂しかったんだ」

「寂しかった?」

「あんまり友達ができなかった。次第に、つくろうとしなくなった」

何かあったの?と聞くと、彼はゆっくりと、少し遠くに言葉を探した。

「僕がアメリカに留学していたって相手が知ったときに持たれるイメージが心地悪くて」

アメリカに留学していたの? じゃあ、色んな場所に行ったでしょう? 憧れの眼差しでそう聞かれるのが嫌だった。お金がなくて、ほとんど旅行なんてできなかった。

「でも、一度どうしてもカリフォルニアに行きたくて。大学のあった東部の町から丸2日バスに乗り続けて、サンタバーバラで1日だけ海を見て過ごした。戻ってくる途中で資金が足りなくなっちゃって。途中の街でしばらく働いたり、まわりからもお金を借りたりして、なんとか大学のある街に戻ってきた」

旅のことを話す彼は、楽しそうだった。

「帰国してしばらくして、このままじゃだめだって。それからは積極的になったよ。留学して学んだことの1つは、自分は結構どんな人とでも仲良くなれるって知ったこと」

収穫祭の夜、出かけた先で、デビッドの友達のそのまた友達に会った。

「ヨウヨウーワッラップ‼」俺はアメリカンイングリッシュ話すんだぜ、ベイビー。ラップミュージックで聞いたような英語で話しかけてくる。正直ひいた。

そのまま、ずるずると何件かのクラブに連れて行かれる。ショットを飲めとしつこく誘われて断り続けると、相手は酔いに任せて「ジャスト　ハヴ　ファン　マーーーン！」と繰り返す。調子外れのステレオみたいにうるさくて、悲しい。アメリカって、こんな風に映るんだ。

それがかっこいいと思っている彼があまりに滑稽で、「やめなよ！」と言いたくて、言えない空気にムカムカする。デビッドが私の曇り顔に苦笑いしながら、勘違い野郎の相手をしてくれた。

一度、デビッドと2人で、彼がよく行くというバーに行った。それは彼の家から歩いてすぐの所にあった。

デビッドがカウンターでビリヤードのセットを頼む。それを台の上にセッティングしながらぼそりと言った。

「眠れない夜にね、ふらっとここに来るんだよ」

店の名前を聞いたら、スロバキア語でノンストップ＝24時間という意味だった。

コンと音がして、玉がバラバラに散っていく。

「エネルギーを使い切らないと。そうしないと眠れないんだ」

大音量のポップソングが流れる中、大柄の男性とその彼女が入ってきてソファーで熱いキスを始めるまで、私たちは何時間もゲームを続けた。

何かを夜の時間に吐き出して、彼は待っているように見える。

Let's see what happens later.

東にも西にも行けるベルリンから、
ひとまずウィーンとブラチスラバに来てみたものの、
そこから先が困ってしまった。
ブダペストのペテルからは返事がこないし、
チェコ人やポーランド人の同級生にいたっては
アメリカ方面にいるらしい。
連絡がとれているのはブリュッセルのリナ。
やっぱり西かなあ。

17の海

ドアをノックする音。ベッドに体育座りしたままの返事。
ガチャリ、「ねえ、楽しいことしに行かない？」
なんの主張があるのか綺麗な金色の髪を剃って坊主頭のリナが
ドアを半開きにして、顔だけにゅっと覗かせる。

早く早くとせき立てられて、男子寮。

片っ端から部屋をノックする。

「お、いたいた。楽しいことしに行かない？」

乗り気の男の子が2人、仲間に加わる。


リナは返事のない部屋のドアノブまで回す。

がちゃり。主が鍵を閉め忘れた部屋を発見。

「さて、ここにトイレットペーパーがあります」

背の高い3人は歓声をあげて、それぞれロールに手を伸ばす。


ジャックせよ。


あっという間に天井から吊るされるトイレットペーパー。

「ねえ、まずいって」チビの私は下から見上げて、一応の声がけ。

「愛のあるユーモアって大事よ」

壁の落書き、突然盗まれたテレビ、サウナと化したシャワー室。

お茶目ないたずらの大概には、彼女が絡んでいる。

「じゃあ、しばらくそのまま!」こうなれば共犯。

急いで部屋から使い捨てカメラ。
走って戻ったときには、飾り立てられた部屋と、満足げな3人の顔。
いずれドアを開ける部屋の主の顔を思い浮かべて、
ひと足先に吹き出しながら、パシャリ、カメラのシャッターを切った。

卒業アルバムは、そんな悪ふざけの写真で埋め尽くされている。
各自の書き添えた言葉が載っていて、リナが書いた言葉は
「言葉は時として不十分！」

長い階段の途中でふと見上げると、
黒い山肌の向こうに今日も満天の星空。

高校時代。
ぐらぐら揺れた船だけど、海面がキラキラと輝くのは、
決まって笑い転げているときだった。

ルージュの伝言

@Brussel

列車は遅れに遅れ、ブリュッセルに着いたのは夜22時。電車を降りた人たちは、そそくさとタクシーや迎えの車に乗って駅前を去っていく。

もはや路線図が見えない暗い停留所で、最後の1本という直通のトラムをしばらく待ってみたものの、数十分後に根負けして私もタクシーを捕まえた。同じ停留所で別のトラムを待っていたスーツ姿の男性が、地下鉄とバスを乗り継げば辿り着けなくもないと教えてくれたが、3歳の子どもがいる家にあまり遅く到着したくはなかった。

事前にメールでもらった指示の通り、大きな教会の前でタクシーを降りる。石畳の道を少し下りたところのアパートに小さな表札があった。ブザーをならして玄関の扉を開けてもらい、エレベーターで彼女の住む階まで登ると、開け放たれたドアの向こうから「入って入って！」と弾むような声が聞こえた。

ドアの内側には大きなソファー、木のテーブル、窓辺にたくさんの緑。白い壁に大きな絵のポスターと、子どもがクレヨンで描いたらしい似顔絵がいいあんばいで飾られている。足を踏み入れた瞬間に、少し張っていたらしい気持ちが緩むのが分かった。

奥のキッチンからひょいと顔を出したリナは、私を見つめて言葉にならない声をあげた。私も一瞬言葉につまった。あの頃よりもほっそりとして、金色の髪が綺麗に伸びている。その顔にみるみるうちに笑顔が広がって、彼女は「信じられないね」と言った。「夢みたいでしょ」私も笑った。

子どもはすでに寝てしまった。グラスにそれぞれ水をついでからソファーに並んで座ると、リナは堰を切ったように話し始めた。スカンジナビア諸国独特の歌うような声が懐かしい。私は雨のように降ってくる質問に答えながら、クラスメイト1人1人にこの10年間の出来事について聞いていること、そして映像を撮っていることを伝えた。

「じゃあ、私はノアと一緒に映ってもいい?」リナがいたずらっぽく聞く。

「この10年で私がつくった唯一の価値あるものだと思うから」

27歳で何か価値を生み出している人なんてそうたくさんはいないと思うけれど、それでも世界有数の国際機関で働く彼女がそう言い切ることは意外で、まだ子どものいない私にとっては新鮮だった。

リナは国際公務員になっていた。ブリュッセルの大学に通い、その後故郷スウェーデンのストックホルムで修士課程を終える。卒業の半年前からスウェーデン政府で働き始め、ブリュッセル派遣を希望してこの街に戻ってきた。それは大学時代に出会い、仕事でブリュッセルに残っていた恋人と暮らすためでもあった。

数年前に休暇を利用してインドに旅行した際に、2人は家族が欲しいと思ったという。それから間もなく彼女は妊娠した。

「子どもが欲しいって、体中で感じたの」うっとりとした表情で、リナは言った。

「愛に確かな形を残せるってすごく素敵なことだと思った。今でもそう思っているよ」


白い壁の一角に、ひときわ大きなクリムトの絵のポスターがかけられていた。「母と子」。私もクリムトが好きで「接吻」のポスターをかれこれ7年間、部屋のベッド脇に飾っている。

「お互いの人生のステージが違うことを表しているね」と私が言うと、彼女は「今の私は、またキスも飾らなくちゃ」と言った。


「最近、ノアの父親とは別れたの」

「彼もまだこの街にいるの？」どう返そうか考えたあげく、私は聞いた。

「いるよ。私たちはそれぞれ隔週ごとにノアと一緒に過ごすの。ノアは父親の家と私の家を行ったり来たりしているんだ。そして私はノアといられる週はどっぷりノアと過ごして、その次の週は仕事関係のディナーに行ったり、パーティーに行ったり」

「へえ。母親になってもソーシャルライフが充実しているんだ」

「そう。多くの友達が、『あなたは、結果的にラッキーだよ』って言う。そういう見方もあるのかもしれないけど、自分が渦中にいると全然そんな風に思えないな」


ストックホルムもブリュッセルも初産の平均年齢は高く、まわりに子どもがいる友達はほとんどいないという。

「私のまわりの女友達は、いわゆるキャリアウーマンが多くて。みんな往々にして何かを待っているみたい。でもね、私は何を待っているの？って言いたくなるの。完璧なキャリアをつくるまで？　仕事が完璧にこなせるようになるまで？　完璧な恋人ができるまで？　子どもの完璧な父親候補ができるまで？　それとも完璧な自分になれるまで？　完璧なんてそもそも存在しないのに」

リナは、向かいの壁に3つ並んだノアの写真を見つめてため息をついた。

「私ね、ジェットコースターのような人生を生きている。一緒になりたいと思った人と一緒になって、欲しいと思った直感のまま子どもを生んだ。そして彼とは別れてしまった。でもジェットコースターが私らしいと思うんだよね」

遅くまで私と話し込んでいた彼女は翌朝早く、おもちゃの車に乗るノアを追いかけ回し、服を着替えさせて一緒に出かけていった。「アキコはもう少し寝ていなよ」お言葉に甘えて二度寝した私が起きると、テーブルの上にブリュッセルの見所と「もしよかったら、職場を案内するから、夕方おいで」と伝言を書き付けたメモを残してくれていた。

そして今彼女は落ち着いたスーツを身にまとい、声をかけてきた同僚となにやら話し込んだり、かかってくる電話を受けたりしながら、広々とした欧州議会の通路を我がもの顔で歩いている。その合間合間にいくつかの会議室を私に覗かせてくれる。

壮大な建物の中には、全加盟国の代表が集う総会用の会議室、およそ小さいとは思えない小会議室、コンビニはもちろんのこと、旅行代理店やら郵便局やら美容院まであって、いたるところに洒落た空間を演出する彫刻や大きな絵画、写真が飾られている。ずらりと並んだ各国の郵便受けに私が圧倒されていると、スウェーデンと書かれたボックスを開けて、ひょいと中を確かめたリナが言った。

「ＥＵ加盟国は27あって、ここには各国の政党オフィスも入っているんだけどさ。加盟国は増え続けているから、この建物もそろそろ増築しないといけないのよ」

リナは会議室の棚から議題表を1枚抜き取った。

「はいこれ。私がやっている案件も入っているから」

渡された議題表にはＥＵの法案がずらりと並んでいる。彼女の仕事は欧州議会で審議される様々な法案について調べ、政党としてどのスタンスを取るべきかを投票する政治家にアドバイスすること。

「すごいね」

私がうなると、ふいに彼女は神妙な顔になって小声で言った。

「そんなにエキサイティングな仕事じゃないよ。本当にたまに、たとえば政治家がある分野についてまったく知識がないときとかに、『あ、私いま影響を与えられる仕事している』って思えるくらい」

建物内の喫茶店の場所を教えてくれると、リナは新聞社からのインタビューに応えに行った。私は太陽の光がほどよく入る洗練された空間でコーヒーを飲んだ。目の前のテーブルでは何人かの外交官がときおり談笑を交えながらも真剣な顔で話し込んでいる。こうして大陸の進む方向性が決められていくのかもしれない。そう思うと聞き耳を立てたくなったが、おそらくフランス語が少し、もしかするとドイツ語が少し、他に何語なのか想像もつかない言葉がいくつか混じる会話にはどこまでも海の向こうの遠さがあり、ぼやけた時間が流れていく。

玄関口で待ち合わせたリナは沈んだ顔をしていた。彼女が受けた取材はある2国間の対立についてスウェーデン与党の見解を聞かれるという内容だったらしいのだが、スウェーデン政府とは別の国を擁護するスタンスの新聞社からきた記者は最初からストーリーを組み立てていて、リナの説明にはまったく理解を示さなかったという。

「別に全部を理解してなんて思っていない。でも違う主張を掲げているグループ同士が歩み寄ることを考えなかったら、問題はいつまでたっても解決しないじゃない」

彼女は悔しそうだった。

それでもノアを迎えに行くとリナの表情はぱっと変わった。元気があり余っている彼を満面の笑みで抱きしめ、今日あった色々なことを聞いた。ノアはタクシーの中でもリナの膝の上に立ち、窓から体を乗り出している。そして車を降りると、幼稚園で苦労してはかせた靴をあっという間に脱ぎ捨てて、ブリュッセルの石の歩道を裸足で走り出した。

「大丈夫かなあ」

心配する私を横目に、リナは落ち着いている。

「ノアの父親もひどく心配するんだよね。でも私はスウェーデンの自然がいっぱいある土地で育ったからかなあ。子どもは裸足で育てていいって思っているんだ。転ぶかもしれない、何かを踏んでしまうかもしれない。無傷では育たないかもしれないけど、色んなことを肌で感じながら育って欲しいって思うの」

「それ、素敵な考え方だね」

「でも子どもの教育方針で食い違う夫婦は大変だった。彼はノアが幼稚園に行くのに、お気に入りのパジャマみたいな服を着ていきたがると怒るの。私は別にファッションショーに出すわけじゃないんだから、本人が好きな格好させればいいじゃないって思う」

ノアが横断歩道に向かっていく。リナが声をかけて彼に追いつく。手をつないで信号を渡っていく2人の後ろ姿が、彼女の部屋で見た「母と子」の絵に重なる。私は前の晩を回想した。

「子どもを生むまでは、カップルで価値観が違ってもそんなことは大した問題じゃなかった。でも親になると譲れないものが出てきて、その違いはどうしようもなくだめだった」

リナは別れた原因についてそんなことを言っていた。


「理由はね、もうひとつあったの」

家に帰って来客に興奮したノアとさんざん遊び、ノアが眠りに落ちたあと、私たちは落ち着いた音楽をかけ、部屋にろうそくと間接照明を灯した。近くの店で買ってきたワインとチョコレートの包みを開けると、自然と昨日の続きが始まる。

「子どもを生んでから、私と彼のエネルギーはノアに注がれた。その中で私は、なんていうか、恋が持つような情熱を失っていってしまったんだよね」

「女は愛と情熱、どっちも必要ってことかなあ」私は呟く。

「そう、その通りなの！」彼女の声が熱を帯びた。

「私という人間はそれだけじゃないって思ってしまった。自分の中の情熱はどうすればいい？って。母親になったというのに。私、まだ模索している」

ああリナだ、と思った。あの頃のいたずらも、いま抱えている疑問も。心のままに動いてみて、それは本当にいけないこと？と問うことができる。

私はノートを開いて、そこに長方形のバーを書き込んだ。一緒に考えたかったし聞いて欲しかった。

「自分がいて、愛する人がいて。お互いがお互いを受け止めあって、埋めあって生きている」

長方形を少し塗り潰す。

「でも、ときおり埋まらない部分の孤独が疼く。そんなことない？」

「私たちは誰もひとりの人に完全に満たしてもらうことはできないし、満たすこともできないんだよ」リナは私から鉛筆を受け取りながら言った。

「でも時間をかければ、多くを受け止めあえるようになる。お互いへの情熱を失わなければ、きっと大丈夫」

リナは、長方形を8割方塗り潰した。そしてしばらくそれを眺めていた。

「私、どうしたいんだろう。今も彼を愛している。それは間違いないの。お互いの一番多くを受け止めあえるのは、間違いなく彼」

お互いへの情熱が戻りつつあるようにも聞こえた。

「一方で自由に恋愛して、ヒッピーママみたいに愛した男の人それぞれと子どもをつくりたいって思うこともあるんだよね」

「そんなに何人も子どもが欲しいの？」私は驚いて聞き返す。

「欲しいよ。相手がいれば今すぐにでも。出産って本当に素敵な経験だった」

部屋にはノラ・ジョーンズが流れている。その優しいピアノに乗せるように、彼女は出産のときのことを語りだす。

「その日はゆっくり本でも読もうと思って下のカフェに行ったの。大好きな本を読んでいたらノアがお腹の中でたくさん動いた。彼が帰ってきて一緒にご飯を食べてテレビを見ていたら陣痛が始まったんだ。病院に行こうと慌てる彼にもう少し待とうって言って。それで自分がいよいよ我慢できなくなってからタクシーを呼んでもらったわ。お医者さんに、産むときは好きな音楽CDを持ってきなさいと言われていたからそれも持って病院へ。……そして、私の体の中から命が生まれた。大切な人たちに囲まれながらノアを胸に抱いたとき、私は世界のすべてを愛せるって思った」

リナは出窓を開けて、気持ちよさそうに息を吸った。涼しい風が入り込んで、ぬくぬくとしていた部屋はまた外の世界とつながっていく。

「子どもを産んでから世界の見方がずいぶんと変わったよ。私も、会いたい人がたくさんいるなあ」

出窓の縁に座る彼女の向こう側に夜のブリュッセルの街角が見えた。可愛らしいカフェやバーに柔らかいオレンジ色の明かりが灯る。その様子を眺めながら「みんな、今どうしているかな」と、もう一度彼女は呟いた。

「ほんと言うとね、私、世界を良くする仕事に就きたいって本気で思っていたんだ。今日アキコと話していて、今でも自分はそう思っているんだって改めて分かったよ。でもさ、17歳の頃私に見えていた仕事の世界って本当に限られていたんだと思う。国際機関に入ること、政治・経済・和平交渉。今ならそれが政治ゲームだと分かるのに」

「そんなに自分のキャリアを否定することないよ」と私が言うと、リナは「分かってる、そうじゃないの」と首を振った。

「たとえば仲良しだったケイトが小学校の先生を目指していることが理解できなかったこと。なんでそのレベルでしか考えられないんだろう、もっと大きく変化を起こせる職業があるじゃないって、心のどこかで思っていた。でも今なら、自分こそが幼くてものが見えていなかったんだなってよく分かる。小学校の先生？　素晴らしいじゃない。子どもたちと未来をつくれるのよ。後輩のジェンが保母さんになったって聞いた。高校にいた頃、私は彼女とたぶんほとんど話なんてしたことがなかった。でも今、会いたいなあって思うよ。会って、『あなたは素晴らしい！』って伝えて、いろんな話がしてみたい」

翌朝目覚めると、彼女はもう出勤した後。お別れを言いそびれてしまった。テーブルのワインはほとんど空になっていて、チョコレートは包み紙だけが残っていた。ずきずきする頭を抱えてテーブルの上を片付け、バスルームで熱いシャワーを浴びる。荷物をまとめなくては。夕方にはロンドン行きの電車に乗り、翌朝にはアメリカまでの飛行機に乗るのだ。

髪を乾かそうと鏡に向かって初めて、私は彼女の伝言を見つけた。

『LOVE & PASSION!!』

それは、目の前の鏡いっぱいに赤い口紅で書かれていた。寮の壁に落書きをしていたリナの姿が鮮やかに甦る。鏡のそばに置いてあった彼女の化粧箱から口紅を1本取り出して、隣の鏡に書き添えた。

『keep loving the world!』
世界を愛し続けてね。

ここからパリに行くことも考えたが、
２年前に買った東京―ニューヨーク間の往復チケットが
まもなく有効期限切れになるという知らせが届く。
ロンドンに出れば、そこからニューヨークとの往復でも使えるらしい。
春にも行く予定だけど……

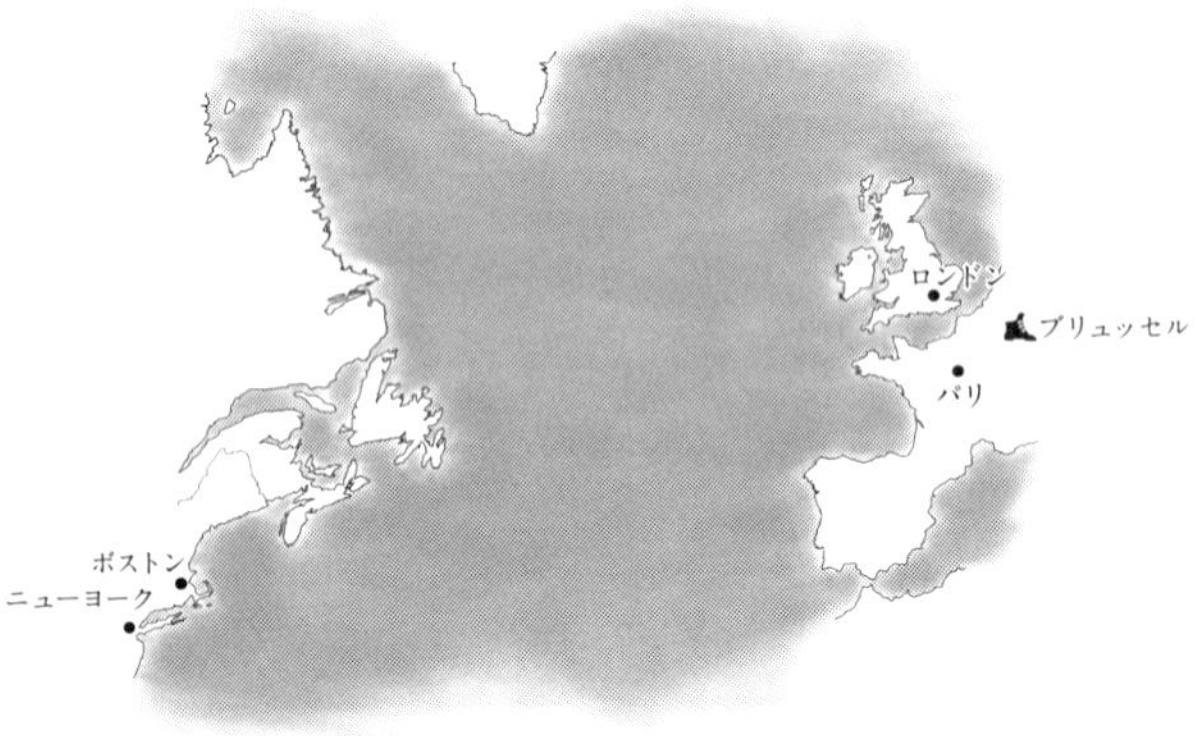

母国のルール

@Boston

サリーを訪ねるのは2年ぶり。2年前、東チモールの空港に迎えに来てくれたときの最初の言葉が甦る。「おんぼろな飛行機だったでしょ? 穴が空いているらしいんだけど、寒くなかった?」彼女は独立したばかりの、まだ法律もない国で働いていた。

2年後、サリーは母国アメリカに戻っていた。学生が行き交う夜のボストン。待ち合わせの駅前に現れた彼女は少し光沢のある小綺麗な服を着て、ヒールのある靴を履いてメイクをしていた。Tシャツと綿のスカート姿で、チモールの常夏の島景色の中にいた彼女とはだいぶ印象が変わっている。「久しぶりだね!」と笑うボストンのサリーはさっぱりとしていて、意外にもとても楽しそうに見えた。

私たちは歩きながらひたすら互いの近況報告をした。サリーは1年前に国際関係の大学院に入学し、修士2年目をスタートさせたところだった。私が今の自分の状況を話すと彼女が聞いた。

「昔から話を聞いてはいたけど、本当に仕事を辞めて旅に出るとは思わなかったよ。気分はどう?」

私は正直な気持ちを話した。無茶なことをしているかもしれない。けれど、不思議と間違ったことをしている気はしないこと。仕事をしていた頃に心配で仕方がなかった将来も、今は不思議と心配しなくなったこと。

「最近リスクについて考えるんだ」

私の話を引き取って、彼女は静かに言った。

ちょうど私たちは彼女の住むアパートに着いた。煉瓦造りのアパートは、辺りの深い紅葉の色に溶け込むように静かに佇んでいた。


同世代の男の子2人とシェアしているという彼女のアパートは広々としていた。サリーはニューヨークから5時間のバスに座ってきた私を気遣って、キッチンでハーブティーを入れてくれる。

「さっきの話だけどね。人が若い頃に思いきった行動ができるのは、たとえそれが間違いだったとしても残りの人生をかけてやり直せると分かっているからなんだって。それが年を重ねると、残り少ない人生ではやり直せない気がして思いきれなくなるんだって。でもさ、人生がいつ終わるか、残りがどれくらいなのかなんていつまで経っても分からないじゃない。終わるそのときまで残りの人生はあるんだから。私はどこまでも挑戦していたいな」


ダイニングテーブルが寄せられたリビングの壁に大きな世界地図が飾られている。私は彼女の聞くままに旅の予定を説明した。日本を出発し、まずはヨーロッパ。今は寄り道のアメリカ東海岸。ここから再びヨーロッパに戻り、そこから中東に入る。もしかしたらアフリカに寄り、それから南米、中米、再び北米と進み、そして最後にアジアを回る。ネパールを指差したとき、彼女がえっと声をあげた。

「いつ頃？」

「たぶんだけど、来年の6月かな」

「実は私ね、卒業後はネパールで仕事がしたいんだ！　たぶん7月になると思うけど、きっと現地で会えるよう頑張る。目的が増えた！」

高校のあったアメリカのニューメキシコ、サリーが訪ねて来てくれた東京、私が訪ねた東チモール、そして今回のボストン。私たちが再会してきた場所に、今度はネパールが加わるのかもしれない。静かな夜のリビングで、私たちの声は弾んだ。

しばらく来年の夏の企みで盛り上がっていると、ふいにサリーがため息をついた。

「でもね。この経済状況を考えると、現実的にはなんでもいいから、たぶん最初にオファーが来た仕事を取ってしまうんじゃないかとも思ってしまう」

それを彼女は自分が臆病になっているという文脈で話した。東チモールにいた頃の勢いがなくなっていると。私はそれに対してうまく会話を紡げなかった。

お互いしばらく黙って世界地図を眺めた。目を閉じて世界地図に向かってダーツのピンを投げる。刺さった場所から自分の次のステージをスタートする。それぐらいの冒険心を持っていたいと彼女が呟いた。

翌朝私が起きると、サリーはすでにランニングを済ませ宿題を1つ終えたところだった。2日後には中間テストも控えている。そんな状況下で昔の友人を泊めてくれたことに驚く。東チモールに訪ねたときもそうだった。大学院の願書締め切り日を数日後に控えていたというのに、彼女は私にたくさんの風景を見せてくれた。行きつけのカフェで、見晴らしのいい丘の上で、そして3年間引っ越しを重ねてようやく見つけたという海辺の彼女宅で、私たちは色とりどりの話をした。チモールのこと、サリーがこれから勉強したいこと、私が東京で感じていること、高校時代にそれぞれが悩んでいたこと。

東チモールでのサリーは情勢不安定のために一時避難をさせられたりしながら、仕事を探し、なければつくり出すことで生活していた。現地の言葉を話し、ラジオ局などの地方メディアを整備するために国連やら地元政府やらNGOやらを渡り歩く彼女は、繊細な高校の頃からは想像もつかないくらいたくましくなっていた。「ここは本当に、どうしようもないことだらけ」憤りと諦めばかりを言葉にしながらも、「じゃあ、この国に希望はないの？」と私が聞いたときには、きっぱりと「ある」と言った。そして「途上国の地方分権とメディアについての文献をすべて読みあさるために大学院に進みたい」と話していた。

あの頃、彼女には現地で出会って「自信と希望をくれた」と話していた男性がいた。ボストンに着いた晩にそのことを聞いてみると、彼女は少し間を置いてから「最近別れた」と言った。「2人の今後住む場所が重なる見込みが立たなくて、仕方がなかったんだ。別れるのには3週間の涙が必要だった」

冷静を装おうとした声は少し震えていて、私はあまり東チモールのことは話題にするまいと思った。

翌朝、日差しが入る明るいリビングのソファーで朝ご飯を食べながら「申し訳ないんだけど、これを食べたら学校に行くね」と彼女は言った。修士2年目に入って忙しい日々が続いているという。今週はこれから中間テスト、先週は修士論文の締め切りだった。

「論文ね、中央政府の信頼度を測る指標としての計量経済分析っていう自分でも不思議なテーマにしたよ」

「地方分権とコミュニケーションはやめたの？」

「この夏、インターンシップでタイに行ったんだ。異動で来ていたチモール時代の上司の下で働きながら改めて地方分権について考えた。あれほどたしかにやりたいと思っていたことが果たしていいことなのか、分からなくなった」

私が驚いたのを見たサリーが言葉を続けた。

「一度信じた道を信じられなくなるのは苦しいことだった。でもよかったと思ってる。かつての私は、なんていうのかな、野心に溢れていた。自分の信じた分野と手法で物事を良くするんだと思っていた。今はある意味それを諦めた自分がいる。でもね、開発の分野で働くには本当はそれぐらいの温度感がいいのだと思う。自分なら変えられる、自分の仮説は、やり方は正しいはず。そうこだわるのは危険な分野だもの」

自分たち開発従事者が、現場に対してmisfit（場違い）でありmistake（間違い）にもなり得るというジョークがある。途上国を支援するその仕事は、本来はどこまでもアウトサイダー。場違いで、過ちを犯しやすい存在であると自覚していなくてはならない、そんなことを彼女は言った。私は国連関連の仕事をする他の人がそこまで自虐的な話をするのを聞いたことがなかった。そんなどこか痛々しい冷静さと真剣さが、彼女の強みであり魅力なのかもしれないと思う。

「チモールに戻ることはあるの？」

おずおずと切り出すと、彼女は仕事で戻る可能性は低いと即答した。

「国際機関で働く場合、1つの国しか経験していない人の評価は低い。その場しか知らない人、そこでしか仕事ができない人だと見られてしまう。だから他の国に行く必要があるの」

淡々と説明する彼女を見ていると、ステージが変わったんだなとぼんやり思う。

それでも。

最後の晩、私たちは夜のバーで、彼女が現在気になっている男性との駆け引きについて話していた。私に成り行きを話している中で、相手に誤解を与えるメールを送ってしまったと気づいた彼女は真剣に慌て、そして悔やみ始めた。「落ち着いて」と声をかける私に、彼女はいやいやと首を振ると机に突っ伏してしまった。

「チモールに戻りたい」

賑やかさを増したバーの片隅で、ひと言の呻きはとても切なく響いた。私は、それは彼女がずっと口にするまいと我慢してきた言葉なのかもしれないと思った。

「あそこには私を縛るゲームのルールはなかった。私は自分で自分のやり方をつくって好き勝手に生きていた。誰も私がどんな風に振る舞おうが大して気にしなかった。はなから違って当然と思って放っておいてくれた。今の私は、このボストンの街のルールにとらわれている気がする。私の苦手なゲームに自分を合わせようとして無理をしている。本当はそれが心地悪い」

ボストンのサリーと東京の私が重なっていく。母国のルール。日本に帰国して最初のうち、私も「そこにあるかもしれないルール」に怯えて固くなっていた。「私の考え方は、常識から外れてはいないだろうか。呆れられないだろうか」問うほどに自分のあり方が分からなくなり、自分で自信を崩していったトンネルの中の時間を思うと、本当はまだ胸が痛い。

突っ伏してしまった彼女は、なかなか顔を上げようとしなかった。私はぬるくなってしまったビールの苦さを確かめながら、考えていた。私たちが次に投げるダーツのピンは、それぞれ世界のどこに刺さるのだろう。場違いなアウトサイダー？　窮屈なインサイダー？

それとも？

私たちの時間

@Boston

ボストンに滞在中、サリーの通う大学に行ってみた。そこは国際関係の名門校で世界各国から学生が集まる。一歩建物に入れば廊下にずらりと並ぶ世界中の国旗。文化交流の一環でアフリカンナイトというイベントが近々あるらしく、校舎の入口で白人の女の子がチケットを売っていた。

授業までの時間に勉強したいというサリーの希望で食堂に向かう。大学の食堂ならではの独特の雰囲気に少し躊躇した。ピザやラザニアの匂いが立ち込め、工業的な机の上には食べ散らかしたパンのくず。学問第一。私は、自分がこの環境からはずいぶんと遠くに来てしまったんだと気づく。転職や退職の折に「将来はどうするつもりだ?」と聞かれると、「いつか大学院に行こうかと考えていて……」とつい曖昧の矛先にしてきた大学院。それがいざキャンパスに来てみると変に居心地が悪い。

イダとはこの食堂で再会した。サリーが連絡を取ってくれていたのだ。サリーが東チモールで経験を積んだのと同様に、イダもイランでの国連のPR関係の仕事を経て、1年前から大学院に来ていた。

院で奇しくもまた同級生になったと2人は笑った。ノルウェー人の彼女は10年前から抜群のファッションセンスを持っていたけれども、それは大人っぽさを増した今も相変わらずだ。胸を大きく開けた丈長めのインナーに黒いジャケット。その着こなしはヨーロッパの都会風で、東海岸の大学に通う人たちのプレッピーな服装とは明らかに一線を画していた。

高校の頃、イダとはあまり深い話をしたことがなかった。でも今回彼女には自分の旅の想いをするりと話すことができた。27歳という年齢と同級生との再会という2つのテーマを交差させていると話した瞬間、彼女が「すごく分かる」と言って自分の思うことを話してくれたからだ。

「今、この年齢がすごく大事な時期だと思う。もちろんここで残りの人生がすべて決まるわけじゃないし、これからも転機はあるんだろうけど。でも分岐点とでも言うのかな。この1年で自分がする選択が人生に長く大きな影響を与えるだろうなって感じることが、最近すごく多いよ」

彼女にとっての最大の分岐点は卒業後の進路。イダは修士1年目と2年目の間の夏休みはベイルートの国連組織で活動し、卒業後も中東で働きたいと思っているらしい。

「アラブ圏にやっぱりすごく惹かれるものがある。文化とかそこに住んでいる人たちの信じられないレベルのホスピタリティとか」

そういえばホゼが以前、中東について同じことを言っていた。彼はシリアで既存の概念を超えるものに出会えただろうか。

「でもね、揺れているの」その言葉で、彼女の話に戻る。

「国連で働き始める前、私の一番最初の仕事は立ち上がったばかりのベンチャー企業、Hubだった。Hubはその頃ロンドン1拠点しかなくて、社員も数人しかいなかった」

Hubはロンドンで始まったコワーキングスペースの取り組みで、すでに他の国でも展開されている。国連と比べればはるかに小さな組織だが、勢いも認知度もある。イダはそんな動きの初期メンバーだった。お洒落でお茶目でポジティブな彼女に、そのベンチャーはたしかに合っているなあと思う。

「国連で大きな問題を取り扱うことにもやりがいを感じたよ。自分が問題意識を持っている課題に対して常に情報が入ってきて、何かしらの解決策をつくることができて。でも、こんなこと面接では言えないけど、日々の仕事生活の中で、まわりの人たちの仕事のやり方や考え方からより刺激を受けたのは明らかにベンチャーの頃だった」

イダは少し肩をすくめて言った。

「今は色々と迷うけれど、考えるだけでは結論が出ないから。結局いろんな仕事に応募しながら考えることになるんだろうなあ」

彼女もある意味、世界地図にダーツの矢を投げようとしている1人なのかもしれない。高校ではバンドの歌姫だった彼女の明るい声を聞いていると、その矢もきっと軽やかに投げるのだろうなと思う。

イダが今まで私が会ってきた同級生の様子を知りたいと言うので、数日前につなぎ合わせた短いビデオクリップを見てもらった。日本の友人に勧められてビデオを撮り始めたものの、撮影を続けることを迷っていることも正直に話した。そばでサリーがパソコンの論文とにらめっこしながら、「私のことは絶対に撮らないでね！」と何度目かの念を押していた。

イダは動画に見入った、というよりも動画に向かって語りかけていた。

「あーホゼだ！」

「ちょっとこれデビッド？　変わったね！」

「リナ、連絡したいってずっと思っているの！」

プラスチックのテーブルの上が、彼女の嬉しそうな声で華やぐ。私はイダ特有の魔法に引き込まれた。

映像が終わると、彼女はふうーっとため息をついた。

「動くイメージには心を動かすものがある。Jが死んだとき、私は高校でみんなの動画を撮っておけばよかったってすごく思った」

一瞬、私には心臓が一段低い所に落ちたような、それでいて遥か上の方に光が見えたような奇妙な感覚があった。その光にすがるように、イダに聞く。

「Jと会った？」

「うん。彼、私がロンドンに住んでいた頃に訪ねてきたことがあったんだ」

「どんな様子だった？」

ざわついたカフェテリアからは雑音が消えている。隣で一生懸命、無関心を装おうとパソコンに向かうサリーの心臓の音だけが、なぜか聞こえてくる。

「突然、ロンドンの空港にいるからって電話がかかってきてね。会いたいから迎えに来てくれ、って。タクシー代も宿代もないからって。結局そのときの滞在は私が大部分面倒を見たんだけど、振り返ってみればあのときはもう手遅れだったのかもしれない」

少しの沈黙。互いに人生を駆け抜けた1人の同級生のことを思っていた。

イダはふと時計を見て、残念そうな顔をした。「教授との約束があるから行かなくちゃ」そう言って鞄を肩にかける。

私は自分の言葉を飲み込んだ。やっと自分からJのことを話してくれる仲間に会えて、本当は私も自分とJとのいきさつについて打ち明けてしまいたかった。でもいま始めてしまったら、彼女は確実に次の約束に遅れてしまう。

立ち上がるそぶりを見せたイダが、少し止まった。

「10年はあっという間に過ぎていった。まだ何者かになったわけじゃないし、それほど変わったわけでもないし。こうやって再会して、お互いのことを昨日の続きのように話せることを思えば、それはたいした時間じゃないのかもしれない。でもその時間の中で私たちの1人が死んでしまった。そのことを思うと、やっぱりこの時間の長さと重さを感じずにはいられないんだよね」

彼女の言葉は、私の旅を取り巻く気持ちを代弁してくれているようだった。

イダは来年の5月に大学院を終える。卒業した後、就職までに時間があったら一緒にアメリカを回ろうと言ってくれた。そのことを想像してなんだか心強かった。

自分を生かすもの

@Boston

ボストンに来たら彼に会いたいと思っていた。高校の同級生の中でとびきり優秀だった彼。誰に対しても真面目で優しくて、試験の前になると彼が図書室で勉強する机のまわりには、勉強を教えてもらおうと長蛇の列ができた(私も常連メンバーの1人だった)。それでいていわゆるガリ勉ではなく、学校行事には積極的に参加するようなタイプ。ユーモアを出そうとしてもちょっとずれてしまうような少し真面目すぎるところや、優秀であることをひけらかさない謙虚さに、同じアジア人であることも手伝ってか私は妙な親しみを感じていて、困ったことがあるとたいがい彼を頼っていた。

この相手になら甘えていいという安心感は10年経っても時効にならないのか、私は忙しそうな彼に対して強気だった。

「突然だけど、ボストンに行くの。会えるかな?」

「ごめん、いま出張もろもろで予定が見えない。ボストン楽しんでね!」

「ベニー。私、絶対に会いたいよ。ちょっとでも空いている時間があるなら連絡して」

そんなメールを何日かにわたってやり取りした後に、「急に時間が空いたから、これからご飯でも食べる?」とメッセージが入ったのは、よく晴れた日曜日の午後。慌てて電車に飛び乗る。サリーの住む駅から15分。駅で待つこと15分。

向こうから足早に歩いてくるベニーの格好はTシャツにジーパン。相変わらず冴えなくて愛らしい。

「ごめんごめん。今、ホストファミリーの家に挨拶に行っていたんだ」

シンガポール人のベニーはボストンの有名大学に進学した。留学生として高校や大学に来ると、寮に入っていても地域コミュニティと交流できるようホストファミリーを斡旋してくれる場合がある。大学を卒業して5年は経つだろうに、今でも折に触れてホストファミリーの家に顔を出すという彼は相変わらず律儀だなと思った。


1時間しかないというベニーにせかされてレストランに入る。日差しいっぱいの窓際の席からは週末のゆったりした街の様子が見える。テーブルには真っ白な布がかかり、他の家族連れやカップルの席にはワインクーラーが添えられていたが、私たちはランチだけ頼んで運ばれてきた水のグラスで乾杯した。

「あの頃の同級生に会うなんて、何年ぶりだろう」明るい声でベニーが言った。

「大学院のために、この辺りに一時的に住む仲間は多いみたいだよ。実際に私、サリーとイダに会ったよ。連絡取ったらすぐに会えるよ」

「全然知らなかった。高校のネットワークとは切れてしまっているんだ。遠い昔のことに感じるよ」

つながり直したいのか、忘れたいのか、単に過去のことなのか。声の抑揚はあるけれどテンポが淡々としているベニーの話し方は、10年前と変わらず感情を読み取るのが難しい。

ベニーはITシステムの会社でコンサルタントになっていた。会社はボストンが本拠地だが、出張で全米各地に行く。クライアントはアメリカを代表するような古株の大企業。ベニーは少しバツが悪いという顔をしながら、私に仕事の説明をしてくれて、そして最後に付け足した。

「仕事はこれから変わると思う」

「ふーん。なんで？」

彼と似たバツの悪い表情を、私は自分の顔にも見たことがある。部屋の鏡の前で、あるときは通りかかったショーウィンドウで。ベニーにとっては何が引っかかっているのか気になった。

「5年も同じことをやっていると段々飽きてくる。僕は今の会社が好きだし、会社も僕のことは好きだと思う。でもお互いを『愛しているか』と言われるとたぶんノー。永住権を取ってもらっている関係であと1年は同じ会社にいる必要があるんだ。それが、今の仕事を続けている本当の理由」


「次にやりたいこととか、あるの？」

できるだけ柔らかく聞いたつもりでも少し嫌になるのは、受け手としてあまり好きな質問ではないからだと思う。「次は何するの？」興味本位の相手に律儀に答えようとして、苦しくなる問いの筆頭だ。


ベニーの答えはあっさりしていた。

「僕はたぶん人生の中で、家族という部分は見つけた気がするんだ。キャリアの部分はまだまだ。自分が何になるか全然分からないよ」

同じ会社で働く女性と付き合って3年になるらしい。

「今の自分を生かしてくれているのはナオミなんだ。彼女の愛が僕を生かしてくれている」

ベニーと私は仲が良かったけれど、聞いてもはぐらかされるのが分かっていたので恋の話なんてしたことがなかった。硬派だと思っていたベニーが、私でも赤面しそうなことを同じ抑揚、同じリズムで言う。新鮮だった。


「ナオミってことは日本人？」

「いや、違う。でも日本にもあるんだよね。ナオミっていう名前」

「うん。たとえば、真っ直ぐに美しいと書いて直美」

「それもらった‼　彼女が聞いたらとても喜ぶ」

ベニーは私が見たこともないような弾んだ調子になった。


「結婚するの？」

「来春、引っ越すんだ」

すでに会社のサンフランシスコオフィスに転勤願いを出し、来年には彼女とともに西海岸に移り住むことを決めていると言った。

「たぶん僕はそこで落ち着くことになると思う」

サンフランシスコは彼女の出身地だという。彼にとってもシンガポールの実家が少し近くなる。

「彼女の存在が、僕を幸せにしてくれている。彼女の家族も僕を幸せにしてくれる。僕はたぶん、自分にとって大切な人たちを幸せにしていく生き方をしていきたいのだと思う」

熱っぽいと思いきや、地に足がついている。ベニーらしくないと思ったけれど、やっぱりベニーらしい。

「ボストンからサンフランシスコまで、車に荷物を全部詰め込んで、ナオミと横断旅行しようと思って」

「ってことはニューメキシコも通る?」

「たぶんね。学校には立ち寄らないと思うけど」

「なんで、先生たち喜ぶよ」

まあ機会があれば、とはぐらかすベニーに、私はなんで?と食い下がった。

しばしの沈黙は、きっとベニーがごまかさずに考えてくれたから。

「僕は、怖いんだと思う」

私は、静かに次の言葉を待つ。

「うん、僕は学校を訪ねるのが怖いんだ。僕が行けば一部の先生たちは喜んでくれるかもしれない。でも正直なところ僕は、僕自身が学校の期待に応えられていない事実と向き合うのが怖い」

「そんな風に考えたら先生たちが悲しむよ。それにもし同じ理由でみんなとも疎遠なら言わせてもらうけれど、私はとてもあなたに会いたかった」

そう言いながらも、私はベニーの言わんとすることが分かるような気がした。私にも似たような感覚はずっとあった。

どんな国からでもどんな経済状況からでも集い、ともに学べるようにと、私たちの高校生活は奨学金に支えられていた。将来、君たちが世界を担うときが来たら、友情と、ここで培った異文化や多様性への理解を以て平和な世界を築きなさい。どんなに小さくてもいいから、世界を変えるためのアクションを起こしなさい――そう教えられ、その土台となる経験をさせてもらった以上、自分は将来、世界に恩返しをしなければならない。いや、しているに違いない。そんな漠然とした想いがずっと自分の中にあった。それは次第に焦りにすら変わっていった。

旅の途中で再会した先生の1人は、それは君たちの思い込みだと言った。こちらはただ教育の機会を与えただけ。自分たちは世界を変えるはず。そんなものは、17歳のあなたたちが未来の自分に期待したかっただけなのだと――肩の荷はおりるよりも、ただ悲しかった。

「自分は世界を良くする側にまわっているのか?」誰も期待していなかったとしても、その問いが自分の胸から消えることはない。でも10年前には想像できなかった景色が目の前には広がっている。

「僕にとって、扉はすでに閉まってしまったんだ」ベニーは言う。

ベニーに関しては、学校側も実際なにかと期待していたかもしれない。彼は主席だった。私たちの学年から将来偉くなるような人間が出るとすればそれはベニーだろう。同級生同士で未来のみんなを想像するとき、ベニーは決まって出世頭の文脈で登場した。国連事務総長かな、いやいや世界銀行だよ。そんな在学中の何気ない会話。それは当然ベニーにも聞こえていて、一番の優等生だった彼は誰よりも重く、期待を背負って生きてきたのかもしれない。

あのときあなたは、10年後の自分に何を見ていたの?

聞いてみたかったけれど十分な時間がなかった。出張と会議続きの彼は次のミーティングに行かなければならなかった。

春にサンフランシスコでまた会う約束をして私たちは別れた。写真だけでも撮らせてと言うと、今は何も撮らないで欲しいと返されてしまった。

「きっとサンフランシスコの方が、景色がいいから」

そのときは彼と彼女、２人の写真を撮りたいと思う。

伝票を先に奪った彼が言った。「会えてよかった。君は僕に光を運んできてくれた。君がこの旅をしていることが光だと思う。だから僕のためにも続けてね」

うまく言葉を返せなかった。

レストランの前で別れ、足早に歩いていく彼の背中を見送ってから青空の下を歩き出すと、もどかしさに言葉がようやく追いついてきた。

ねえ、世界を変えるってなに？　私は、あなたがまわりの人をそこまで幸せにしようとしているのことがすごいと思ったの。

10年前のあなたは、「彼女が僕を生かしてくれる」と話す自分を想像できた？

深海

私たちはニューメキシコの山奥にある小さな村でともに高校時代を過ごした。ずっと一緒だったのに、卒業直前になってトラブルを起こしたJは退学になった。Jに「一緒にやろう」と誘われていたことがあった私は裏切られた気分だったけれど、彼の将来を心配したことはなかった。

美術室の壁の一面には彼の作品が長いこと残されていた。異様な迫力を持ちながらどこか寂しく優しく迫ってくる巨大な写真のコラージュ。その前に立つと、芸術をまるで説明できない私でも、彼が表現する圧倒的な世界観を肌で感じることができたし、現に美術の先生は彼の写真家としての将来を本気で期待していた。芸術の世界は厳しいというけれど、Jはきっとなんなく進んでいく。退学しても独特のありあまる才能で成功するのだと思っていた。

卒業した私たちはそこからはバラバラだった。それぞれの国に帰ったりアメリカに残ったりヨーロッパに移住したりして、大学に進んだ。そして「社会人」になると多くの仲間がニューヨークを目指した。彼らからの風の便りで、Jはニューヨークにある名門大学の写真科に進み、活発に活動していると聞いていた。

23歳の春、東京で就職した私がニューヨークを訪ねたときJが会いに来てくれた。彼は「この街の若者たちを集めて自由の学校をつくるんだ！」と興奮した様子でまくしたてた。話はよく分からなかったけれど、彼は自分の取り組んでいることに夢中なようだった。

24歳の夏、再びニューヨークを訪ねていた私にJから電話がかかってきた。

「俺さ、今日大きな舞台で歌うことになったんだ。聞きに来て！」

「場所どこ？　……ねえ、全然聞き取れないよ」

電話の向こうの声はついていけないくらいのハイテンション。最近ラッパーとして新聞に取り上げられたことは知っていた。場所は？　時間は？

早口すぎて聞き取れない。私は地の利に詳しい友人と落ち合ってからかけ直すと伝えて、電話を切りながら言った。

「ねえ、J。私はハイじゃないときの君に会いたいよ」

それっきりになっていた。


25歳の冬、転職の合間にできた休みで母校を訪ねた私は、ニューメキシコに残るJの親友の1人と落ち合った。

「ねえ、今からJに電話かけてみない?」

「もうちょっと後にしようよ」彼は言った。

「でも……」

「あいつはニューヨークで成功の階段を駆け上がっている。一方の俺はまだここにいる。少し取り残された気分なんだ」

「そうなんだね……」


今でもあの夏の自分を後悔しているのか、あの冬の日をやり直したいのか分からない。たとえばあのとき会いに行っていたとしても、あのとき電話をかけていたとしても、きっとなにも変えることはできなかったと、どこかで思っている。

Jの親友と別れて日本に帰国した同じ日、Jはニューヨークで命を断った。2週間後にインターネット上の友人の書き込みでその死を知ったとき、悪い冗談にしか思えなかった。

数ヶ月後、やはりインターネット上にJのお母さんから「Jの友人たちへ」と宛てられたメッセージが載った。そこには私の知り得なかった彼の苦悩が記されていた。

夢の中で潜れたらいい。知らせが届いてからよくそう思っていた。深海の世界を深く深く泳いでいったら、やがて黄色くて温かい場所に行き着いて会える。そこでは穏やかな状態で話ができる。聞きたい話はたくさんありそうで、でもきっと聞くことは1つだ。

ねえ、どんなことを考えていたの？

私はまだ夢の奥には辿り着けていない。パソコンの向こうから届いた知らせにもどこかリアリティを感じていない。Jの暮らした街で彼といた仲間たちと会わないことにはきっと解消されない何かを抱えて生きている。あるいはそこでやっと始まるかもしれない何かを。

ボストン発ニューヨーク行きのバスは高速を降りて摩天楼の渋滞に飲まれていく。もうすぐチャイナタウンの停留所に辿り着くだろう。同級生がたくさん暮らす街に立ち寄れるというのに誰とも連絡を取らなかった。短い時間では会いたくない。世界をぐるりと回ってこなければ、まだ向き合えない気がする。

今はヨーロッパに戻るための、ただの通過点。ぎゅっと目をつぶった。

信じてくれた先生

@London

行き交う人々は足早に交差点を渡る。冷たい雨の降るロンドン。バスのチケット売り場にはうんざりするくらいの行列ができるし、「会おう」と何人にも送ったメッセージには返信が来ない。きっと誰もが生きていくのに必死な街なのだ。そう頭では分かっていても、こんな大都会で、会いたいと思っている人たちと会えない日々が続くとさすがに気分が落ち込んでくる。

知人の家に泊めてもらいながら1週間ほど悶々としていると1通の明るいメールが届いた。

「俺、今晩なら空きそう！　1杯飲みに行こう！」

待ち合わせはホルボーンという地下鉄駅。駅を出たところに「ロンドン経済大学」という案内板があり、やはり待ち合わせらしきビジネスマンや学生たちが立っている。17歳の頃「俺、キャプテン翼が大好きなんだ！」と言ってサッカーグラウンドを走り回っていたコロンビア人のカミロは、黒いスーツ姿にオレンジのマフラーを巻いてすっかり大人びて見えた。

賑やかなバーにエスコートしてくれると私の分までそつなくドリンクを注文してくれる。

「さまになっているねえ」と言うと、彼は笑った。

「ロンドンという街を最初は好きになれなかったけど。ある程度の収入と友達とソーシャルライフを得たから、最近はけっこう充実しているよ」

「彼女は？」

「今はいない。でも俺、結婚するまでにあと4人は付き合うつもりなんだ。楽しまないとね。あと2年くらいで結婚したいから、これからは半年おきに新しい人を見つけないと。それって結構大変だよね」

冗談でしょと笑う私に、彼は笑いながら「本気だよ」と繰り返す。高校時代は彼女に一途な少年だったのに、男は変わる。


イギリスへ移住してきたのは4年前。大学をアメリカで終えたカミロは最初ワシントンの投資銀行に勤めたが、すぐにビザの問題で出ざるを得なかった。

「それでロンドンに来た。今は南米の鉱業関係のM&Aを担当している。南米の仕事ができることはやっぱりすごく嬉しいよ」

彼の目尻に笑い皺が宿る。半年おきの彼女は無理にしても、なかなか素敵だ。


夜中の電話会議まで少し時間があると言うので私たちは近くのレストランに場所を移した。ひと通り料理を注文して待つ間、カミロは言った。

「高校の頃はさ、ホント悔しかったよ。自信を木っ端みじんにされた気がした」

「よく覚えてるよ」

カミロは負けず嫌いだった。寮の廊下に座って彼の話に付き合ったことがある。幼い頃は常に一番で、自分は何にでもなれると思っていたらしい。それが意気揚々と留学してみたら、まわりは自分よりも勉強やスポーツが得意な人ばかり。悔しい、悔しいと、17歳の彼は何度も言っていた。

目の前の彼は27歳になっている。

「ご存知の通り大学は名の知れたところに入れなくて。最初のうちは落ち込んだ。でも甘く見ていたよ。しごいてくれるいい学校だった。大学で夢中で勉強して、そしたら一番の成績が取れた」

「すごいじゃない！」

「そこからかな、上手く回り始めたの。そのあとは夢中で仕事をして。何年もかかったけど自信をもう一度つけたんだ」


運ばれてきたビールに口をつけて一息つくと、それまで得意気に話をしていた彼がふいに真剣な顔つきになって言った。

「もちろん自分自身を信じて頑張ってきたわけだけど。でもあの頃から僕には僕を信じてくれる人がいた。自分が間違いを犯したときでも態度を変えずに接してくれるような先生が。それに応えたかった。そういう気持ちがなかったら果たしてここまで頑張れたかなあ。ラビジはさ、僕の人生にもっとも影響を与えた人の1人なんだ」

カミロは懐かしい髭先生の名前を口にした。高校で経済を教えていたインド人の先生。生徒を愛してくれていることが満面の笑顔からにじみ出ているような人で、卒業していった教え子について語るときにはいつも感極まって涙を流していた。

「高校の頃、唯一僕の可能性を信じてくれた先生がラビジだった」

それで大学でも経済を勉強して、結果として得意になった。そう話すカミロの目にはいつの間にか煌めきと潤みが混じっている。

「そういえば俺とラビジの出会いって知ってる?」
溢れてしまいそうになったのか、カミロは照れたように口調を変えた。
「ううん」
「渡米した数日後、目覚まし時計が異国の電圧に耐えられなかったのか壊れたんだ。寝坊してオリエンテーションに1時間遅刻した僕は、慌ててみんなが集まる教室に駆け込んで、先生たちの白い目に赤面しながら座った。教室が一瞬しんとしてしまったそのとき、前に立っていた先生たちの中から髭の先生が満面の笑顔で僕に歩み寄って、みんなの前で『コーラとスプライト、どっちが好きかね?』と聞いた。僕が混乱したまま『スプライト?』と言うと、その人は教室から出て、本当に僕のためにコップにスプライトをついで戻ってきてくれた。感動した。この人から学びたいと思った。それで僕は、当初社会科の専攻科目を歴史にするつもりだったのを経済に変えたんだ」

私はカミロを改めてまじまじと見た。鉄砲玉のように一直線の負けず嫌いだけじゃない、なにか落ち着いたものが今の彼の中にはある気がする。

自分自身を信じること。それは難しいけれどきっと大前提なんだろう。でも、自分の可能性を信じてくれる人、信じていると声高に表明してくれる人、うまくいかないときでも変わらず支持を表明し続けてくれる人——そういう人に出会えるかどうかで人生はずいぶんと変わるのかもしれない。

ふと2年前、この街を金融危機が直撃していたことを思い出した。「いま席を立ったら、帰ってきて自分の机がまだあるか分からない」——当時ロンドンで働いていた友人からそんな便りをもらったことがある。アメリカでのビザ問題、引っ越したロンドンでの失業の危機。カミロも何度か崖っぷちに立たされたのかもしれない。向こうからやってくる嵐の中で彼はどれだけあの髭先生のことを想ったのだろう。

カミロは今、仕事の傍らでアメリカのビジネススクールを受験中だという。

「昨年は一番有名なところしか受験しなくて。最終選考まではいったけど落ちた。でも最終選考まで残ったことで自信がついたよ。さすがに今年はいくつか受けるつもりだけど。でも名門校にしか願書を出さない」

言い張る彼の負けず嫌いは相変わらずだと思う。

「アメリカで名門ビジネススクールを卒業したらコロンビアでやりたいことができるから」

このあとは政治の世界に進むつもりだと言った。

「今の汚職にまみれた政治じゃなくて、経済という専門分野を活かしたアプローチで挑みたいんだ。まずは鉱業。鉱業で生まれた利益がちゃんと地元に還元される仕組みをつくりたい」

潤みが消えて、強いまなざしが戻っていた。

ラビジが聞いたら、嬉しくてまた泣いてしまうだろうなと思った。

東京〜ダブリン

遡ること1年前の秋。

ある日会社を出たら、体の中から何かが込み上げてくるような感覚があった。

揺れているのは分かっていた。でも忙しいことを理由に、突き詰めて考えていなかった。だからその日は目の前の地下鉄の駅に入るのをやめて、赤坂の坂道を少し長めに歩いた。

前に進みたくて疼いている心を認識した途端に、頭が自分に質問を浴びせてくる。ちゃんと意義はあるの？　これからの見通しは？　それは自分だけじゃなくて誰かのためになること？　頭と心の間でぐるぐると会話がめぐって、結論に近づこうとするたびに心拍数が上がっていく。秋風に吹かれながら、泣きたいような、叫びたいような感覚としばらく付き合って歩いていたら、ようやく「旅に出よう」と決心がついた。

「とりあえずやってみよう。仕事を辞めよう。上司に話そう」今度こそ揺らぐことのないように、思考の道筋と結論を何度も確かめてから、赤坂見附の地下道に入った。

そうやっていつもと違う帰り道を通って、前から真っ青なセーターを着た人が歩いてくるのを見かけたとき、私は自分が世界のどこに立っているのか一瞬分からなくなった。我を忘れてその人の名前を呼んだ。9年ぶりに見かけるスペイン人の同級生だった。

びっくりした彼が、一瞬立ち止まってから駆け寄ってきた。

「出張で来ているんだ！　まさかこんなところで会うなんて！」

彼のひと言でやっと「あ、ここは東京だ」と、頭が追いついた。

高校を卒業して、まだ自分がそこからどこに行くかも分かっていなかった頃。なんとなくここで一緒に暮らした誰かと、いつか世界のどこかでばったり会えたら素敵だなと思っていた。そんな場面を想像してみたりもした。でもまさか東京で、赤坂の地下道で、しかもみんなに会いに行こうと決めたその日に、こんな再会をするなんて。

その夜、彼の泊まっているアパートメントホテルに行って私たちは話し込んだ。彼の話は初めて聞くものばかりだった。幼少時代のこと。渡米した理由。高校を卒業してから、何もかもが上手くいかないと感じていた時期があったこと。どうして上手くいかないのかが知りたくて、粒子物理学の本を読みあさったこと。ゲイとしてカミングアウトしたときのこと。今の会社との出会い。アメリカの西海岸にずっと憧れ続けていたのに、ダブリンで暮らすことになったこと。そして今、とても幸せなこと。

数々のエピソードの中で培われてきた彼なりの「生きる哲学」が垣間見えた。その哲学はきっと、これからも変わっていく。私の考え方が常に変化を続けて、確かな形を持たないように。

会社を辞めて旅に出ようとする私の心境を話したらTrepidation——トレピデーションという言葉をくれた。何かを始めるときにつきまとう不安。必ず押し寄せてくるもの。でもその不安と付き合う覚悟を決めたら、きっとその先に見えるものがあるよと。

彼の27年の中からにじみ出てきた等身大の言葉は、経験の一部にも、信じたいと思っていることにも聞こえた。偉業を成し遂げた人が振り返って発した言葉でも、成功ノウハウ本にずらっと並ぶ言葉でもない、同じ年の生身の人間が今感じている言葉がじわりと自分に沁み込んだ。

それから1年。私が旅に出るまでには長い時間がかかった。赤坂の寄り道でした決意など、風が吹けば消えてしまいそうなほど何度も不安が押し寄せた。トレピデーション、トレピデーション……ぶつぶつ呟きながら私はその時間を過ごした。高校にいた頃はどこか不機嫌そうで取っ付きにくかった「他人」のような仲間の言葉が、私の勇気になった。

「そりゃあんた、彼にも会いに行った方がいいんじゃない？」ロンドンで会った友達に言われた。1年前に会ったばかりだしどうしようかなと思っていたのだけれど、そう言われてみるとたしかに。

フェリーは今、極寒のダブリンに向かっている。

ロンドンからダブリンへ。
飛行機、バス――交通手段は色々とあるものの、
一番安いのは、列車とフェリーの組み合わせだった。
イングランド最西端の街までゴトゴトと列車に揺られ、
港でパスポートにスタンプを押される。
フェリーは意外と豪華な造り。
ゲームセンターがあり、客室があり、
バーでは乗客がサッカー中継に興じていた。

幸せの物理学

@Dublin

電車とフェリーを乗り継いで、ダブリンに着いたのは夕方17時。街はすでに真っ暗だった。そこからさらに路面電車に乗り込む。冷たい風が容赦なく吹き荒れる中、ようやくアパートを探し当てると、扉を開けたハビエルが「今夜から嵐になるらしい」と言った。間一髪。

再会は1年ぶりだ。

「あれ以来どう?」

ハビエルはにっこりと笑って「あいかわらず、幸せだ」と言った。これまではずっとシェアハウスに住んできたが、最近念願だったひとり暮らしを始めたのだという。こじんまりとしたアパートの中にはちょうどいい量の家具がある。暖色系のラグやソファーは、あの氷点下の暗い街を歩いてきた私をほっとさせてくれる。「明るい色の家具が多くていいね」と言うと、彼は「ほとんど譲ってもらったものなんだ」と嬉しそうだった。

「そういえば昇格したよ」

ソフトウェア会社で働く彼は最近、言語チームのワークフローを見る担当についた。70人のチームをまとめる仕事はチャレンジングだけれど楽しい。そして優秀で思いやりのある仲間たちに囲まれていることが、なにより幸せだという。

「本当にいい会社なんだ。僕ね、本当に恵まれている。明日の夜は会社のみんなで美味しいものを食べに行く会があって、明後日からはチームビルディングの一環で、アイルランドの中でも最も美しい海岸線のある地域に行くんだ。僕、幸せ者だよ」

ということは、せっかくここまで来たけれど、一緒の時間はほとんど過ごせないということか……。

少し曇り顔になった私に構わず、ハビエルは会社の自慢を続けた。何度も何度も、幸せだ、会社を愛していると言ってはしゃいだ。幸せ、幸せのオンパレード。

「幸せの秘訣を教えてよ。私のまわりにも、君みたいに『私、幸せ』『私、愛されている』を連発する友達がいるけど、たまにすごく遠くに感じる。私のひがみもあるんだろうけど。そういう人に限って甘え上手で、何かをタダでもらっちゃったりとか、人に助けてもらったりするのが上手くてさ。そしてそういうことがあるとまた彼女たちは決まって『私、愛されてる！』って繰り返すの。正直どうやってるんだろうって思う。私も器用になりたいとは思うけど、相手に悪くて、何かをお願いするのもねだるのも苦手。『私は、愛されてるんですう！』みたいなこと、声高に言えるタイプじゃないし」

不満と聞きたかったことを一緒に投げかけてみる。あまり時間がないという焦りからか、かなり直球だった。

「彼女たちは、愛される方法を知っているんだよ」

ハビエルはなんでもないことのようにさらりと言った。

「行動には結果が伴うけれど、その結果を決めるのはなんのアクションを起こすのかやどんなアイデアがあるかじゃない。その源泉としてどんな感情があったかなんだ。簡単に言えば、ポジティブなエネルギーを持ってしたことはポジティブな流れを引き寄せる。逆にネガティブな感情はネガティブな結果を生むってこと」

物理学の話ともつながるんだ、と彼は言った。

かつて彼はなぜ自分の人生が思うように進まないのか、その原因を知りたいと必死だったという。元々は映画作家志望でハリウッドに憧れていた。その憧れもあって渡米したのに高校で取った演劇のクラスはほとほとつまらなかったし、先生ともうまくいかなかった。苦い大学受験を経てそれでもアメリカに残り、大学院でようやく脚本の世界で名門といわれる学校に受かった。しかし今度は奨学金が取れず、また諦めざるを得なかった。

「最初はどうして幸せになれないんだろうともがいていたよ。でもあるとき、そんな自分の状況がふと可笑しくなっちゃって。どうしたらいいかよりも、まずどうしてうまくいかないのか純粋に知りたくなったんだ。ひょっとしたら科学的な理由があるんじゃないかと思って」

そして彼は物理学、とくに粒子物理学の本を読みあさった。

その探求の過程を、彼は「人生の科学者になる」と呼んでいる。

「いろんな本を読んだり実践してみたりする中で分かったんだけどね、僕らの具体的なアクションのもう一段前には波動というのがあるんだよ。微粒子のレベルの話だ。そして波動をつくるのは行動じゃなくてその裏にある感情なんだ。そしてその感情は2つに1つしかない。Love（愛）もしくはFear（恐れ）だ。愛をもって行動すればその行動からは愛が広がる。だから僕らを取り巻く宇宙は愛を返してくれる。恐れがベースなら、自分を取り巻く物事の結果は恐れるものになるだけ」

途中までなんだか理想主義な話だなあと思って聞いていた私は、「恐れ」という言葉にどきりとした。ウィーンでホゼに説明しようとしていた雲梯のイメージが甦る。私の影——踏み出せなかったのは落ちるのが怖かったからだけれど、誰にも知られたくなかったのは失敗を怖がっている自分を見られてしまったら、きっと人は自分を臆病者だと思う、愛してもらえなくなると思っていたからだ。

みんながそばにいるときに雲梯を渡れたのも結局、臆病者だと思われるのが怖かったから。人前でなら渡れる、そのことが自信にならなかったのは、渡れるのも渡れないのも、ハビエルが言うように結局ベースにある感情が「恐れ」だったからなのかもしれない。

そうかたしかに、と繰り返しながら自分を紐解こうとする私にしばらく付き合ったあと、ハビエルは続けた。自分の人生だけじゃない。世界の未来に対してだって同じことが言える。だから「世界は問題だらけだ」というアプローチが好きになれない、恐怖をあおるだけだからと。「世界が変わるためには別のアプローチが必要なんだと思う。世の中はもっとお互いに優しくならないとだめだと思う。自分が幸せだと感じ続けることが一番の近道じゃないかと、僕は思うんだよね」

経済危機が深刻なアイルランドでは建物の建設が中断され、失業者が相次ぎ、好調なのは政府が誘致したいくつかの多国籍ソフトウェア企業だけという状況が続いているという。そこに住むハビエルが「うちの会社は絶好調！」と明るい口調で言うのにも正直、違和感があったけれど、そんな彼の態度も彼の哲学には馴染む気がした。

相手を愛していること。自分の可能性を愛していること。自分が生きている世界を愛していること。これまで怯えてつい隠してきてしまったそれらの感情を、私も、もっと表現していいのかもしれない。

翌朝早く、ハビエルは職場のジムへと出かけていった。昼過ぎに会社を訪ねると、自慢のオフィスを楽しそうに案内してくれた。卓球台、ビリヤード台、各国の料理が並ぶカフェテリア。どこかテーマパークのようなオフィスだ。カフェテリアは元気の良さそうな若者で溢れ返り、ハビエルも声をかけてくるたくさんの同僚たちと嬉しそうに会話をしていた。

高校でこんなに楽しそうな彼を見たことがなかったなあと思う。どこか居心地が悪そうだった。それは彼がゲイとしてカミングアウトする直前だったこととも無関係ではない気もする。東京で再会したとき、彼は会社の創設者たちがゲイの権利を支持する声明を出したことが本当に嬉しかったと言っていた。

「彼らは政治的なことには意見を述べないスタンスを貫いているんだけど、この件についてだけは明言してくれたんだ。自分たちの社員の中でも影響を受ける人がたくさんいるからって。この会社に勤めてよかったと心底思ったよ」

会社を誇りに思う。そう話す彼を見ながら、東京に果たしてゲイを支持することを前面に出す会社があるかと、ハッとさせられたことを思い出す。

「これ以上の職場はないよ」

彼は幸せそうだった。その気持ちを今日は素直に受け入れられた。

脚本家の夢が遠のき、多様性が受け入れられやすいアメリカの西海岸に住む夢も遠のきどん底にいたのが、自分は人生の科学者になろうと決めてから人生が変わった。そうハビエルは東京で話していた。思いもかけずソフトウェア会社から採用試験を受けないかと誘いがあり、思いもかけず受かり、そしてアメリカに住むことにこだわっていたにも関わらず、思いもかけずダブリン勤務になった。そこからが思いもかけない幸せの始まりだったと。

浮かれるハビエルに聞いてみたいことがあった。

「脚本家は諦めたの？」

ハビエルは、にっこり笑った。

「僕はね、この会社が大好き。だからここが自分が勤める最後の『会社』だと思っている。でも物書きの夢はまた別だよ」

仕事の傍らで少しずつ書き始めたことを教えてくれた。

「急に物事を変えるタイプじゃないんだ。ゆっくり進んでいくよ。その先に続く道が映画なのか、他の何かなのかは分からないけど」

映画？　本？

人生の科学者が生み出す作品に、またばったり出会ってみたい。

華の都の片隅

@Paris

金曜日の夜、パリに週末の空気が漂い始める。サン・ミッシェル駅を上がったところの噴水前にはお洒落な格好の若者たちが集まってくる。自分のコートのよれ具合と黒いナイロンのバックパックが気になっていたところ、現れた同級生も黒いフリースにバックパックというアウトドアっぽい格好で少し安心した。

落ち合ってすぐにグラシアラは「言っておかなきゃいけないことがある」と声を潜めた。

「私、ホームシックになった」

パナマ人の彼女がパリに来たのは3ヶ月前。パリにある研究所でリサーチ手法を学び、修士の学位を取るためだという。彼女にとっては家族と離れて暮らすこともフランスに住むことも初めてではない。パナマの大学を卒業してすぐに、スペイン語を教える名目でフランス北西部の小さな街に来て9ヶ月を過ごした。そのときに出会った友達や恋人との時間は夢のように楽しく、その経験が今回の留学先をフランスに決めるきっかけのひとつだった。彼女の話しぶりは、ホームシックになったことに彼女自身が一番びっくりしているような様子だった。

「たぶん(原因は)この街」歩き出した彼女は言う。

「孤独なの」

友達はできるけれど、みんなそれぞれの生活があってなかなか会えない。大学院の研究は個人で進める仕組みになっていて、クラスメートと仲間意識を育むのも難しい。賑やかな通りを並んで歩きながら、彼女はひとつひとつ考えている理由を挙げていった。

「それって都市の孤独みたいなものかなあ」

手近なクレープ屋さんに入って注文を取ってもらってから、私は言ってみた。

「これは私が東京でも、この前ロンドンでも、それに今日パリであなたに会うまでにも感じていたことなんだけど。誰でも自分が必要としているものがあるじゃない。人との関係だったり自分が楽しめる活動だったり。でも初めて、しかもひとりで大きな街に来た人にとってそれは『ここにありますよ』って書いてあるものじゃない。目の前に広がるのは街の景色だけで、本当に必要なものはたいがい埋もれている。東京なんて自分の故郷なのに。それでもこれだというものを見つけるまでは、ずいぶんと時間がかかったよ」

都市が大きくて、そしてグラシアラの言葉を借りれば「人間味がない」ほど、そこに続くパイプはなかなか見つからない。無限に広がっている潜在性の中から自分がつながれるものを見つけるまで、何度も何度も試してみる必要がある。そうやって「これだ」と思うパイプを掘り当てるまでの試行錯誤の時間が適応期間なのかもしれない。グラシアラに話しながら、私は東京の自分に言葉をかけているような気になった。

「そのパイプが見つかればなあ」彼女は呟く。

「半年後、私はこの街が大好きになっているかもしれない」

数日前の朝、彼女はとうとう起き上がれないと感じて病院に行ったらしい。

「恥ずかしい話だと思った。27歳にもなってホームシック？　そして薬に頼らなければ朝も起きられないような状態になるなんて。でもね、このまま国に帰ることもできる。そしてこのチャンスとその先に続くキャリアを失うこともできると思ったときに、『まだ』それは選びたくなかったんだよね」

この留学には奨学金が出ているのだという。仕事は2年間の休職扱いになっている。そして彼女がこの先、組織に戻って昇格していくためには大学院を修了していることが条件となる。
「国連の仕事に長い間憧れてきたの。大学を卒業して、フランスから帰ってきたときには片っ端からポジションに応募した。仕事は忙しかったけど楽しかったよ。世界中から優秀な人たちが集まってくるし。それに担当分野がＨＩＶ対策だから、いろんな性的趣向を持つ人々と話せたし、人の強さに触れられた。感染しながらもたくましく生きている人たちのパワーってすごかったよ」

上司に信頼された彼女は担当業務以外にもリサーチの役割を任され、カンファレンスで南米中を飛び回っていた。普段から長時間労働をしていたせいで比較的自由に休みを延長できる環境にあり、アウトドア好きな彼女はバックパックを担いで、中南米のあちらこちらへ出かけて行っていた。
「めちゃくちゃ忙しかった。でも心地よかった。それにパナマの実家のすぐ近くは海でね……」

魅力を語るたびに、故郷への想いが強くなる。
「ヨーロッパでもたくさん旅行するつもりだった。冬はスキーに行きたいと思っていたの。でも今、冬休みだけでも国に帰ろうかと思い始めている。帰ってパナマの空気を吸ったら元気になれるんじゃないかって。でも一度帰ったらもう自分は戻ってきたくなくなってしまうかもしれない。そう思うとなかなか踏みきれなくて」

帰るか、残るか。その狭間で揺れている。

クリスマスシーズンの飛行機チケットは日に日に値上がりしていく。それでも少し様子を見てから決めたい。ひと通り話してから彼女はそう言った。いざとなったら大枚をはたいてでも帰る。そう決めたら少し楽になったと。

「こういうときだからこそ、『Day by Day』って言い聞かせているんだ」

Day by Day――1日1日に集中して生きること。まずは今日1日。それが過ぎたら次の1日。

「私たちは往々にして今日という日を生きていない気がするんだよね。常に今までの軌跡を見ているか、未来のことを心配している。明日以降の計画を立てるために今日の時間を使っている。アキコは旅していて、そんなことない？」

図星だった。今日の出会いと会話に集中したい。感性のアンテナを最大限にしていたい。でもやっぱり電車のスケジュールを延々と調べたり、まだ決まってない行き先に辿り着くためのチケットの値上がりを心配したり、滞在先へのコンタクトが取れていないと焦ったり、実際はそんな時間がずっと続く。旅の時間を大事にできていないのじゃないかと嫌になることさえある。最近は「何が起きてもその場でなんとかする力は持っているでしょう？」と自分に言い聞かせて、できるだけ思い悩む時間を減らそうとはしている。でも心配症だから、気を抜くとすぐに先が決まっていない不安が心を覆ってしまう。

「じゃあ、Day by Day は私たちの約束だね」グラシアラが言った。

うん。10年ぶりの約束。いい約束だ。

未来に１００点を取る必要はない。完璧な計画はない。


1枚目のクレープを食べ終わったところでダニエルから電話があった。迎えにいくと言うグラシアラを制して私が向かうことにした。再びのサン・ミッシェル噴水前は21時をまわったにも関わらず待ち合わせの人々でいっそう賑わっていた。パリの夜は始まりが遅いらしい。

目が合ったその人がダニエルと分かるまで少し時間がかかった。それぐらい彼の印象が違う。眼鏡も髪型も服装もシャープになっていた。嘘でしょう、これがダニエル？

「かっこよくなったね！」と言ったら誤解される気がして言葉を飲み込んだけれど、それが素直な印象だった。一緒に街を歩きながら、彼を洗練したのはパリの街なのか医者という職業なのか、どっちだろうなと思った。

ボリビア人のダニエルは研修医としてパリに移住してきて3年になる。医者になるのは小さい頃からの夢だった。前にカミロが感化されたと話していた先生の授業に彼も感銘を受けていて、大学に入って経済学を学び始めてはみた。

「でも2週間でやめてしまった。僕の原点は子どもの頃、医者の父についてオペ室に入ったこと。やっぱり医者になりたかった」

数日前、故郷ボリビアから戻ってきたばかりだという。
「パリに来てから初めての帰郷だったんだ。それでも実家にある自分のベッドで眠って母親の手料理を食べたら、すぐにボリビアの自分になっちゃったよ」

パリの街を歩いている今もまだボリビアの自分が残っている気がする。そう言って笑った。

グラシアラの待つクレープ屋に2人で戻った。彼らの再会も久しぶりだったようで、グラシアラはとても嬉しそうだった。パナマにいた頃、彼女は休暇を取ってボリビアに行き、ダニエルの両親の世話になったらしい。
「アキコもこの先ボリビアに行くでしょう？　すごくステキなご両親だから！」

そしてここパリでも、2人はとても不思議な縁でつながっている。グラシアラには最近パリを経由中に倒れて入院してしまった伯父さんがいるのだが、その伯父さんを担当医として看ているのがダニエルなのだ。それが分かったのはつい数時間前。グラシアラが私と落ち合う前に初めて病院に彼をお見舞いに行って、担当医の表札にダニエルの名前を発見したのだそうだ。ダニエルの方も、クレープ屋でグラシアラの話を聞くまでは自分の患者が彼女の親戚とは知らなかった。まったくの偶然。興奮するグラシアラの話を、医者という職業柄のせいか、ダニエルは落ち着いて聞いていた。
「そういえば、アキコはダニエルと彼女の話って聞いたことある？」

再会に沸くうちにグラシアラが悪戯っぽく聞いた。彼は高校のとき、同級生のカナダ人と婚約していた。恋愛下手だった私には、高校生にして婚約するということが別世界のことのように思えた。そして野次馬的ながらやっぱりその後が気になっていた。

後からきたクレープをほおばっていたダニエルは、私たちの視線を受けて苦笑いした。

「僕はボリビア、彼女はカナダに帰ったからほぼ不可能だったんだけど。そうなったらいいなっていう願いを込めたんだ」

どうやら、別れてしまったらしい。

「でも」彼はにやりと笑って続ける。

「ぼくらは正式には別れていないんだよ。だから彼女は浮気をしていることになるね」

カナダ人の彼女の方は昨年カナダ人の男性と結婚した。聞けばダニエルにもスペインに恋人がいる。お互いさまなのに彼女は浮気中とジョークを飛ばすダニエルに呆れながら、まだ好きなんだなと思った。

運ばれてきたカプチーノを飲んでひと息つくと、ダニエルは、パリに来ることになったのは元を辿れば彼女とのデートがきっかけだったと言った。

「卒業後それぞれの国に帰った僕らは3度だけお互いの国を行き来した。彼女がボリビアに遊びに来たときに『私は少しスペイン語が話せるんだから、あなたもフランス語、少しは話せるようになったら？』と冗談まじりで言ってさ。そのときたまたま近くにあった外国語教室でフランス語の授業を一緒に見学させてもらったんだ」

その授業で彼はフランス語に惹かれ、その後も細々とフランス語の勉強を続けていたという。数年後、ボリビアで医学部を卒業した彼は研修医として働き始める。そして4ヶ月が経ったある日、上司に「フランス語が少しできるんだって？　パリでボリビア人の医者を必要としているから行ってみないか?」と勧められた。異動先は今の職場、ヨーロッパで最高峰と言われる癌の治療センター。

実らなかった恋がくれたチャンス。

「すごくいい話だよね」

再会した瞬間よりも、だいぶ明るい顔つきになっていたグラシアラが言った。

私はその後、パリでもう一度ダニエルに会った。パリ最後の夜、彼の部屋に泊めてもらったのだ。彼の住まいは、大学の敷地に各国の政府や機関が自分の国の留学生用に寮を建てるという面白い形態の学生寮。ダニエルの部屋はシンプルな造りながらも床にダブルサイズのエアーマットレスを入れられるくらいのスペースがあって、すでに何人もの同級生がパリを通過する際にここに泊まったという。

「パリは家賃が高いわりに部屋が狭いから、僕はこの寮に入れてとてもラッキーだった。グラシアラも住環境の問題が解決すれば落ち着くんじゃないかな」

そういえば彼女は、自分があてがわれた寮はゲスト禁止で、パナマからはるばる友達が遊びに来ても泊めてあげられなかったと言っていた。そのことは彼女の大きなストレスになっているようだった。ダニエルが落ち着いた様子で話すのを聞いていると、彼がグラシアラにとっての1つのパイプになるかもしれない気がして少しほっとする。

私たちは改めて色々な話をした。無口だと思っていた彼と話題が尽きないことに驚いた。そう伝えると、ダニエルははにかんで言った。

「僕、高校の頃、ほとんど英語が喋れなかったんだよね。もどかしかったよ。パリに来た当初も片言のフランス語で仕事をするのがとても大変だった。高校で初めてアメリカに来たときと同じ。少し勉強はしていたけど、話すのはほぼゼロからのスタートだったから」

それでも来て医者として働こうとしたなんて、もの静かなのに勇気があるなと思う。3年経った今は流暢なフランス語を話す。入れ替わりの激しい学生寮でも年季の入った住人らしい。

机の上には家族の写真が飾られていた。

「母さんがね、面白いことを言っていた。人は生まれてくるときにともに生きたい相手を選んで生まれてくるんだって。自分の親さえも、自分が選んで生まれてくるんだって。それで自分が選んだ人とはちゃんとつながっているんだって。患者さんがグラシアラの親戚だった話をしたんだ。それとアキコとハビエルが東京の街でばったり会った話もした。それはお互いを選んでいるからなんだって。だから何十年後にまた僕たちがどこかで関係することがあっても、それは全然不思議なことじゃないんだって」

彼の父親は医者、母親はスピリチュアル系。そのバランスが好きだと彼は言った。

彼の専門は癌。助からない命が多い病棟で働くことの厳しさは想像を超える。

「自分の患者さんが自ら命を断ってしまったことがある」

遺書は家族宛と、もうひとつ、担当医だった彼宛に残されていた。彼への手紙にはひと言
「ありがとう」と書かれていたという。

「きつかった」

ぽつっとダニエルが呟いたその言葉の重さを、私が計り知ることはできないと思う。

「どうやって自分を保っているの？」

「最近は、すべてを病院の中に置いてくるようにしている」

病院の外では、スペインに住む彼女との遠距離恋愛が続く。でも数ヶ月後には、彼女が大学を終えてパリにやってくる。

「結婚とか、全然今は考えられないんだけど、初めての同棲は楽しみだよ」

結婚と口にした瞬間に自分で苦笑いして、でも嬉しそうだった。

「1年後には病院を辞めて、彼女とスペインに移り住む計画なんだ。スペインに癌の研究施設がある。僕はリサーチが好きだから、研究に集中できる環境を求めてね」

実らなかった恋。現在進行中の恋。そのどちらも彼が生まれるときに選んだ出会うべき人だったんだろうと思う。彼女たちとの出会いが、彼が泳ぐ世界の点と点をつないでいる。

そんな生き方ができるダニエルを、やっぱりかっこいいと思った。

パリからいったんバルセロナへ。そこで財布をすられた。
なくしたもの。カード、現金、運転免許証。
残ったもの。パスポート、へそくりの日本円3万円、
鉄道のチケット(ただし、特急券は別料金)、
荷物、健康な体。
手持ちの現金だといったいどこまで行けるだろう。
拠点のベルリンに帰るか。
それとも、行けるところまで行ってみようかな。

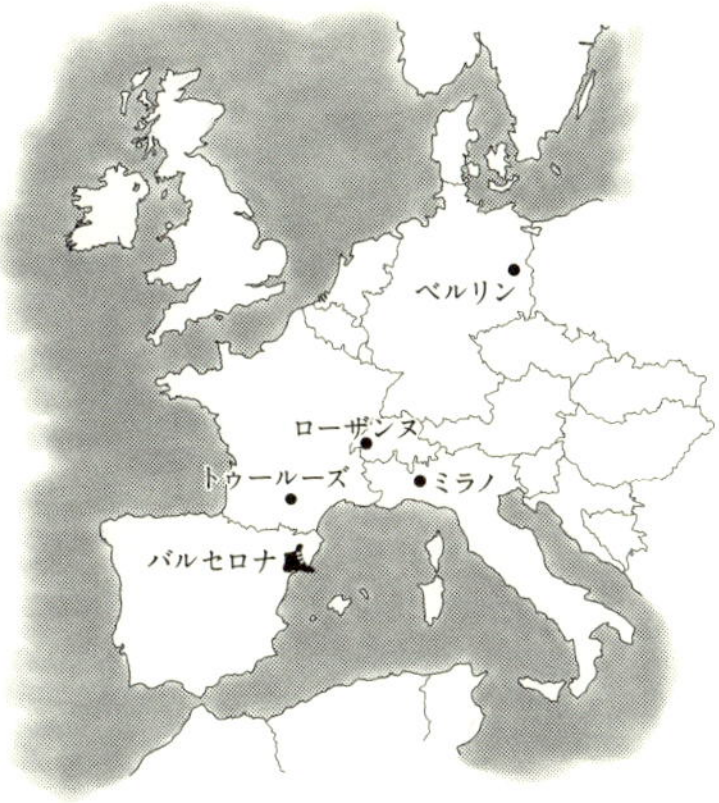

イスラエル人の母

@Toulouse

「私ね、前より優しくなったんだよ」

会ってすぐにノアムが言った。

見透かされたのかなと一瞬ドキッとした。高校に通っていた頃の彼女には得体の知れない取っ付きにくさがあって、今回訪ねてくるのにも少しだけ緊張していたのだ。

でもいざ再会してみれば「旅路は大丈夫だった？」「お金は足りているの？」「他に足りないものはない？」そんな風に気遣ってくれる彼女を前に、ここに来る途中で盗難にあってからピンと張っていた緊張の糸が緩んで、じんわり安心していく自分がいた。

「子どもを産んでから変わったと思う。この子は必要な物を与えてもらえる環境にいるけど、そうじゃない赤ちゃんは世の中にたくさんいるんだろうなって思ったらさ、色んなことが人ごとじゃなくなったんだよね」

トゥールーズ中央駅に迎えに来てくれたノアムは乳母車を押していた。小さな赤ちゃんが思慮深そうな緑色の目でじっとこちらを見ている。名前は、ロー。イスラエル人とフランス人のハーフだ。

地下鉄に乗り換えて家の最寄り駅で降りると、ノアムは最近見つけたというカフェに向かった。ヨーロッパではなかなかお目にかかれない、サイズが小さくて味が繊細なケーキが出てくる。私が幸せを噛み締めているとノアムは優しい顔で言った。「義父が訪ねてきたときにも連れて来たんだけど、『こういうケーキ屋はフランスでもなかなかない。いい店見つけたね』って褒められちゃった」

ノアムがトゥールーズにやって来たのは1年半前。それまでは母国イスラエルの政府で働いていた。イスラエルで出会ったユダヤ系フランス人と結婚。最初は彼がフランスに戻っても残って仕事を続けようか迷っていたらしい。「ところが選挙で大統領が変わった途端、私のオフィスの人間は全員クビになっちゃったわけ」状況が道を選択した、と彼女は言った。

旦那が仕事を得たトゥールーズの街に移り住み、そして子どもを授かった。
「今は母親業が仕事だよ。もちろんまた何かしらいわゆる『仕事』もやりたいけど。でもしばらくは無理だろうな。今は、この子を守れるのは私だけだって思っているから」
自分にとって「外国」のこの国で、生まれて間もない赤ちゃんをベビーシッターに任せきりにするのは不安なのだと彼女は言う。

ローが授乳して欲しそうなそぶりを見せたので、私たちは急いでカフェを後にした。ノアムのアパートはすぐ近くにあった。エレベーターが故障してしまっていたのだけれど、ノアムはローを抱き上げ、私の荷物も少し持ってくれながら5階分の階段を上っていく。バックパックを引きずるように階段を上がる私は、彼女をたくましいなあと思う。旦那さんは月の半分は出張で留守にしているらしい。長い出張のときはイスラエルからお母さんが手伝いに来てくれることもあるそうだ。クリスマスも旦那さんが出張のため、ローと2人でイスラエルに行く。

「こっちに来て友達はできた？」

パートナーの都合で知らない国に住むというのはどんな感じか聞いてみたかった。

「うん。色んな出会いの場所はあるからね、大丈夫だよ。でも相手によって、私は自分を何人というか気をつけるようにしている」

イスラエル人とは明かさないことがある、と彼女は言った。

「もちろん全然大丈夫な人もいる。でもここは、イスラエルに対して否定的な人も多いから」

私はその意味がすぐには分からなかった。


週末に珍しく家にいることのできた旦那さんがローを見ていてくれることになったので、ノアムと私は2人で街に出かけた。滑らかに流れる大きな川のほとりを歩きながら、ノアムは街が拡大していった経緯を説明してくれる。トゥールーズは当初キリスト教徒の巡礼の道として栄えたらしい。「キリスト教のことは分からないけれど……」と言いながらノアムはいくつかの教会に入り、教会にまつわる伝説やゴシック建築のことなどを教えてくれた。

「ガイドさんみたいに詳しいね」

「来てくれる人にひと通りは案内できるようになりたくて、勉強したんだよ」

優しさになんだか温かい気持ちになる。


トゥールーズは小さな街で、公園や広場やテラス席を設けたカフェがいたるところにある。通りに行儀よく並ぶ店もそれぞれ内装に趣向を凝らしている。ノアムと私はウィンドウショッピングを思う存分楽しんだ。雑貨屋さんや手作りのおもちゃを扱っているお店に入り、あれが可愛い、これが素敵とはしゃいだ。

路地裏にフェアトレードのお店があった。店員さんが「今日はルワンダコーヒーの試飲会をやっているよ」と声をかけてくれた。出されたコーヒーとクッキーを手に、店の中に置かれた手芸品や本を眺める。

「あ、見て見て。国際関係のコーナーがあるよ！」

ノアムが大学で国際関係を勉強していたと聞いていた私が、何気なく言ったことだった。本棚の前に立った彼女は複雑な顔をした。

「見て、ここにある本」

本棚の一角にノアムがそっと指を置く。フランス語ができない私にはよく分からなかったけれど、彼女の指先にはＧＡＺＡという文字が並んでいた。

「本当に一方的なんだから」

タイトルからして、棚の中はすべてパレスチナ側を支持する本だという。彼女はひと通りそこに並ぶ本の背表紙を眺めると、ここを出ようと言った。

そして店を出てしばらく歩いた後、ぼそりと呟いた。

「ここはフランスだからね」

別の日にノアムとローに両替に付き合ってもらった。街中の両替所はずいぶんと混み合っていて一度に１人しか入れないようになっていたので、彼女たちは外で待ってくれていた。両替を済ませて出てくると、ノアムは私の前に並んでいたおじさんと立ち話をしていた。彼は私の用事が済んだのを見て、じゃあねとにこにこしながら手を振って行ってしまった。ノアムが微笑む。

「今の人に出身を聞かれてね、アラブ系の人だったから迷ったんだけど、言ってみようと思ったの。『イスラエル人です』って。一瞬だけ相手の目が変わったのが分かった。でもすぐに笑顔に戻ってくれた。『僕たちは別にイスラエル人が嫌いなわけじゃないよ。It's just politics（それは単に政治の問題だ）』って言ってくれた」

彼女はおじさんが歩いていった方に目をやった。

「それで今まで話しこんじゃった。言ってみてよかったな」

私はイスラエル・パレスチナ問題について実を言うとよく知らない。でも自分の国が否定される社会の中で住むことや、結果として自分の出身をうかつには言えないことを、彼女がどう感じているのか心配になった。

「旦那はほっとけって言う。なにか嫌なことを聞いても気にするなって。聞いても流せばいいって。でも私はいい機会だから彼らの主張も理解できるようになろうって思っている。でもそれはすごく、すごく、難しい」

少し間をおいて彼女は続ける。

「たとえばイスラエルを批判するフランス人の多くは、イスラエルに来たことさえないんだよ。見たこともないものをどうして好き勝手に否定できるんだろう。来てみればいいじゃない。来た人は大体、好きになって帰っていくのに」

子どもをイスラエルで育てたいかと聞いてみた。

「もちろん、そうしたい」彼女は即答した。

「イスラエルは矛盾の国。でもね、私の唯一の母国なんだ」

セネガルへの移動教室

@Lausanne

雪がちらちらと舞う中、私は昨夜辿り着いたばかりのローザンヌ駅にまた来ていた。鉄道の周遊チケットの有効期限が迫っていて、旅は少し駆け足になってきている。電車はあと数時間で出てしまうけれど、この街で会いたい同級生がいた。

目の前をいろいろな人種の人が行き交う。駅の入口にはアフリカ女性用の編み込みスタイルを謳った美容室があった。寒い街なのに結構アフリカから来ている人が多いのかなと考えたりする。私の待ち人もその1人だ。

「ごめんね、もうすぐ会社出るから」そんな電話が3回かかってきた後に、白い息を弾ませたアミナタが現れた。褐色の肌に落ち着いた紫色の長いダウンコートがよく似合っている。白いマフラーにブーツを履いた彼女は雪の中でも暖かそうで、この街に馴染んでいるように見えた。

セネガル人のアミナタがアルプスのこの街に来たのは2年前。アメリカの大学を卒業した彼女は卒業後4年間アメリカに残り、私立高校で数学の先生をしていた。今はローザンヌの大学院で年金数理の勉強をするかたわら、年金ファンドでインターンとして働いているという。

掛け持ち生活は大学院が中間テストの今が一番忙しいらしい。そんなときに、10年ぶりとはいえ、ほとんどいきなり訪ねてきた相手に嫌な顔ひとつせずに会ってくれるのが嬉しい。アミナタは「どのみちもう次の授業は間に合わないから気にしないで」とにこにこ笑いながらランチに誘ってくれた。

山の斜面にあるローザンヌの主要駅はひとつ。麓の駅から街の中心までは、短いけれどとても急な坂を上る。息を切らしながら歩いていくと、街には新しいガラス張りの商業施設が並び、赤、黄、青、緑、黒の色を使った装飾がいたるところに施されていた。「オリンピックカラーだね」と言ったら、「うん。ここオリンピック委員会の本拠地だから」と言われた。ああ。

「セネガルが恋しくなったりしない?」

雪に足を取られないようにつけながらアミナタに聞いてみる。実際ロンドンで会ったボツワナ人の同級生はヨーロッパよりもアフリカの方が断然暮らしやすいと話していた。

「そうね。セネガルは大好きだけど、働くためには帰らないかもなあ」

兄弟もほとんどが外国暮らし。欧米で暮らしてみて感じたのは、セネガルがアメリカからもヨーロッパからも驚くほど近いこと。以前働いていたワシントンDCからは7時間で行けるという。

「だから、結構頻繁に帰っているんだ」彼女の声は明るい。

「それに先生だった頃、1回生徒たちを連れて行ったこともあるんだよ!」

「え、アメリカの高校生をセネガルに連れて行ったの?」

ずいぶん大胆なことをする先生だ。彼女は笑いながら、2年がかりのプロジェクトだったんだよと言った。1年目に先生たちを下見に連れて行き、現地のパートナーや訪問する場所を固め、そして2年目にようやく生徒たちを連れて行った。生徒たちとはボランティア体験などをしたという。

「まあ高校生の修学旅行なりの大変さはあったけど、セネガルを感じてもらえてよかったよ」

ようやく坂道を上りきる。前に入って美味しかったお店の名前が思い出せないと言いながらも、アミナタは歩いているうちにそこに辿り着いた。お店の中のショーケースにはカラフルな野菜や果物がディスプレイされていてなんだかほっとする。注文は彼女がしてくれた。温かい人参のスープと絞りたてのグレープフルーツジュース。セネガルでもフランス語を話すというアミナタには言葉の壁はないようだった。

「そういえばさ、なんでキャリアチェンジしたの？　教師からその、年金数理人だっけ？」

アミナタは、面白いでしょ?と笑った。

「私は教えることに情熱を持ってたと思う。それが世界を変えることにつながると信じてた。少なくとも何かのやり方を変えることはできるって。でも夜の21時を過ぎても電話をかけてくる、いわゆるモンスターペアレントと甘やかされた子どもたちに対応したりするうちに、教育も産業のひとつでしかないという思いが強くなった。だとしたらなんでそれにすべてのエネルギーをかけているんだろう？　別に他の産業だっていいじゃない。たとえば世の中のシステムからお金を奪い取っているような産業で働いて、大金持ちになる道もあるわけだし」

にやりと笑ってみせたアミナタは、「でも自分はそれができない人間だって分かっているんだけどね」と言い添えた。

彼女にとっては年金数理の勉強が、夢中になれることと生活できることのバランスが取れるちょうどいい場所だったらしい。

「年金数理って純粋数学と応用数学の掛け合わせなの。私は純粋数学がすごく好き。新しい言語を学んでいるみたいで楽しいんだ。逆に授業で応用数学をやるときは少し怖かったけどね。クラスの他のみんなは応用数学が好きで、純粋数学の授業では悲鳴をあげてる人もいた。私、バランス役なんだよ」

純粋数学と応用数学の話はいまいちピンとこないけれど、彼女の話しぶりにやりたいことを見つけたのだなと思う。年金のことを話す彼女はとても楽しそうだった。

「日本ってさ、私たちが年金の話をするときに一番多く事例に出てくる国なのよ。それも不思議な事例として。私自身はまだ日本について深く調べられていないけど。どうやらあなたたち、大量に移民を受け入れるか、家庭や子育てに関する政策を変えるか、定年退職の年齢を引き上げるか、なんとかしないとまずそうね」

セネガル人の同級生とスイスの山奥で、日本の年金制度について話をしているというのは少し不思議な気分。

「でも定年を引き上げても大して変わらないよね。少子化対策はもちろん重要なことだけど、子どもが働けるようになるまでにとにかく時間がかかるからね。移民を受け入れるか否かにかかっているんじゃない?」彼女はにこにこしながら続けた。

年金問題についてひとしきり議論した後にセネガルについても聞いてみたくなった。私は西アフリカの一国ということ以外に彼女の国のことを何も知らない。

「セネガル経済は成長期だよ。スピードはみんなが期待しているほどではないけど。私たちにとって一番ラッキーなことは国が平和なこと。人口の95%がイスラム教徒で、5%がキリスト教徒。でもイスラム教のモスクの隣にキリスト教の教会が当たり前のようにあってね。私の家族はイスラム教徒だけど、イスラム教の祝日にはキリスト教徒のご近所さんを招待するし、キリスト教の祝日には彼らが呼んでくれて一緒にお祝いしたりするよ。ずっとそうだった」

もっと物騒かと思ったでしょ?と笑うアミナタに素直に頷く。シエラレオネの紛争で帰れなくなった同級生がいたことや、大学の授業で触れたアルジェリアやナイジェリアの内戦などの印象が強くて、西アフリカの国にあまり平和なイメージはなかった。

「他のアフリカの国々と違って私たちには天然資源がない。もうそれってすごくラッキーなこと。石油とかダイヤモンドがないから先進国の代理戦争に巻き込まれなくて済むの。そのかわり観光産業が盛んでさ。欧米どちらの大陸からもアクセスはいいし、伝統的な文化や雰囲気も残っている。音楽も他の西アフリカの国々とは違って独特なんだよ」

たしかに数週間前にボストンでたまたま聞く機会のあったセネガル音楽は、私の知るガーナ音楽とはリズムの取り方からして違っていた。

「あと、突発的な紛争が起きにくいから、セネガルはピースコア(日本でいう青年海外協力隊)の派遣先としても人気があるみたい。前にワシントンDCでセネガルの言葉をとても上手に話すアメリカ人と会ったんだ! なんで話せるの?って聞いたら、ピースコアでセネガルに行ったからだって。それってすごいよね」

穏やかでお茶目な話し方をするアミナタに私は惹き込まれていく。セネガルの空気が彼女を包んでいる気がした。

アミナタは、当面は年金数理人の資格を取ることを目標にしている。スイスに来た当初は、卒業後どの国で働くかは決めていなかった。しかしスイスが年金を民間企業に管理させ、その民間企業を国が監視する形を取っていることを知ってからは、残ってこの仕組みの中で働くのも面白そうだと考えているらしい。公的監視が入る方が人も手間もかかる。でも、とアミナタは続けた。

「私はこのやり方、いいと思う」

「金融危機が起きたとき、定年を迎えて引退しているはずの先生が必死に家庭教師のバイトを探していたんだよ。なんで？って聞いたら、『入っていた年金ファンドがダメになって、年金が入ってこなくなった』って悲しそうに言っていた。その一方では年金ファンドのトップたちがボーナスを受ける権利を主張したり、実際にかすめ取っていったりしていた。私にはそれが許せなかった。金融危機を語るとき、投資銀行がつぶれかけたことばかりが話題になるけど、私が見た危機の現実はそういうことだったの」

世の中のシステムから金を奪い取る産業――穏やかな口調で話す彼女が会話の中で繰り返し言った言葉は、彼女の見た現実から来ているのだろう。

「自分が生きていくのに何が必要かなって考えてみる。大金持ちになりたいとか思えないなあ。服とか贅沢することにはあんまり興味がないし。やっぱり人の役に立つことがしたい」

私たちは高校のときに「世界を変える教育」を受けたことになっている。だから再会する同級生からは「これまで会ってきた人で、誰か世界を変えた人いた？」と、冗談と本気が混ざった質問をよく受ける。

「そんな簡単なことじゃないよね」と、笑ったあとに彼女は言った。

「でもさ、私がもし持続可能な年金数理の計算方法を発見したら、それって世界を変えることにつながるよね」

彼女が、笑みをたたえて爽やかに言うのを聞いていると、世界を変えるというのは誰もが当たり前に持っていていい想いなんだというひとつの原点に連れ戻してもらえる気がした。それぞれの場所で。それぞれのやり方で。

小一時間でランチをするつもりがつい話し込んでしまった。それでも私の電車に間に合うようには店を出たはずなのに、今度は街の景色に見とれてしまう。街の真ん中にある巨大なエレベーターや、電車やバスの路線が目に入るたびに「うまくデザインされてるねー」と感動して私の足が止まる。アミナタも「そうなんだよ。あれはね……」と楽しそうに説明してくれる。そんなことをしているうちに、気づけばミラノ行きの電車に間に合うのは奇跡というような時間になってしまった。

坂だらけの街を全速力で下って、宿からバックパックを回収して、また全速力で上る。「走らないといけないからいいよ」と言ったのに、アミナタは一緒に来てくれた。雪はやんでいたけれど風が冷たくて、一度息が切れてしまうとひたすらに喉が痛い。アミナタは私のバッグをつかんで坂道を駆け上がり、駅に飛び込んで素早く掲示板に目を走らせると、ホームに向かって走った。フランス語の分からない私がひとりで行っていたら、きっと迷っているうちに電車を逃してしまっていたと思う。

やっとのことで電車に私が飛び乗ったときには、2人ともおかしくなってしまい、ゼーゼー言いながら笑い続けた。
「きっとアキコとこの坂を走ったことは忘れないと思う」
うん。私も絶対に忘れないと思う。滞在の短かったこの街での一番の思い出だ。

「次はセネガルで！」

閉まりかけるドアの向こうで笑う彼女に頷いて、本当にそうなったらいいなと思った。

無用の用事

「なんの用事？」その質問に答えられそうもないことが足かせになった。

最初の年、寮のお隣さんだったイタリア人は毎晩私の部屋にやって来て、そうめん1束とみそ汁の素1パックを取っていった。寮の談話室でそうめんを茹でて、熱湯でといた味噌の中に入れる。日本食材で作ったパスタ、と彼女は言った。そうめんを啜って食べたい私に、彼女はパスタは音を立てて食べてはいけないと言ってフォークと舌の使い方を教えようとする。いつも言い合いになった。

何年も後になって日本で煮麺を食べたとき、私は遠く離れた彼女に毒づいた。「ほら。やっぱり啜って食べるんだよ」

2年目に入って部屋替えがあり、彼女と私の部屋は遠くなった。彼女に彼氏ができたこともあって、毎晩の日本風パスタもなんとなくご無沙汰になった。明確な用事を失った私たちの、互いの部屋を行き来する頻度は減った。

卒業も迫ったある夜、みんなで論文の参考資料や忘れたいテスト用紙などを燃やしてしまおうという慣例のキャンプファイアーをした。紙の束が火の中に入れられるたびに歓声があがった。そのとき、遅れてきた彼女が輪の後ろからそっと私に1通の封筒を渡して言った。「これ、火の中に入れて」

なんとなく、彼氏にもらった手紙か、彼氏に宛てた手紙なのだろうと思った。別れたことは周囲の噂で聞いていた。心配で話がしたかった。そう伝えたいのに、私なんかが聞いてしまっていいのだろうかという迷いから何も言えなくなる。私は少しためらって、言われた通りに手紙を火に入れた。彼女は離れたところで、煙が夜に吸い込まれていくのを見ていた。

イタリアに行くのはこれが2度目だ。卒業した夏、私は別の同級生とバックパックを担いでヨーロッパを回り、彼女の実家を訪ねている。本当はただ話をしたかったのに、彼女の家族と親睦し、案内されるまま観光しているうちに3日間はあっという間に過ぎてしまった。

やっとゆっくり話し始めた最後の夜、もう明日早いんだから寝なさい！とお母さんに怒られ、彼女は自分の部屋に戻っていった。浮かない顔をしていた私を見た友人は「こっそり行って話してきたら？」と言ってくれた。「でも用事があるわけじゃないんだ」なんとなく話したいだけ。お題もなにも思いつかない。だから「どうしたの？」と聞かれたら、次につなぐ言葉が見つからない。そんなことをうにうに言っているうちに私は眠りに落ちてしまい、次の朝はあわただしいお別れが待っていた。

ずっと用事が見つけられなかった。今回も彼女にはストーリーを集めに来たとは言えない気がする。

でも10年が経った。私も変わりたい。

1つ新しいことを試してみる。

ただ、気になっている。それだけで会いに行ってもいいのだと思ってみる。

バルセロナからトゥールーズ、ローザンヌと抜け、ベルリンまで北上を続けようとした私を再び南下させたのは、結局その思いひとつだった。

あとひとつ、かけているもの

@Milano

ミラノのドゥオーモ駅前集合と言われ地下鉄を出たら、目の前に真っ白な聖堂がそびえ立っていた。聖堂を臨む広場は人の行き交いが激しい。またずいぶんと都会に来たなと思う。ぼうっと立っていたらベンチに放置されていた空のビール瓶が夜風に吹かれて目の前で落ち、地面に砕け散った。近くにいたおばあさんに大丈夫ですか?と声をかけたら、冷たい目で見返された。居場所がない気がして心細くなる。ただうろうろとしている人も多くて、スリに遭うんじゃないかとドキドキした。待つこと1時間。電話が鳴って、アンジェラが来た。

「私、ずいぶんと変わったんだ」

再会してひとこと目にアンジェラが言った。トゥールーズで再会したノアムも「ことわり」を入れていたことを思い出した。10年ぶりに会うのは相手も緊張することなのかもしれない。ボブに切りそろえた栗色の髪にベレー帽。お洒落なコート。彼女の「変わったんだ」は「変われたんだ」にも「変わってしまったんだ」にも聞こえた。

アンジェラはローマ近くの小さな町の出身だ。

「私はさ、なんていうかヨーロッパ的なところが好きなの。建物がちゃんと歴史を語っている場所。たとえばローマは何千年の歴史の上を歩いているっていう実感がある」

高校卒業後、彼女はいったん地元に戻り、大学でミラノに出てきた。実家からとにかく離れたかったのだという。

「うちの家族は、抑圧的だから」

　卒業した夏、私たちが遊びに行ったときも彼女が大変そうだったのを思い出した。「まあ勇敢なのね」と訪れた私たちを褒めた後に、彼女のお母さんは、「あなたが旅に出るのは許さないわ」と娘に釘をさしていた。

「私の両親は大学も出ていないし、海外で暮らしたこともないし……。やっぱり違うから、私の世界を理解するのが難しいんだと思う」

　投資銀行に勤めることも自分が選んだ道だった。自分で選んだけれど、投資部門でアナリストをしていた頃は毎日が地獄だった。誰も助けてくれない。自分で這い上がらないといけない環境。

「強くなったと思うよ」彼女は言った。

「一時期は、仕事も、恋愛も、どん底まで落ちた気がした。これ以上悪くならないところまで落ちたら、不思議と頑張れた」

「自信のないところが私の欠点だった」

　彼女はぽつりと言った。人前でとにかく緊張したと。たしかに記憶の中の彼女は「私が、私が」と主張するタイプではなかった。

「研修で自分をだますことを教えてもらったんだ」

　姿勢を正して、相手の目を見るふりをしながら実は額を見て、お腹にぐっと力を入れて話す。だましだましやっていたら慣れてきた。自信があるように振る舞えるようになった。

「異動してからは楽しいよ」

配置替えを希望して、今は社長のアシスタントをしている。

「私にはこの仕事が向いている。社長に代わって人とかプロジェクトの管理とか、指示出しとかするのが実はかなり得意みたい。でも自分よりも年上の人に指示を出したり、お偉いさんたちの会議に同席したりするから、服装とかもすごく気をつかう」


私たちはプラダやらグッチやら、ブランド店がずらりと並ぶ道を歩いていた。アンジェラも入れて写真を撮ろうとすると、ここじゃないところにしてとアンジェラが言った。

「だってこれは私じゃないもの」

彼女は毎年行われるセールに、ユニフォームを買いに行くような感覚で出かけるという。

「セールにおける最大のライバルは日本人の観光客なんだ」彼女は小さく笑った。小柄な彼女に合うサイズの服は、日本の観光客がセール時期にどっと押し寄せて買いあさっていくらしい。

「私はファッションクレージーじゃないし、自分のためにはTシャツとジーパン。そんなシンプルな服があればいい。でも仕事はそうもいかないんだよね」

彼女と日本の女性たちがセールで我先にと競い合って走る光景を想像するのは可笑しかった。


アンジェラは私のお腹が空いていないかずっと心配してくれた。日本の刺身食べたいでしょ?と言ってカルパッチョの店に。その次はクレープ屋に。さすがにもう食べられないというと、最後は小さなカフェに連れて行かれた。

「ミラノっていい街だよ」

仕事は順調で、もし希望するなら他のポジション、とくに海外での勤務もチャンスを与えるとオファーされている。受けるべきか迷っている。

「今の仕事をずっと続けられればそれで幸せだと思うんだ。……なんだか60歳ぐらいの人のセリフだよね」

それじゃいけないのかもしれないけど、と彼女は小さな声で言い添えた。

「私、考えるんだよね」

再会してから数時間、彼女は9年間の軌跡と自分の今の場所とを交互に行き来しながら、思いつくまま、感じるままを話していた。私は何を質問するでもなく、話の流れに身を委ねていた。無用でも、たとえひと晩の滞在でも、こうして10年ぶりに隣にいられることを幸せだと思った。

「好きな仕事でしょ。ボーイフレンドでしょ。欲しいものは手に入ったなって。でも何かひとつ、たぶんひとつだけなんだけど、まだ足りない気がするんだよね」

それは結婚でも、子どもでも、キャリアアップでもないと彼女は言う。

「なんていうか、もっと社会とつながりたい」

「分かる気がする。私も東京で同じこと思って色々やってみたんだ。昼間は会社で企業相手にコンサルタントの仕事をしていたんだけど、いくつかの出会いがあって、夜とか週末に同年代の仲間たちと社会的な事業を応援する取り組みをするようになった。そのとき初めて自分の居場所を見つけた気がしたよ」

「そういう感じかも。私ずっとね、里親やってるんだ。稼いだお金の一部をある子の教育費として寄付しているの。手紙を書いたり、交流したりもするけど、でもそれって私にとっては『お金を払って誰かに任せているだけ』の領域を出ていない気がする。もっと能動的に何かがしたくて」

最近会社の近くにある〝Make A Wish〟という団体に興味があるのだと話してくれた。難病の子どもたちの夢をかなえ、生きる力や病気と闘う勇気を持ってもらいたいと願って設立された団体だという。

今の彼女は自分の仕事はすべて勤務時間内に終え、それでも少し時間が余っているぐらい。その時間を利用して団体の手伝いができないか考えている。

「さすがに勤務時間中にオフィスの外には出られないからやり方は考えないといけないけど。でも何か貢献できそうならやりたいな」

ひと足早いクリスマスプレゼント——そう言って彼女が鞄からミッキーマウスのピンバッジを取り出した。ディズニーとMake A Wishのコラボ商品だという。

「アキコが来ると聞いて、今日買ってきたんだ。このバッジを買ったお金が、病院でクリスマスを迎える子どもたちへのプレゼントに変わるの。なんとなくアキコなら、こういうプレゼントの方が喜ぶんじゃないかと思って」

自分の手のひらに置かれた小さなピンバッジを見つめる。ミラノに来ることを決めたのは昨夜だった。ようやくアンジェラの電話番号が分かり連絡を取れたのが昨晩0時。昨日の今日来ると言った昔の友達にクリスマスプレゼントを用意しておいてくれる、そのことが腑に落ちるまで少しの時間がかかった。

ふいにそれがピッタリのプレゼントだということに思い至る。10年間一度も話をしなかったのに？　抱え込んでいたものが溢れ出す。

今年の春、私にとって特別な女の子が亡くなった――その子は生まれてから一度も、病院の外に出ることができなかった。

「あなたが選んでくれたプレゼントは、私が買うべきプレゼントだったんだよ」

涙が止まらなくなった。

結局、手紙の中身については聞けなかった。「あの恋愛は最悪だった」振り返って言い切る彼女は、たしかに少し変わったのかもしれない。「変わった」にせよ「変わってしまった」にせよ、彼女はそう言い聞かせて前に進んでいる。でも、その静かに一生懸命な姿は、10年ぶりの友達の目からすればやっぱり変わっていない。

幸せになって欲しい。口に出せなかった想いをのせて、夜行電車はゆっくりと走る。

あとひとつ欠けている、と彼女は言っていた。

その足りないピースを見つけたとき、彼女のパズルは完成するのだろうか。それは何を意味するのだろう。

彼女が望むように、そのままの生活を維持するということなんだろうか。

それとも次のステージが始まる土台が完成したということなんだろうか。

あるいはパズルの完成なんてそもそもあり得なくて、その足りないピースをつかもうとした手が、また新しくいろんなものをつかんだり、手放したりするんだろうか。

未来に、乞うご期待。

始まりの街、途中の物語

@Berlin

夜行電車で北上、夜が明けたミュンヘン辺りからまた雪がちらちらと降り始め、そこからは進むほどに白さが深まる景色を見ていた。ミラノからベルリンは鈍行電車で18時間。３ヶ月前に青空と紅葉とパステルカラーの建物たちの目映い色彩で私を迎えてくれた始まりの街は、いまや灰色の空の下ですべてがどんよりして見えた。

少し前に積もって溶けた雪が泥のシャーベットになって足下でシャリシャリと音を立てる。それでも、目指した質素な建物の前には相変わらず自転車がところ狭しと停められていてなんだか可笑しくなる。うっかり氷の上をすべってしまわないように進み扉を開けると、白壁の明るい空間が広がった。

「最近見かけなかったね。元気だった?」

１階のカフェで顔なじみの男の子が声をかけてくれるのが嬉しい。彼は駆け出しのデザイナー。ベタハウスと呼ばれるこの建物にはフリーランスのエンジニアや芸術家、起業したばかりの若者などが出入りしている。まだ何者にもなれていないと自覚している私も、そこに含まれていいと言われているような感覚になる、ちょっと安心できる場所。

――３ヶ月前。

荷物を詰めてとりあえず日本からベルリンにやって来た私にこの場所の存在を教えてくれたのは、ここにオフィスを借りている同級生のモリッツだった。ベビーフェイスだった彼は髭が生えたせいか見違えるほど大人っぽくなっていた。でも一度話し出せば素顔はお調子者。彼はノリノリで建物の中を案内してくれた。

「ベルリンって大きな産業がないからさ、フリーランスの人がたくさんいる。個人で活動する人たちの間でコラボレーションが生まれるようにこんな場所があるんだよ。誰でも使える。アキコもね」

彼がそう説明してくれたときから、ここは私の密かな居場所になった。

隣国オーストリア出身のモリッツは、そのさらに半年前にミュンヘンで勤めていた会社を辞めて、同僚たちとベルリンに引っ越してきていた。

「ベルリンの方が家賃も食費も安い。それに若い人が多いから新しいものを受け入れてくれる土壌もある。起業に適していると思ったんだ」

最初に訪ねたときの彼は仲間たちと会社登記を済ませた直後で、売り物のコーヒーがエチオピアから届くのを待っているところだった。それを焙煎してオンラインで販売する。

「仲介者を挟まないことで生産者の人たちの取り分が多くなるんだ。出た利益の一部は生産地のコミュニティへの投資に回すことにしていてね。これだけ儲かったら井戸を掘るとか、図書館を作るとかってあらかじめ決めてあるんだ。よくフェアトレード？って聞かれるけど、違うよ。生産者側に落ちるお金をあらかじめ決める形じゃなくて、ちゃんと質で勝負するんだから。認められたらたくさん売れてコミュニティの状況も良くなるし、だめなら何もできない。質の高い美味しいコーヒーが飲めるようになったらドイツのお客さんも喜ぶ。そんな循環を起こしたいから名前はコーヒーサークルなの」

　事業のことを話し始めるとモリッツは真剣な顔つきになった。彼はコンサルタントとしてミュンヘンで働いていた時代に、弟と一緒にエチオピアのあるコミュニティで女性の職業訓練を行うＮＧＯを作って活動していたのだと言った。そこでエチオピアのコーヒーの質の高さを知り、ビジネスにしてみようと思ったのだと。お調子者だった彼にこんな熱さがあるなんて知らなかった。そして立ち上がろうとしている会社のことを私も好きになった。

「起業準備の段階ってさ、日々どんなことを感じているの？」

　私はモリッツに聞いた。勢いよく喋っていたモリッツが止まってしばらく考えた。

「ガールフレンドに『誰も買わなかったらどうしよう』っていう話をする。誰も忙しすぎて僕たちのコーヒーのことなんか目にもとめず、時間だけが経っていったらどうしようって思う。そしてきっと売れる、成功するって自分に言い聞かせる。その狭間を毎日行ったり来たり。ようやくそれも楽しめるようになってきたけどね」

「メディアからよくアプローチを受ける」と彼は続けた。大手コンサルティング会社を辞めて発展途上国のために起業する若者、社会にも貢献するビジネスモデル――そんな文脈でもてはやされることに「宣伝になって助かる」と言いながらも、複雑そうな顔をしていた。

「へんな話だよね。だって、まだコーヒーは届いていないんだ。僕らはエチオピアコーヒーが美味しくてビジネスになると思ったから起業するのに。でもまあ、ビジネスモデルが評価されているのはきっといいことだよね。商品に関しては僕らが絶対の自信を持っているから。味見させてあげられないのが悔しいんだけど、本当に美味しいんだよ」

私に話しながら、モリッツは自分にも話しかけているようだった。

ストーリーは脚光を浴びても、コーヒーは高すぎて売れないかもしれない。人は価値を認めてくれないかもしれない。

「やることはまだたくさんあるけど、なんかもう早く始まって欲しいよ」

そう話すモリッツは、まだ始まっていないのに高まっていく期待にプレッシャーを感じているようだった。

――あれから3ヶ月。コーヒーは届いただろうか。

カフェの脇にある階段を上がり、モリッツたちが借りている小さな部屋のドアを叩く。机3つしか置けないその部屋を、彼らはあまりの狭さから「鳥の巣」と自虐的に呼んでいた。

しばらくして出てきたのは、全然知らない顔の人だった。

「あれ？　ごめんなさい。間違えました」

びっくりして先に謝ってしまった。相手も部屋の中で会議中だったらしく、不思議そうに軽く会釈すると扉を閉めてしまった。パタンと音がしてからはたと思う。あれ、いなくなっちゃったの？

ここに来れば会えると思っていたのに、順調にいって欲しいと願っていたのに。

モリッツの会社の創業仲間たちがしていたジョークの掛け合いが頭をよぎる。

「コンサルの頃は会社の名前で開かないドアはなかったけど、今は全部が体当たり。開いたときは嬉しいけどね」

「そうそう、たまに吹雪の中に放り出された気分になる。だから男3人身を寄せあって……って気持ち悪いから！」

彼らは笑っていたけれど、ゼロから会社を立ち上げるのは楽なことじゃない。あれから持ちこたえられない吹雪が吹いてしまったんだろうか。

もう一度扉をノックしようか、それとも誰か知っている顔の人を探して彼らの会社がどうなったのか聞いてみようか。考えながら辺りをうろうろとしていると後ろから声をかけられた。

「あれー、アキコ？」共同創業者の1人、マルティンだった。

「俺たち、オフィス移ったんだよ。少し手狭になってね」

ほっとしてマルティンについていくと、彼は階段を上がった。ベタハウスは拡張していて、モリッたちは1階上の新しくできたフロアに事務所を移していた。

「すごい‼」

新しいオフィスを見て私は思わず歓喜の声をあげた。木製のディスプレイ棚で隣のオフィスと仕切られたお洒落な空間。かつて3つだった机は5つに増えていた。下のアートスタジオで作ってもらったという会社の表札も飾られ、棚には商品のコーヒー、ミル、ドリッパーなどが整然と置かれている。

「いやあ、ほんとにすごいよ！」

私は興奮してワオ、ワーオと何度も繰り返していた。彼らは窓のない小さな〝巣〟から、日差しの入る空間に来た。それは、これまで色々な国で招き入れてもらった友人たちのどのオフィスの豪華さよりも、遥かにすごいことに思えた。

「インターン生を雇えるようになったんだ」

迎えてくれたモリッツが照れくさそうに言った。

「それと来月、エチオピアに井戸と図書館を建てに行くことになったよ」

以前来たときにはなかった会社のホームページ。そこには創業者の3人が並んで笑っている写真が載せられている。

「この写真をアップした直後にさ、アメリカに住んでいるっていう男性からロバート宛にラブレターが来たんだよ。僕のタイプですって」

「その話はもうするなよー」

ふくれたもう1人の創業者ロバートにまわりが笑う。流れる空気は相変わらず楽しい。

「そう言えば各自の担当は決まったの？」

「ん、…まだ」

一瞬沈黙があったような気がした。でもその空気もすぐに流れていく。小さなもめ事はあるのかもしれない。でもそもそも順風満帆なんてきっとない。私は3人がまだここで頑張れていることが、自分ごとのように嬉しかった。

コーヒーを買いたいと言うと、モリッツが地下倉庫に連れて行ってくれた。最近ようやく片付いたという倉庫には綺麗に袋詰めされたコーヒーの袋がずらりと並んでいる。

「入荷した最初の頃は、倉庫に缶詰でコーヒー豆の袋にラベルを貼っていたんだ。全然追いつかなくって、2週間ぐらい不眠不休でひたすらラベル貼り」

お調子者だった彼。パーティーで楽しそうに踊っていた17歳の頃。面倒くさいとか疲れたとかいうのは顔に出やすい方だったよなと思う。自分の立ち上げた会社のために、ただ黙々と地道にシールを貼り続ける姿を想像すると胸が熱くなった。

「でも売り上げ絶好調ってことでしょ？　すごいじゃない！」

「予想よりは売れている。よかったよ」彼は意外なほどに淡々としている。

「え、だって自信あったんでしょ？」

「まあ、でもやってみなければ分からなかったし、これからどうなるかだって分からないよ」

少し苛立った様子で彼は言った。

10年前、3ヶ月前、そして今という時間軸を思う。この3ヶ月で、彼はすいぶんと静かに話すようになった。事業が立ち上がってからの疲れがたまっているのかもしれない。でもそれとは別に、自分の道を走り始めた人たちだけが持つオーラのようなものを、彼はまとっているような気がする。

「アキコ、今度はどこに行ってきたの？」

「ベルギーと、ロンドンと、わけあってアメリカ東海岸と、ダブリン、パリ、トゥールーズ、バルセロナ、ローザンヌとミラノ」

「まったくうらやましい。キミみたいな人生を送りたいよ」

うらやましいのはどっちだ、と私はこっそり思った。仲間たちと志をともにして、自分のアイデアで事業を1歩1歩積み上げていく。そのすべてが自分の歩みだ。観客の私は、彼らを見て喜ぶことや感動することはできても、1歩1歩の本当の味を噛み締めることはできない。

「1年後に同じ質問をしてみて。自分がどう変化するか見てみたい」

いま何を感じているの？と9月に聞いた私に、彼は別れ際言った。

あれからたったの3ヶ月なのに、彼は違う次元に行ってしまったように見えた。

これから会う同級生たちのお土産にすると言うと、モリッツは普段は大袋で売っているコーヒーを、私が配りやすいようにロゴの入った小さな袋に詰め替えてくれた。

「豆で持って行ってくれるほうが届いたときの風味がいいんだけど、コーヒーミル持ってなかったらだめだしなあ。やっぱり挽くか」

「待てよ、あいつはエスプレッソ派かなあ」

ぶつぶつ呟くのを聞いていると、できるだけ多くの同級生に届けたいと思う。

小分け袋を詰め終えると、プロモーション用に使っている髭のステッカーを同封しておくと言った。

「コレつけたみんなの写真を撮ってきて。コーヒーサークルのファンが世界中にいますってアピールできたら楽しいから」

「いつか、別の国での展開もできるといいね」

「おう、宣伝よろしく」彼は少し笑った。

「ねえ、いつか日本に進出してよ」私はまた調子に乗る。

「輸送コストどうすんだよ。まあどこに行くにしても、その前に黒字化とか、フルタイムスタッフを雇うとか、いろいろ目標はあるけどな」

モリッツは早く仕事に戻りたそうだった。これ以上、長居するのははばかられ、1階のカフェスペースでコーヒーを飲むことにする。同じ雇われない立場でも、彼には走り始めた道がある。これから何年も何年もの間、ビジネスを黒字にして、人を雇って、エチオピアの村に通うことになるのだろう。その過程にはきっと本人たちにしか感じることの許されない手触りがある。終わりの見えない挑戦を始めた彼。1年という旅の、途中の私。通りすがりで彼らの夢に希望を、無責任な希望を乗せてしまった自分が恥ずかしくなり、少し切なくなった。

メニューにこれまでの飲み物と並んでコーヒーサークルのコーヒーが置いてあった。

「ああ、このコーヒーね。うちに入居している会社が販売しているんだ。とっても美味しいよ」

店員さんが、コーヒーサークルの髭のロゴが入ったコップで出してくれた。

「……美味しい」

うなりながら、うらやましいのはどっちだと、もう一度思った。

旅する鉛筆

@Budapest

ベルリンから空路でわずか1時間半。やっぱりヨーロッパは国同士が近いと思う。ブダの町とペストの町をつなぐ大きな緑の橋。たもとのホステルに着いてメールをチェックするとペテルからのメッセージが入っていた。夕食のお誘い、待ち合わせは30分後。シャワーを浴びる暇もないなと苦笑しながらも、時間があっても浴びないだろうなと思った。体に水滴が残る部分から凍えそうなほど、ブダペストの街は寒かった。

急いで今しがた出てきたばかりの地下鉄の駅に向かう。大通りに面した店は、日曜日のためかすべて閉まっている。それでもショーウィンドウのデコレーションはクリスマスの雰囲気を醸し出していて魅惑的だ。中はさぞかし綺麗なんだろうなと思ったりするけれど、立ち止まってまで覗き込む気には到底なれない。この後中東に向かう予定で防寒具をほとんど置いてきてしまっていたせいで、たかだか15分の道のりだったというのに駅に着いた頃には手先の感覚がなくなっていた。ペテルは黒いロングコートを着て車の隣に立って、やっぱりガタガタ震えていた。10年ぶりに再会して最初に出た言葉は「久しぶり」ではなく、「寒いね」だった。

車に乗せてもらい奥さんの待つ家に向かう。夕飯ぐらいしか一緒にできなくて本当にごめんね、と何度も謝られてしまった。彼は最近ウェブＰＲの会社に転職したばかり。ハンガリーが来年ＥＵの議長国になるにあたり、そのウェブサイト作りのチームマネージャーに抜擢されたのだそうだ。年明けの開設を目指して今が大詰め。朝から晩まで週末も返上で働いているという。


「ハンガリー人の寿命は短いんだ」車を運転しながら、唐突に彼が言った。

「寒いから？　それともお酒をいっぱい飲むから？」

「いや、ストレスがたまる仕事のやり方をするから」

「日本人だってハードワーカーで有名ですが、寿命は年々伸びております」私はふざけて言ってみた。

「そうですかい。でもさ、ハンガリーのケースは実に不思議なんだよね」

後で調べてみたらハンガリーの平均年齢は本当に年々短くなっていて、原因は分かっていないそうだ。


家に着くと奥さんと子どもが料理を用意してくれているところだった。ペテルは照れながら奥さんのことを、中学校の同級生で15歳のときからの恋人だと紹介してくれた。

「ペテルが高校で留学してしまってからは遠距離恋愛。時差で電話をかけるのが大変だったわ」目がくりっとした可愛らしい奥さんが笑いながら言った。


ペテルと私は高校時代、毎晩何をするともなく一番遅くまで起きていた。見かけるのは決まって真夜中で、「まだ起きているの？」とお決まりの挨拶を交わした。

あの頃の私はただ過ぎていく時間が惜しくて、寝るのが惜しかった。当時はそんな気持ちを上手く説明できなかった。ペテルがあんなに遅くまで起きていた理由も知らなかったけれど、10年越しで謎が解けると、やっぱり少しからかいたくなった。

高校卒業後、彼がまっすぐに国に帰った理由も彼女だった。２人は大学を終えてすぐに結婚したという。部屋の本棚にはスーツ姿で役所に書類を出しに行ったときのシンプルな結婚写真が立てかけられていた。「派手なことはしないんだ」覗き込んでいたら、ペテルがにやりと笑いながら言った。

床に座り込んだ小さな男の子が真剣な顔でボウルの中からじゃがいもを取り出して、別のボウルに移している。料理を手伝ってくれているらしい。「僕にそっくりでしょ？」とペテルは言うけれど、くりくりとした目はむしろ奥さんに似ていると思う。

２人と小さな１人に混ざって食卓を囲む。小さな彼は私の持っていたカメラに夢中になり、子ども用の椅子から触らせて！と手を伸ばしてきた。それをあやす奥さんは、ハンガリーのリキュールを是非試して！とグラスに注いでくれながら、「私はちょっと今お酒が飲めなくて付き合えないけど」と照れたように笑った。２人目の子どもを身ごもっているという。ペテルは飲もうかなあ、でもやっぱり君を車で送りたいしなあと迷っていた。私が友を訪ねて旅をしている話をすでに噂で聞いていたようで、家に泊めるスペースがないことをずいぶんと気にしてくれていた。私は勧められるままにパプリカで煮込んだ鶏肉とハーブを振りかけたじゃがいもを何度もおかわりした。ハンガリーの家庭料理はシンプルなのと奥さんは言うけれど、温かくて素晴らしく美味しかった。

夕食後、ペテルが息子を抱き上げて湯船に入れた。小さな彼は、湯船の中の赤い船や黄色いアヒルのおもちゃと楽しそうに遊んでいる。

「そういえばペテルの小さい頃の写真があるの」

そう言って奥さんが古い写真を出してきてくれた。セピア色の写真で、小さかった彼はビニールプールに浸かり、目の前のカラフルな世界で遊ぶ息子と瓜二つの満足げな顔をしている。父と子、2つの像が重なる。「そっくりだ」と思わず呟くと、大きくなった彼が「そうでしょ?」と満足げに笑った。

奥さんが寝室で子どもを寝かせている間、ペテルと私は再びテーブルを挟んだ。柔らかい間接照明の部屋。10年前と同じように夜はかなり更けて、ゆったりした時間が流れている。

「みんなの話を聞いてるんだってね。俺には何を聞く? 父親についてとか言うなよ」

「じゃあ、それを聞くよ。父親になって何か変わった?」

ペテルは苦笑いした。答えが難しいんだよと。そしてテーブルの上のナッツをつまみながら、そのテーマをしばらく頭で転がしていた。

「たまにね、ふとこの家族の日常は自分の肩にかかっているんだなと思い出したように考えることがあるんだよね。でも普段はあんまり考えないんだ。忙しいからかな。考えている時間がないのかもしれない」

奥さんが育児休暇中、そしてまた出産休暇に入る中、家計は彼の肩にかかっている。にも関わらず彼自身はプロジェクト単位、数年単位で仕事を変える生き方をしている。それは自分で選択した道だと彼は言った。そっちの方が面白いと。

「不安にならないの?」私は聞いてみた。

「ならないよ」彼は笑ってから続ける。

「少なくとも不安にならなくて済むくらいの自信は今までの人生で身につけたと思うよ」

言い切る彼の潔さがうらやましかった。

「変わったことと言えば、俺、週末に近くの川に釣りに行くのが好きだったんだけどさ、子どもができてからは行けなくなったなあ。ようやくチビが大きくなってきたとこだけど、まだ当分お預けなんだと思う」

どこか遠くを見る目で淡々と言いながら、でもどこか嬉しそうだった。

「趣味と言えば、鉛筆集めるのも好きなんだよね」そう言って彼は本棚の一角を指差す。

本棚2段分のスペースが鉛筆だった。色々な大きさの缶に色とりどりの鉛筆が飛び出しそうな勢いで挿してある。これはニューメキシコで集めていた鉛筆、これはニューヨークに行ったときの記念。そう言って1本ずつ見せてくれる。日本製や中国製のものも多かった。

「鉛筆を集めてさ、その国のことを想像するのが好きなんだ」

あと数日滞在が延ばせるのなら昼過ぎにお茶でもしよう。そんなペテルからの誘いに後ろ髪を引かれながら、翌々日、私は再び飛行機に乗った。中東が待っている気がした。

鏡

ヨーロッパは、まるで1つの国だった。
新幹線に乗るような感覚で3ヶ月、西へ、東へ、かつての仲間を探した。
受け入れてもらえるのだろうか、話はできるだろうか、話題はあるだろうか。
不安は1人、また1人と会うたびに少しずつ解消されていった。

リビングに座り、離れていた時間をゆっくりと埋めながら、
溶け出した彼らの想いに触れた。

彼らは10年間を迷いながらも歩いてきた自分の、等身大が映る鏡だった。
結婚、離婚、出産。
転職、失業、あるいはキャリアアップ。
自分にあったこと、あったかもしれないこと。これからあるかもしれないこと。
そんなそれぞれの今を、懸命に生きていた。

海を渡ったアメリカの東海岸でさえそう遠くは感じられなかった。
空港に降りて、シャトルバスに乗って、電車に乗って、

カフェか、駅の出口か、どこか分かりやすいところで待ち合わせる。
そのプロセスが日本と大して変わらなかったからか、
あるいは、そこで会った昔の友の中に、
自分や日本の友人たちと重なるものを見たからか。
時間は日本と同じように流れていた。

旅はイスラエル・パレスチナへと続いていく。
10日間の滞在は、数ヶ月にも感じられるほど混沌としていた。

大幅に滞在予定を超過したヨーロッパから、
イスタンブールを経由してイスラエルへ。
クリスマスシーズンは飛行機のチケットが取りづらくなるから、
その前に移動しなければという焦りが背中を押している。
未知なるイスラエルとパレスチナは紛争のイメージが強くて、
日記には不安な気持ちばかり綴っていた。

―― 第二部

イスラエル・パレスチナ編

Day 1 知らない旅行者

目が覚めたら飛行機が着陸したところだった。トルコーイスラエル間は、大概の旅人が陸路で越えてしまうだけあってわずか2時間。あっという間だ。はまり込んでしまった深い眠りの余韻は頭に重くのしかかっていたのに、飛行機から降りた途端に立ちはだかった軍服男性の威圧感を前にして、嫌でもさめた。

「イスラエル軍です。いくつか質問します」

兵士は感情のない大きめの声で言った。言われるままにパスポートを渡しながら、まだ入国審査にも辿り着いていないのになぜ止められるのだろうと不思議に思った。呼び止められたのは私だけ。他の人たちはなんの問題もなく通過していく。

「イスラエルに来た目的は何ですか?」

「友達に会うためです」

「友達の名前は?」

「ヨニーとノアムです」

「フルネーム！」

「ヨナタン・アズライと、ノアム・（ああ、噛みそう）イツシャック」

「何をしている人だ?」

「ヨナタンはベンチャー企業で働いていて、ノアムは母親です」

「どういう知り合いなんだ?」

「アメリカの高校の同級生で」

「いつ?」

「10年前……」

　間髪入れずに繰り出される質問に答えながら自分の形勢が悪くなっていくのが分かった。友達がいるなんて言うんじゃなかった。行くという知らせを出したメールにはまだ返信がなく、ここでの彼らの住所や電話番号は知らない。でも、もしこの人たちが彼らの連絡先を知っていて連絡したら、相当迷惑がかかるかもしれない。

「あの、一応、日本人の友達にも会う予定です。ヘブライ大学の学生さんです」

　私はおそるおそる付け加えてみた。その学生さんとはツイッターで何度かやりとりし「困ったことがあったら連絡をください」と電話番号をもらっていた。

「名前は?」

「スグルです」

「フルネーム!」

「スグル、(まずい、名字聞いてなかった)ヤマダ!」

「どこで知り合った?」

「(あ、しまった)……インターネットです」

　答えながら、これは本当にだめかもしれないと思った。相手も呆れた顔で私を見た。

「それで、そいつはヘブライ大学で何を勉強しているんだ?」

「ユダヤ教です」

　兵士は黙ってパスポートを返した。通過していいというサインだった。

冷や汗を拭いながら入国審査に向かう。歩きながら、次に入国理由を聞かれたときにどう答えたらいいんだろうと、もう次の心配事が出てきた。友達のことを根掘り葉掘り聞かれるのは嫌だ。でも次の審査で前と違う答え方をしたら、それも怪しまれる可能性がある。

さっきの通り答えようと腹を括った。私の前に並んでいた人たちはアメリカからきたユダヤ人のグループだった。ようやくイスラエルに辿り着き、入国を待ちきれないようだった。その様子を見ながら、私は自分がしようとしていることが本当に通用するか不安だった。

入国審査のカウンターに進む。今度は若い女性だ。

「目的は?」

「友達に会いに来ました」

「名前は?」

「ノアム…イッシャック」

同じ質問がひと通り終わった。ごくりと唾を飲んでから、私は言った。

「あの、ノースタンプでお願いできませんか?」

「なぜ?」

相手は表情ひとつ変えない。目も合わせようとしない。

「私、来年くらいに結婚式に行く予定なんです。オマーンと、今後もしかしたら他の国でも」

一瞬の沈黙が永遠に感じられた。そこだけ、時が止まってしまったかのようだった。

彼女は無言のまま、側に積まれていた1枚の小さな紙に入国スタンプを押した。

ノースタンプとは、イスラエルに入った入国証明のスタンプを押さないことをいう。イスラエルに入国したことが分かると、モロッコ、エジプト、ヨルダン以外の中東諸国への入国が拒否されてしまうらしい。そのため、中東の他の国に行きたければ、少々話を作ってでも、イスラエルでスタンプを押さないでと頼み込むしかない。

「あなたの国に来た証拠を隠滅してください」

観光客からそう言われ続ける彼女たち入国審査官の日々を思うと胸が痛む。

「そんな旅行客ばかりだから、空港の人たちだって慣れているよ」

ノースタンプを勧めてくれた旅人はそう言っていた。でも、たとえ感情が麻痺していたとしても、痛みとはきっと無意識のうちに溜まっていくものだ。

パスポートを受け取りながら彼女に「ありがとう」と言い、心の中で「ごめんなさい」と呟いた。

荷物を受け取って税関を抜ける。税関職員の女性が、私のパスポートに挟まれた例の紙切れを抜き取り、破って捨てた。

＊　＊

「ここがイスラエルなんだ」

窓越しにただ流れていく砂漠を見ていた。

テルアビブ空港からエルサレムに向かう乗り合いワゴン車の中はヘブライ語を話す人たちばかりで、英語は受け付けてもらえなさそうな雰囲気があった。

運転手さんが不機嫌な声で私に声をかける。熱さのあまり空港で缶コーラを買ったのだけれど、それを車内で開けてしまったことがまずかったらしい。シュワーッと缶から吹き出した泡と慌てふためく私をすごい形相で睨んで以来、一度も口をきいてくれていなかった。

たぶん「どこで降りたいんだ？」と聞かれていたのだと思う。私はベツレヘムに行きたかった。そこまで行けば知り合いの知り合いが泊めてくれることになっていた。同級生とまだ連絡がついていなかった私は、まずはパレスチナ側にあるベツレヘムに行って、そこからまたエルサレム、テルアビブと戻ってこようと思っていた。

エルサレムからベツレヘムに行くには、イスラエルの観光バスか、アラブ人が運転するアラブバスに乗る必要がある。イスラエルの交通機関は金曜日の日没から止まってしまうので、イスラエルバスはありえない。ただここで、うっかり「アラブバスの停留所で」というわけにもいかないので困ってしまう。アラブバスがダマスカス門から出ているという噂を聞いていたので、「ダマスカス、ダマスカス」と何度か言ってみた。

ワゴン車が止まり、運転手さんは車内に最後まで残っていた他の2人と私の荷物を降ろして手を出した。他の2人がお金を払っていたので私もそれに倣った。見渡す限り門らしきものは見えない。

「ダマスカス？」もう一度運転手さんに聞いてみると、うるさいなというような表情をつくってさっさと車に戻り、そのまま走り去ってしまった。

あっという間にひとりだ。ワゴンは下り坂の途中で止まったようで、上ればいいのか下ればいいのか、皆目、見当がつかない。一緒に乗っていた2人がどんどん坂を降りていくのが見えたので、とりあえず同じ方向に歩いてみる。

坂の下は円形状の広場になっていた。だいぶ前を歩いている2人はしばらくガイドブックを覗き込んだ後に、門らしきものをくぐって奥に進んでいく。私は覚悟を決めてついて行った。その奥はさらに下り坂だった。石畳の細い歩道と階段が交互に現れ、目立ちたくないのに私のバックパックはゴロゴロと生意気な音を立てる。道の両脇には闇市のように小さな店が並んでいた。日が落ち始めているせいか、その半分くらいはすでにシャッターが降りている。どんどん地下世界に潜っていく。

バス停が門の奥にあるかもしれないという私の望みは消えていた。それでも直ちに戻る気にもなれなかった。次第にまわりには黒いマントと帽子を身につけた男の人たちが現れ、次から次へと足早に私を追い越していく。この道はいったいどこに続いているのだろう?という興味の方が大きくなっていた。

先を行っていた2人の姿はいつの間にか消えている。重い荷物を、きっと後で下りた分と同じだけ引きずって上がらなければならないだろうなと感じながら、私は人の流れに任せて明かりに照らされ始めた石畳を下っていった。

坂道を下りきるとそこは建物の入り口のようになっていて、目の前には人の行列ができていた。きっとここがこの円錐形の大穴の底だ。底であって欲しい。黒い服の人たちは優先レーンがあるらしく、さっさと行列の隣を抜けていく。明らかに観光客と思われる列の先では兵士が並んで荷物検査を行っていた。隣の集団はフランス語で話していて声をかけられそうにない。

後ろに並んだおばさんがスペイン語で声高に話していたので思いきって聞いてみた。

「ケ、アイ、アキ?（ここには何があるのですか?）」

彼女は一瞬面食らって、それから私にひとこと、恐らく場所の名前を言った。私にはその言葉が認識できなかった。

「イングレス?（英語では?）」と聞くと、しゃべれないわと言うように首を振られてしまった。

なんてことだ。私はこのときばかりはガイドブックを持っていないことを深く後悔した。荷物検査までして入るこの先に、何があるかも分からないなんて。

これで今日、何度目の兵隊さんだろう。私が引きずってきたバックパックは、美術館にあるような大きさの荷物検査の機械をぎりぎり抜けられなかった。バックパックを開けられて、なんでこんな大きな荷物を持っているんだ、ホテルは取ってあるのか?　どの辺にあるのか?と質問攻めにされた。

「ホテルには後でチェックインしようと思っていて……」

「ホテルはどこにあるんだ。日没後は公共交通機関が止まることを知らないのか」

「あの、私も場所に詳しくないのでタクシーを拾います」

ホテルの名前を聞かれたくないと思うと、何食わぬ顔で答えようとする顔が赤くなるのが分かる。アラブ人はユダヤ人の存在を否定し、ユダヤ人はアラブ人の存在を否定する――エルサレムでは誰に道を聞くか十分に注意するようにとそこら中のブログに書いてあった。厳重に何かを警備しているイスラエル軍に、アラブバスに乗ることも、そのバスでパレスチナに行こうとしていると言うこともきっとＮＧだ。決して悪いことはしていないのに、悪事を暴かれる犯罪者にでもなった気分だ。

スーツケースを置いていくように指示されむしろほっとして先に進んだ。ナイターのような照明を浴びた広い広い広場に出る。一辺には大きな柵があって、さらにその向こうには下からライトアップされた壁がそびえ立っている。その間にできた広い空間には、先ほどの黒服の人たちが何千人という規模で集まっていた。

柵の編み目の向こうでは無数の黒い服が奥の壁に向かって進んでいる。しばらく壁に手をついて俯いたあと、今度は壁を離れてそれぞれに人の輪をつくり始める。その輪の中で本を掲げながら叫ぶ人、誰かに肩車されて何かを叫ぶ人。やがて彼らは、肩を組んでなにか雄叫びのような唄を歌いながらぐるぐると回った。そんな輪がいたるところに、つくられていく。

私は「嘆きの壁」がいったいどんなものなのか、実をいうとよく知らなかった。けれど、この光景を見たときに、これがそうなんだと分かってしまった。それは、生理の予備知識をきちんと持ち合わせていなかった私が初経を迎えたときに、「あ、これは生理だ」と認識した感覚と似ていた。

柵で区切られたあちらとこちらの世界。あちら側でぐるぐると回る人の輪は、隙間なく頑なに何かを守っているように見える。その何かとはイスラエル国なのだろうか。フランスでノアムが言っていたことが甦る。明日には自分たちはまた存在を脅かされるかもしれない、駆り立てられるような不安感とともに生きる国。

「これがイスラエルなんだ……」

なぜかヘナヘナと力が抜けてしまい、私はその日ベツレヘムに行くのを断念した。

重い荷物をもう一度引きずって石の道を上る。イブラヒムさんという平和活動家の話を人のブログで読んだことがあった。オリーブ山の上に行って彼に会ってみようと思った。坂道の途中、見るからにアラブ人と思われるおじさんが店を出していたので、他の誰にも聞かれないようにそっと聞いてみる。

「アラブバスのバス停ってどこですか？」

相手はにっこり笑って、門を出ると突き当たる大通りの反対側にあると教えてくれた。

＊　＊

インターネットでどれだけ検索しても、イブラヒムハウスの住所や電話番号は出てこず、多くの旅人のブログにはこう書かれていた。

イブラヒムハウスの行き方
オリーブ山の山頂まで、バスで登る。
山頂でイブラヒムさんはどこに住んでいますか？と聞けば分かる。

街を抜けると闇が深くなる。丘らしき坂を上り始めたバスは、あっという間に下りだす。不安になって隣に座っていた女の子に「頂上はまだ？」と聞くと、「今過ぎたところだよ」と言われて、慌ててバスを降りる。なんてことだ。

荷物を引きずって坂を上る。頂上と思わしき場所に戻ると、人気の少ない三叉路があった。改めて私は自分がどっちに行ったらいいのか、皆目見当がつかないことを思い知る。本当に「イブラヒムさんどこですか？」と聞けば大丈夫かな。イブラヒムなんて、いかにもたくさんいそうな名前だけど……。疑っていても聞かないことには始まらない。

思いきってこちらに歩いてきた男性に声をかける。

「イブラヒムさんのお家を知りませんか？」

相手の人は「うーん。知らないなあ」と困ったように言った。

（ほら、やっぱり……）。言っても意味のない愚痴をこぼしたくなる。

次は、店を閉めながら通りがかりの人と雑談しているおじさん。

「こんばんは。あの、イブラヒムさんを知りませんか？」

「イブラヒム？　イブラヒム……？」

そう言ったっきり2人は顔を見合わせて黙ってしまった。

（だめかもしれない……）

「ピースハウスのこと？」

「あ、それです！」

おじさんに教えてもらった脇道を入って、山を別の方向で下る。そこは小さな住宅街になっているようで、たくさんの子どもたちが外で遊んでいた。少し下れば分かると言われたのに見えてくる気配はなく、道にいた男性に「イブラヒム？」と聞いたら下りすぎだと言われた。

（また行きすぎちゃった……）。今しがた勢いで下りてしまった急な坂を見上げる。すると、4、5歳くらいの小さな女の子たちが3人、私を時々振り返りながら歩き出した。どうも道を案内してくれるらしい。

「ウェーアーユフロム?」

一緒に歩き始めると、小さな女の子が隣の女の子に小突かれながら恥ずかしそうに聞く。

「ジャパンだよ。ねえ、イブラヒムさんってみんなが知っているの?」

聞き返すと、そこが女の子の英語の限界だったようで申し訳なさそうに笑う。そんなこと思わないで。現地の言葉を話せない私に話しかけてくれてありがとう。そう伝える方法が他に浮かばず、私はできるだけ分かりやすく笑顔をつくってみた。

家々の窓からもれる明かりに灯された坂。女の子たちは途中、1人、また1人と帰っていく。別れ際、お互い短く声を掛け合う様子に幼い頃の自分が重なる。「また明日ね!」と言っているのかな。最後は英語で話しかけてきてくれた子が残った。私は何度も「ありがとね」と声をかけながら、小さな案内人の隣を歩いた。

1軒の家の前で止まると、ずっと私の少しだけ前を歩いてきた彼女が、くるっと私の後ろに回った。振り向いて「ここでいいの?」と聞くと、にこりとして走って行ってしまった。あ、待っての声は間に合わなかった。本当は日本から少し持ってきているお土産の雑貨を渡したいなと思っていたのだけれど。

長屋のように入り組んだ建物を進んでいくと、イブラヒムハウスと書かれたドアが開けっ放しになっていた。

おずおずと玄関に入る。どこからともなく明るい笑い声が聞こえてくる。

「こんばんは……」

キッチンから出てきた女性が、「あ、新しい人？　そこに荷物置いて。ご飯食べる？」と声をかけてくれた。


「私、予約もなにもしていないのですが……」

「たしかベッド何台か余っているから大丈夫よ」

「でも挨拶もしないうちにご飯に手をつけるなんて」

「じゃあ、たぶんイブラヒムさんが２階にいるから、挨拶してくれば？」


階段を上がると、頭から赤いチェック柄の布をかけた少し体の大きめなおじいさんが、パソコンに向かって作業をしていた。色々なブログの写真で見たイブラヒムさんその人だった。目を細めて画面とキーボードを交互に見つめながらゆっくりと何かを打ち込んでいる。

「こんばん…」

「ウェルカーム！！！！！」

相手の大きな声に、さらにドキドキする。

「あの、何も言わずに来てしまったのですが、私…」

「ご飯は食べました？　私はまだやることがあるので、とりあえずご飯を食べなさい。イート！　イート！」

緊張の連続で気づかなかったけれど、私はその日何も食べていなかった。再び戻ったキッチンにはサフラン色のご飯と、じゃがいもと卵を煮込んだシチュー、山積みのオレンジ。私はお皿の上の料理を無我夢中でかきこんだ。同じタイミングで食卓にいた男の子が、入れかけていたお茶を分けてくれる。彼の名はセッペ。同じ28歳でオランダの出身。イブラヒムハウスに3ヶ月も住みながら、毎日ベツレヘムの難民キャンプに通っているという。宿泊客の寄付で成り立っているイブラヒムハウスが長期滞在者を受け入れていたことも意外だったが、何よりもセッペが毎日イスラエルとパレスチナを行き来していることに驚いた。

テーブルを囲んだメンバーがイブラヒムハウスの仕組みを説明してくれる。セッペの他にも長期滞在の人たちが何人かいて、逆に短期の旅人たちはまだ街を観光している時間だった。旅人用の寝室は6室ほど。地面に布団が敷いてある部屋もあれば二段ベッドがところ狭しと敷き詰められている部屋もある。屋根で寝ている人もいる。屋根からの眺めが最高に綺麗だと言うので食後に出てみると、イブラヒムさんの息子さんのオマーが一緒についてきた。

「あれが壁だ」

ベランダからは街の夜景が一望できたのだけれど、彼がまず指差した一角は暗かった。弧を描いたコンクリートの壁がライトアップされ、まわりには何もない。

「そして壁の向こう、光の多い地区は、イスラエル人が不法入居した『セトルメント』だ」

「セトルメント?」

私が話についていけていないのはすぐ相手にも伝わり、彼はふうとため息をついた。

「君は宗教には詳しい?」

「キリスト教は少し。教会に通っていたから」

「じゃあ君はクリスチャンなの?」

この問いにいつも困ってしまう。実家から一番近かった幼稚園は教会が経営していた。中学校はプロテスタント系だった。学校では教会に行くように勧められ、小さい頃自分を育ててくれた幼稚園の先生たちに月に一度か二度顔を見せに行くのにはまったく抵抗がなかった。弟と2人兄弟の私には、教会に通っている大学生や社会人のお兄さんたちが憧れの存在で、留学した後も休みで一時帰国すると顔を出していた。それだけ身近だったキリスト教だけれど、洗礼を受けないかと言われたときは、迷わず首を横に振った。

「キリスト教が唯一の信じるべき宗教であること、それから神様が人間の形をしているかのように語られることに抵抗があった。だから洗礼は受けなかった」

彼はよく分からないという顔をした。

「まあとにかく俺が言いたいのは、これは宗教の争いじゃないってこと。土地の争いなんだ。パレスチナに行けば分かる」

キッチンに戻るとイブラヒムさんが、テーブルを挟んで若い男女と話をしていた。2人は今着いたばかりだという。男の子はイスラム教徒のアメリカ人、女の子はユダヤ系のアメリカ人だった。彼らは以前、別々の機会にイブラヒムハウスを訪ねたことがあったらしい。

「どうしてもまたここに来たいと思っていたのです」男の子が言った。

イブラヒムさんが私の方を向いて言った。

「私のところには色んな人が訪ねてきます。たとえば5つ星ホテルに泊まれるお金持ちがわざわざこの家に泊まっていったりもするし、ジャーナリストも来ます。政治家も来るし、こんな若いカップルも来る」

カップルはゆっくりイブラヒムさんと言葉をやり取りしていった。アメリカにおけるイスラム教徒の扱い、パレスチナ人としてイスラエルに住むイブラヒムさんのこと、今の中東情勢など。２人はアラビア語が話せたので、会話は英語とアラビア語の間を行ったり来たりした。ピースハウスを継続していくための苦労話にもなった。この家はよく分からない理由で裁判沙汰にされているらしい。

会話が欧米諸国のメディアが伝えるイスラム教徒の印象になったとき、イブラヒムさんはジョークを交えて私たちをひと通り笑わせた後に、美しい響きのアラビア語を口にした。男の子が静かに復唱する。その響きがあまりに綺麗だったので、私は会話に口を挟んで訳してもらった。

「良いムスリムとは、陰で人の悪口を言わない人のこと」

男の子がテーブルに置いてあった紙ナプキンにその言葉を書き付けてくれる。私は隣のイブラヒムさんを見上げた。

「イブラヒムさん、どうやったら平和になりますか?」

なんてまぬけな質問なんだろう。ずっと聞いていいのか迷っていた。でもそのときは、どうしても聞いておかなければいけないような気がした。

「争いは、宗教でも、政治でも、うん、土地でもない。触れればいい。相手に触れれば。そうすれば相手が人間だって分かる。人間だって体が分かることが大事。そこからはどうにでもなるでしょうに」

イブラヒムさんは壁にかけてあるたくさんの写真の中でひと際大きく引き伸ばされた写真を指差した。スーツ姿のアメリカ人と、伝統的な衣装を着たユダヤ人と、イブラヒムさんが肩を組んでいた。

私たちはかなり遅くまで話し込んだ。カップルが寝室に入った後、私はキッチンの食器を洗い、イブラヒムさんは横で次の日の分の鍋を仕込んだ。

「イブラヒムさんもここで暮らしているのですか？」

「いやいや、私は別の家に住んでいるよ。帰ったら愛しのワイフが待っているの」

イブラヒムさんは、今度は砂漠で馬に乗る奥さんの写真を指差した。以前、奥さんを連れて世界中を旅したのだと言っていた。この家は彼の人生の博物館のようだ。

彼は何度か私をハグし、片付けのお礼を言って家を出て行った。二段ベッドの上段は寒く、寝返りを打つたびに揺れた。眠れない中で、はっきりした意識が「ここに来て正解だ」と言った。

Day 2
道のひと

「私はアラブ人でイスラム教徒です。でも喜んであなたたちにキリスト教徒の教会を案内します。イスラム教ではキリストも預言者の1人であり、モハメッドの兄弟です。我々は同じところから来ているのですから」

ガイドさんが外国人観光客に英語で説明していた。白人の男性2人組はイエス・キリストが昇天したといわれる場所にひざまずき、長いこと祈っている。私をここに連れてきてくれたオマーもイスラム教徒のアラブ人だ。

「オリーブ山にはキリスト教の歴史的な教会がたくさんあるんだ。明日案内してやるよ」

昨晩ベランダで話しているときにオマーはそう言った。深い緑色の目でじっと見つめられ、どんどん距離を近づけてくる彼にたじろいで、私はベランダを離れてしまった。「いいね、考えとくよ」そんな曖昧な答えを残して。

今朝、きっとあれは何か別のことに誘うための口実だったんだ。やっぱり自分で歩いて回ろう。そう思いながらだらだらと朝ご飯を食べていると、オマーが怖い形相で入ってきた。

「車を回したのにいつまで待たせるんだ。荷造りは済んだのか!?」

その迫力にたじろいで急いで荷物を引っ張り出す。イブラヒムハウスの前には1台のタクシーが止まっていて、オマーが私のバックパックをトランクケースに突っ込んだ。

「えっ、なんでタクシーなの？」

きょとんとしている私に彼はぶっきらぼうに言った。

「これが俺の仕事だからだ」

まさか私は物価の高いエルサレムでタクシーツアーを頼んでしまったのだろうか。

オマーはそんな私の心配事には構わず、この教会を10分見てこい、10分後に反対側の出口で待っているなどと、指示を出す。車を降りて見に行くのは私ひとり。ドライブの内容はどんどんタクシーツアーらしくなっていく。

金色のドームが見える坂の途中で車を止めたオマーは、名所なので写真を撮るようにと指示してから私に聞いた。

「降ろすのはダマスカス門でいいのか？」

「はい……」

タクシー運転手としてのお金を払うべきなのか、いくらが妥当なのだろう、そんなことをぐるぐると考えていると、車は坂を下り、あっという間にダマスカス門に着いてしまう。私がトランクケースにある荷物を出したことをバックミラーで確認すると、オマーのタクシーはさっさと走り去ってしまった。

呆気にとられてほっとした途端、緊張と疑いが消えてできた空間を、罪悪感がじわじわと埋めていく。私は十分にお礼を言えたのかな？　どうして彼にお金を渡せなかったのだろう。イブラヒムハウスに寄付したと思えればそれでもよかったのに……。考えても仕方がない中で、もう一度複雑な気持ちがぐるりと回る。

ダマスカス門は昼間の日差しを浴びて昨日よりも友好的に見えた。もう一度門をくぐってみる。昨日通りかかって気になっていた場所があった。入口近くのオープンカフェで、旅人にも入りやすそうだった。

オレンジジュースを頼んで席に着く。少し離れたテーブルで北欧から来たらしい女の子がガイドブックを読みながらお茶をしている。気だてのよさそうなマスターはオレンジを丸ごと絞ったジュースを私のテーブルに置くと、彼女のテーブルに行って声をかけた。彼女は彼女なりにイスラエルについての知識をちゃんと持っているみたいで、2人の会話は弾んでいた。

「あなたのこと気に入りました。コーヒーもう1杯どうです？　僕のおごりです」

私はオレンジジュースの入ったコップを熱っぽい頭にあてて冷やしながら、2人の様子をぼうっと眺めていた。ユダヤ教のこと、キリスト教のこと、イスラム教のこと、そしてイスラエル、パレスチナのこと。私はこの土地にいて何も知らないんだなと思った。人が宗教心、政治観を強く持っている土地だからなのか、ゼロから教えてくださいとは言いづらい。「そんなことも知らないのか」と相手が思うこと自体が、お互いの間に距離を生んでしまうような気がする。

カフェの隅には書籍販売コーナーがあった。「聖地を巡る」「平和への障害」「紛争の検証」……。私はその値段の高さに愕然としながらも、どの本を買おうか吟味を始めた。

急に賑やかになったカフェの入口を振り返って、私はあっと声をあげた。イブラヒムさんだった。彼は数人のアラブ人と一緒に入ってきて、私の荷物が置きっぱなしのテーブルの隣に座った。マスターの様子からして彼はお得意さんのひとりのようだ。

「この子、うちに今泊まっているんだよ」

イブラヒムさんが紹介してくれたお陰で、私は彼らのテーブルに入れてもらうことができた。彼らはほとんどずっと冗談を言い続けていた。イブラヒムさんはしばらく笑いながら会話に混ざっていたが、カフェに観光客らしい若い白人のカップルが入ってきたのを見てひょいと彼らのテーブルに移っていった。

「私はイブラヒムといいまして、実は世界的な有名人です。オリーブ山の家を世界中からこの地にやってくる人たちに開放しています。よかったら遊びにいらっしゃい」

シカゴから来たという若者たちは、胡散臭いおじさんだという表情で話を聞いている。怪しい人ではないの、と割って入りたくなる。

「若者つかまっているなあ」

アラブ人のおじさんたちが微笑ましそうに笑う。

「イブラヒムはいつだってあんな調子だ」

イブラヒムさんはゆうに30分は彼らと話し続けていた。

帰り際、イブラヒムさんは私を散歩に誘ってくれた。お会計を済ませようとするともう私の分まで支払われた後だった。大通りに面した歩道の縁石に並んで腰を下ろす。すると彼は目の前を通り過ぎる人、1人1人に向かって「サラマレイクム」と声をかけ始めた。そして驚いて振り向く人の目をじっと見つめて頷き、もう一度「サラマレイクム」と繰り返す。それは昨夜、イブラヒムさんが教えてくれたアラビア語の挨拶の言葉だった。

「『平和があなたとともにありますように』。アラブ人はいい挨拶の言葉を持っているでしょう?」

立ち止まる人、そっと微笑む人、笑いかける人、明らかに聞こえないふりをする人、いかがわしげな顔で見る人。道での反応は様々だった。しかし圧倒的に多くの人が、不意をつかれたときのような拍子の抜けた顔をした。

昨夜の会話を思い出す。

「私は世界中で豪華なホテル付きで講演を頼まれるのですが、そのホテルには泊まらないようにしています。人の家に泊めてもらっています。そして公園に行ってできるだけ多くの人と話をします。私にとっては人と対話することがなによりも大事なのです」

触れなさい、とイブラヒムさんは言った。道ゆく人に言葉で触れ、どんな反応が返ってきても両手を広げている。この人は「道のひと」なのだ。

太陽は容赦なく照りつけ、顔が急速に日焼けしていくのも、時間が1時間、また1時間と過ぎていくのも分かるのに、私はなかなかそこを動くことができなかった。何人に無視されようと、彼の「サラマレイクム」には魂がこもっていた。私は、自分がティッシュ配りのアルバイトをしたときに、道でそこにいないかのように扱われることがいかに辛かったかを思い出していた。

「イブラヒムさんは毎日これをやられているのですか?」

「エルサレムにいるときの日課です」
この人のしている仕事は、偉大だ。道の縁に腰かけるイブラヒムさんの存在が、分断され、会話のない街をつなぎ止めているようにも見えた。街の景色が変わっていくのを感じながら、私はイブラヒムさんがオリーブ山に帰ると言い出すまで、ずっと隣に座っていた。

＊　＊

パレスチナ行きのバスは、日本でいう乗車率200％を軽く超えていたと思う。外国人は私と、バックパックを抱えたヨーロッパ系の女の子の2人だけ。自分の心情が映って見えただけかもしれないが、彼女も不安そうな顔をしていた。本当にベツレヘムに着くのだろうか？

満席の通路の真ん中くらいに立つことになった私は、バックパックとは早々に引き離されていた。人が乗り降りを繰り返す入口付近を何度も見る。これで降りるときにまだあったら奇跡だと思った。背後には怖そうな顔をしたおじさん。彼の腕は私の腰のあたりにぴたりとついてしまっている。何か怪しいことをされたらどうしようと、こちらも気が気でない。

バスの中の人たちは楽しげに会話をしている。子どもと隣同士で座っていたお母さんが席を譲ってくれた。「そんな、いいです」と断ったのだけど、「いいから座りなさい」というふうに笑いながら目配せして、さっさと立ち上がってしまった。優しい笑顔。「あなた、こういうの慣れていないんでしょう？」そう言ってくれているみたいだった。事実、バスは山坂の激しい道でよく揺れて、人と人の間に隙間なんてほとんどないのに、私は何度もよろめきそうになっていた。後ろにいたおじさんが腕をにゅっと伸ばして席に行くまでの道を確保してくれる。振り返ると相変わらず険しい顔のままだった。

謝りたくなった。アラブの人たちがこんなにも温かいなんて……。

怖がってごめんなさい、知らなくてごめんなさい、誤解していてごめんなさい。

目がみるみるうちに潤んでいく。隣に座っていた子どもに気づかれないように、慌ててあくびのふりをしてから、落ちかけた涙を押さえた。

いつの間に「国境」を越えたのか、人は1人、また1人とバスを降りていった。空港を降りてから一度も感じていなかった高揚感とともに、私も降りた。バックパックは最後まで運転手さんの横に、ちょこんと収まっていた。

探していたYMCAはベツレヘムの麓、ベイトサフールという村にあった。そこには、大学が一緒だったユダヤ系アメリカ人の友達が「イスラエルに行くならパレスチナにも絶対に行った方がいい」と言ってつないでくれたバハという人がいるはずだった。友人は昨年、Birthrightというアメリカで生まれ育ったユダヤ人がイスラエルに無料で行けるプログラムでイスラエルに来ていたのだが、日程が終わるとパレスチナに向かい、やはり知り合いを通じてバハに出会っていた。

YMCAの敷地は広かった。辺りはすでに薄暗くなっていて、近くの建物から怪訝そうな顔の警備員さんが出てきた。「バハという人はここにいますか?」と聞いてみる。警備員さんの顔がほころんで、奥の建物にいると教えてくれた。

「大丈夫だった？　遅いから心配したんだよー」

　ババには不思議な馴染みやすさがあった。初対面にも関わらず、顔を見たらなんだかほっとした自分がいた。

　土曜日だというのに彼は出勤していた。不思議に思って尋ねると、YMCAではイスラム教徒とキリスト教徒両方が働いているので、毎週の休みはそれぞれにとって最も大事な祈りの日、金曜日と日曜日なのだと教えてくれた。

　荷物を置きに彼のアパートに寄る。玄関のドアには、表札のかわりに「Where is Gandy?（ガンジーはどこに？）」と書かれたコピー用紙が貼られていた。ちなみに、その下の階のドアには「Where is Monkey?（おさるはどこに？）」と印刷された同じ体裁のA4用紙（あれが、どういう意図だったのかはいまだに分からない）。

　ババは2LDKのアパートの1室に案内してくれると、自分の部屋からは一組の携帯電話と充電器を探してきてくれた。「これ古いけど、使えるはずだから」近くのキヨスクで、プリペイドカードを買ってくれる。お金を出そうとすると「君は僕のゲストだ」と頑に受け取ってくれなかった。

　私たちは村の中心部へと向かった。美味しいケバブを出すお店で夜ご飯を食べてから仲間のプレゼンテーションを聞きに行こうとババが誘ってくれた。

「これはイントロダクションだと思ってね」

　小さな村を案内してくれながら彼が言う。

「一度この土地に来た人は、必ずと言っていいほど戻ってくるんだ。紛争は人々を惹きつけるひとつの要素だ。でも同時に人々の生活、笑い、そしてたくさんの輝きがあることも知ってもらいたいと思っているよ」

　交差点に1000人を超えそうな人だかりができていた。ちょうど今夜、村のクリスマスツリーが灯されるのだとババが教えてくれた。

「ちょうど点火直前みたいだね」

　人をかき分けて進む。ようやく辿り着いた交差点の中心にはライブステージが設置され、クリスマスキャロルが演奏されていた。英語のアナウンスが流れる。

「さあ今年もベイトサフールの村にクリスマスの光を。これは、平和を願う灯りです」

　まわりが暗くなってカウントダウンが始まった。

　そして、私を囲むすべての世界で360度、喜びが爆発した。

　アップテンポなキャロルの演奏が始まる。眩しいくらいに照らされたツリー。右でも左でも村の人たちがお互いを抱き合っている。ボーイスカウトの格好をした青年たちが輪になってぴょんぴょん飛び跳ねる。すぐ近くにあるのにあまりの人で到底辿り着けそうにない特設ステージの上では、パレスチナの首相がステージのぎりぎりまで出てきて手を振っていた。溢れんばかりの、笑顔、笑顔、笑顔。

クリスマスは、こんなに幸せなものなんだ。圧倒されるほどに、その場には喜びが溢れていた。

「すごい、すごい！」呟くたびに胸がいっぱいになって、目頭が熱くなる。

（私、いま感動しているんだ）。まわりにつられて笑いながら、あまりの高揚感に涙がつーっと流れた。

＊　＊

「パーマカルチャーとは、パーマネントとアグリカルチャーを掛け合わせた言葉で、つまりは……」

あきらかに緊張していたバハの友人のプレゼンテーションに、彼女の仲間たちは苦笑していたけれども、内容は面白いと思った。

彼女によればパーマカルチャーとはひとつに、限られた水資源を効率的に利用する農業や生活のあり方と説明できるという。イスラエルは砂漠の国。この分野の先進国として世界から注目を集めているらしい。そしてこれも彼女によれば、パレスチナは限られた水資源をイスラエルに押えられている。とくに活動を妨害する目的で電気や水道を止められるリスクの高いアクティビストたちは、率先してパーマカルチャーの技術を取り入れ、できるだけインフラに頼らずに済む態勢を備えておくべきだというのが彼女の要旨だった。

集まったアクティビストたちは説得された様子はなく、それは本当に地元の人たちに受け入れられるコンセプトなのかということをしきりに質問していた。

ＡＩＣ（Alternative Information Center）は、地下1階がセミナー会場、1階がバー、2階がオフィスになっていた。プレゼンテーションが終わるとすぐに1階で歓声があがった。「あちゃー始まっちゃった」ババが言う。バハの友達同士、イギリス人の女の子とパレスチナ人の男の子がちょうど婚約発表をしたところだった。ＡＩＣにいたメンバーたちはそのまま流れてレストランに逆戻りし、ほぼ貸し切りの状態でひと晩中お祝いと踊りが続いた。その席では同年代くらいの人たちにたくさん出会った。

その場にいたパレスチナ人のひとりは、イスラエルとパレスチナの子どもたちをアメリカのサマーキャンプに招待して友情を育ませることを目的とした〝Seeds of Peace〟という取り組みの卒業生だった。その団体では私の友人も働いているので、私たちは共通の知り合いがいることで盛り上がった。

「でも、俺はSeeds of Peaceの活動は、意味がないと思う」

ひと通り盛り上がった後で、彼はぴしゃりと言った。

「交流は続いていたんだよ。少し前まで。でもさ、パレスチナで起きている事件のことをフェイスブックに投稿したら、イスラエル側のキャンプ参加者から一斉に非難のメールがきた。中には私たちの関係をプロパガンダに使われるのは迷惑だから、友達申請は外させてもらうって言ってきたやつもいた」

「まわりの目を気にしたんじゃないの？」遠慮がちに言ってみる。

彼はひと息ついて私を睨んだ。

「キャンプの最初の日に団体の代表理事が言った。将来リーダーになりそうな若者たちを集めて友達にさせれば未来に平和の種をまける。君たちは未来の平和をつくるんだと。今その人に会えるなら、ふざけるなと言いたい。イスラエルの外務大臣がスピーチをしたときにさ、テレビに付き人が映ったんだ。人殺し大臣の特別秘書はキャンプで仲良くしていたイスラエル人だった。一番できると思っていたやつだった。何度も目を疑ったよ。信じたくなかった」

音楽が鳴り、数メートル先では陽気な踊りが繰り広げられているのに、そこだけやけに重く長い時間が流れた。

ババの家に帰ったのは夜更けだった。

ババはとても嬉しそうだった。

「あいつら、結ばれることになってよかった！」

「ババは結婚しないの？」

「結婚には興味がないなあ」

「そうなんだ。じゃあ、恋人は？」

彼は私の2つ上。年が近いこともあってか友達感覚で話ができる。

「うーん。今は恋愛より仕事」

「仕事に燃えているんだ」

「燃えているというのとは違うかもしれないけど、忙しいんだ。自分の国のことだから、余計にかかな。感情が強く入りすぎるのかもしれない」

アパートの屋上に行こうとバハが言った。ひんやりとした風が気持ちいい。星空の下には黒い山肌が連なっている。

「あの山の、丘の上のキラキラしている場所がセトルメントだ。丘の下が大体パレスチナ人」

「やっぱりさ、和解とかって無理なの？」おずおずと聞いてみる。

「するなら今だ。どんどん状況は悪くなっていくから」

さっきのパーティーでの会話を思い出していた。

「ねえバハ。バハの友達でSeeds of Peaceに参加していた人が、あれは無意味だって言っていた」

「俺も難しいと思うよ。友達になって『はい平和への一歩です』って、現実にはないよ。彼だって前は理想主義な方だったんだ。でもキャンプから帰ってきた彼がその経験を話しても、まわりは『なに言ってるんだこいつ』っていう顔で見ていたと思う。パレスチナ側にだって圧力はあるんだよ」

「バハはフェアなんだね」

「そうでもないよ」

バハはふうっとため息をついてタバコを吸った。

「たとえば自分がエルサレムには入れない現実」

「え、入れないの？」

「イスラエルのバスはこっちに来られるんだけどね。パレスチナからあっち側には通してもらえないよ。あの道に止まっているタクシー。ナンバープレートが黄色でしょ。イスラエルの車のナンバープレートとパレスチナの車のナンバープレートは色が変えられているんだ。イスラエルが黄色、パレスチナが白。パレスチナ人でもエルサレムに住んでいたらイスラエル領とみなされて黄色。白いナンバープレートじゃ向こうへは行けない」

「なんだかナチスのときの黄色いベンチみたいだね」

ぽつっと呟いたら、ババが苦笑しながら指摘した。

「アキコ、そんなことイスラエル人の友達の前で言ったらきっと友達なくしちゃうぞ」

ヨニーやノアムのことを想う。返事は来るだろうか。

「でも通貨は一緒だ。俺たちが使っている紙幣には、俺たちの仲間を殺したイスラエル人の顔が印刷されている。俺はたしかにまわりのアクティビストと比べたら穏やかかもしれない。でも、本当は腸が煮えくり返りそうになる」

部屋に戻るとババのリビングに置かれていた楽器のケースが目に入った。

「ババって楽器弾くの?」

ババは照れながらケースを開けた。

「これクラリネットだよ。インドネシアに赴任していたときにクラリネットの音色を聞いてさ、これっていいなーって思ったんだよね。パレスチナにはクラリネットの先生がいないから、ほぼ独学なんだけど」

ババはゆっくりとクラリネットに口をつける。ゆったりとしたジングルベルが流れ出した。

「綺麗……でもババハってイスラム教徒なのに、ジングルベル？」

私はちょっと笑った。ババハもつられて笑った。

「イスラム教徒だけど、通っていた学校はキリスト教系だった。ＹＭＣＡで働いている訳だし。俺、このクリスマスも、クリスマスイベントのために休日出勤だよ」

「イスラム教徒とキリスト教徒がいがみ合ってないっていうのは本当だったんだね」

「うん。別に宗教が争っているわけじゃない。ユダヤ教だってキリスト教だってイスラム教だって、同じところからきているんだ」


寝る前にもう1曲聞きたいとせがんだ。

「じゃあ今度はアラブっぽい曲をやるよ。クラリネットが意外と似合うんだ」


少し寂しげな旋律が流れる。つややかな音色が夜を包み込み、不思議と心が落ち着いていくのが分かった。その音色は窓の外の夜に溶け出して、この土地の争いも、憎しみも、中和してくれるようだった。もしかしたら、ババハもこうやってざわめく自分の心をいさめているのかもしれない。

私の心も滑らかになって、その夜は久しぶりにぐっすりと眠ることができた。

Day 3

信仰と現実

日曜日のベツレヘムは混んでいた。バハが勧めてくれたキリスト生誕教会の前には長い列ができていて、入るのにやたらと時間がかかった。お揃いの緑の帽子を被ったアフリカからの観光客の一団と一緒になってしまい、何度ももみくちゃになる。彼らは母国の教会が主催するツアーかなにかで来ているようで、赤ん坊だったキリストが寝かされていたという一角に辿り着くとしゃがみ込み、感無量の表情で祈っていた。

バハは、私ともう1人YMCAのインターン生とを難民キャンプに連れて行った。驚いたことにいくつかの難民キャンプには誰でも自由に入ることができるという。国連が敷き詰めたバラックの仮設住宅は住民たちの手によって3階分ほど垂直に増築され、キャンプ内の密度がさらに高くなっている。子どもたちが工事中の通路でキャーキャーと遊んでいた。

ひと通り歩いて最後にキャンプの入口にある公民館に入る。「一番上の階にテラスカフェがあるんだ」バハが歩いていく。そこに続く階段の壁には、難民キャンプでイスラエルの攻撃の犠牲になった若者や子どもの名前や似顔絵が延々と並んでいた。

イスラエルとパレスチナの間にある分離壁も徒歩圏内だった。近づくと、そびえ立つ壁に様々な言語の落書きとメッセージ。アメリカ人のインターン生は英語のメッセージを読んで歩き、私は「この壁はいりません」と書かれた日本語の前で立ち止まる。バハはイスラエルに対する暴力的なメッセージにはあまり共感していなかったけれど、超平和主義みたいなものにも魅力を感じていないように見えた。

遠くに見張りのイスラエル兵が見える。なんだか落ち着かなかった。

Day 4

対立の螺旋階段

次の日は私が泊まっている部屋の主、イギリス人のロンとその奥さんがベツレヘムを案内してくれた。ババはアパートをシェアしていて、私が泊まっている部屋は普段はロンが家賃を払って住んでいる。彼はイギリスでメディア関係の会社を定年退職し、その後はパレスチナにほぼ移り住む形でボランティアをしているという。クリスマスにあわせて普段はイギリスに残ってペンションを経営している奥さんが彼を訪ねていて、２人で別のホテルに泊まっていた。

マリアがキリストに母乳を与えたとされる街角を通り（残念ながらその場所に立っている教会は、訪問終了時刻を過ぎていて入れなかったのだが）、白い家が建ち並ぶ道を歩く。

「ベツレヘムは本当に美しい街だったんだよ。それが紛争によってぼろぼろになってしまった」

谷を挟んだ向こう側にはコンドミニウムの群れ。あれはイスラエルの入植地だとロンが言った。「行ってみると吐き気がするくらい豪華なんだ」

誘われるままにお土産屋さんに立ち寄ってみる。十字架、マリア像、羊飼い。ベツレヘムの木工細工がずらりと並ぶ。

「これだけの技術があるなら産業を起こせるのにね。宗教ものしか作らないからお客さんが限られちゃうのがもったいないわ」

奥さんが並んだ商品を手に取って眺めながら言った。

夫妻はベツレヘムが大好きだと言っていた。いつかここに家を買いたいらしく、綺麗な家を見ては夢を膨らませていた。

「なんでまたイスラエルなんかに行くんだ」

バーに座ったときにロンが私に聞いた。

「友達に会いに行くの」私は答える。

「君にはシオニストの友達がいるのか？」

「彼はきっとシオニストじゃない」

「いや、シオニストだね。あんな狂った国に住んでいるのはシオニストだけだ」

「イスラエルが狂っていたとして、その元凶をつくったのはあなたの国だと思うけど」

私はウィキペディアで読んできたことだけを頼りに言った。イスラエルとパレスチナ両方に領土を約束し、あげくに収拾がつかなくなって国連に泣きついたのはイギリスだということ。ノアムがフランスで「そんな単純な話じゃないよ」と言っていたのはこの際、脇に置いておいた。とにかくロンに前言を撤回させるか、謝らせるか、あるいは恥をかかせるかしたかった。

「たしかにイギリス政府はアホなことをしたと思うよ」

「あなたイギリス国民よね」

「まあ、落ち着きなよ。歴史はそんなに単純じゃないんだから」

「ロンはどれくらい詳しいの？　私、本当のところはとても混乱しているの」

くだらない議論よりも、ロンの知識を分けて欲しいと思った。

「僕も色んなものを読んだ。ここにも何度も来ている。でも分かったのはさ、知れば知るほど自分は何も知らないってことだ」

それはまるで終わりのない螺旋階段のようだと彼は言う。思わずお互い遠くを見てしまった。その先で夕日が赤く街を染めた。

「星の道。私がベツレヘムで一番好きな道よ」ロンの奥さんが言った。街灯の高さに星の輪郭をしたクリスマスツリー用のライトが並び、たしかに星のアーケードをくぐっているような気分になる。両脇に凹凸のない家が並ぶ、静かな石の道だ。

少し先で家のドアに手をかけていたおばさんがこちらを見て嬉しそうに声をあげた。ロンと奥さんも嬉しそうに近づく。

「2人とも、こっちに来ていたのね！　入って入って！」

おばさんは嬉しそうに私たちを招き入れる。2人の友達なのだそうだ。

おばさんがお茶を入れてくれている間、ロンはビールを買ってくると言って出て行き、ロンの奥さんは家を案内してくれた。ロン夫妻はよくここに遊びに来ているようで、勝手知ったる様子で家の階段を上っていく。屋上に出ると、太陽光パネルに太陽熱温水器まで設置されていた。

「電気がいつ止められるか分からないからね。こうやって自給自足しようとしているのよ」

質素な家に意外なものを見た気がした。

入りたてのお茶を居間に運ぶと、おじさんがソファーに座ってテレビを見ていた。自己紹介をして、アメリカとチリで勉強してきたと言うと、「チリにいたのですか。私もチリにいました。パレスチナ以外でパレスチナ人の人口が一番多いのはチリなんですよ」と、思いもかけない反応が返ってきた。パレスチナとチリ。距離的には決して近くない2つの地域がパレスチナ人でつながっているとは。おじさんは生まれてから3回の紛争を生きてきたのだと言った。海外に生きる道を求めて南米にも渡ったが、最終的にはどうしてもこの土地に生きたくて帰ってきたと。

ちょうどロンがビールを抱えて帰ってきた。ビールとお茶を配ってみんなで乾杯する。おじさんが乾杯の音頭をとった。

「メリークリスマス。来年こそは、平和になりますように」

仕事の終わったババに電話をかけると「古い友人から連絡があってこれからご飯を食べるんだ！」と興奮した様子だった。場所は行きつけのケバブレストラン。ロン夫妻と私も便乗することにした。

ババの古い友人はノルウェーの若き外交官だった。ババとはインドネシアで知り合ったと言う。目を見張るほどに美しく、凛としたパレスチナ人の奥さんを連れていた。2人は1年ほど前に結婚したらしい。

「みんなババのお陰だったんだ」

彼が言った。インドネシアで知り合ったとき、ババのパレスチナ話を彼はほとんど信じなかったという。

「パレスチナとイスラエルはお互いさま。パレスチナの苦境をいくらババが熱弁しても、僕は『またまた〜』っていう態度だったんだ。ババが何度も『一度来てみろ。着いてからの面倒は全部見るから』って言うから、来てみたんだ」

「えっ、お前の言ってたこと本当だったんだ、って何度も言ってたよなー」

　ババが隣で笑う。

「そうそう。ホント、来てみなかったら分からなかった。で、ババの幼なじみに惚れちゃって」

「一番おてんばなのに惚れたよね」彼女が笑った。

　彼女は彼と一緒にノルウェーで暮らしながら、ファッション業界でバリバリ働いているらしい。パレスチナには年に数回帰ってきているのだという。

「いちいちアンマン（ヨルダンの首都）から来るのは面倒くさいときもあるけどね。私たちはテルアビブを通れないから」

「えーっ、テルアビブ空港も通れないの？　あれ、でもノルウェーパスポート持っているんでしょう？」

「それでも同じよ。私のノルウェーパスポートにはいつの間にか、この人はパレスチナパスポートも持っているっていうスタンプが押されている。誰の娘で、家族構成がどうなっていて、というデータが全部分かるようになっている。逃れられないのよ」

　彼女は以前テルアビブ空港に入ったときの話をした。突然視界から人がいなくなった。すべての音が消えた空港で彼女はイスラエル兵に別室に連れて行かれ、検査するからと靴を没収された。

「急に空港が空になって映画の中にいるのかと思った。残されたのは私ひとりだった」

「僕も空港にいたんだけど、爆弾テロの可能性があるからと、まわりの人たちも含めて空港の見たこともない場所に誘導された。そこでしばらく待たされたんだ。妻とはぐれてひどく心配していたんだけど、まさかそんなことになっているとは、びっくりしたよ」

彼女はそのとき厚底の靴を履いていて、そのかかとに爆弾が仕掛けられているのではないかという疑惑をかけられたのだという。粉々に砕かれた靴を手に戻ってきたイスラエル兵は彼女に靴の値段はいくらだったかと聞いた。

「金なんて絶対に受け取らない。それよりひと言謝罪して」

イスラエル兵は拒んだ。

「パレスチナ国籍というだけで私はテロリストの嫌疑をかけられた。疑いが晴れた後も、彼らは私を人間として扱わなかったのよ」

彼女はため息をついた。

「私は自由に育った。リベラルな両親の元で教育を受け、やりたいことを仕事にして、ノルウェーではきちんとした扱いを受けている。テルアビブ空港の一件は屈辱で仕方なかったわ」

テーブルの席では、テロに怯えるイスラエルをパレスチナ人はある意味冷めた目で見ていることが話題になった。パレスチナに苦痛を与えていることを自覚しているがために報復に怯えているのなら、それは自業自得だと。一方で少なくない数のパレスチナ人が、イスラエルの抱える強迫観念のせいで不快ないし不便な思いをし、残念ながら少なくない数の死者が出ている。

来てみるまで分からなかったと彼は言った。私は来てみても、まだ全然分からない。

Day 5

おなじ若者

パレスチナの人々と会話を重ねるうちに、私はイスラエルに戻ることが本気で怖くなっていた。テルアビブからエルサレムへの旅で感じた緊張感や居心地の悪さと比べて、パレスチナには人の温かさと笑顔があった。彼らに馴染むうちに、私にはパレスチナにもう少し長くいたいという気持ちがずいぶんと強くなってしまっていた。さらにツリーの点火を見たときから私はクリスマスをベツレヘムで過ごしたいと思うようになっていた。

「ようこそイスラエルへ！　テルアビブに来る前に電話ちょうだい。待ってるよ」

同級生のヨニーからようやくきたメールに早く返事がしたかった。早く彼の声が聞きたかったし、積もる話もしたかった。でも今ベツレヘムにいると言ったらヨニーはどんな気持ちになるだろうとか、バハが貸してくれているパレスチナの電話番号でかけたら隠すことは無理なんじゃないかとか、一度イスラエルに戻って友達に会ってしまったら、彼らの手前パレスチナに戻ることは難しくなるんじゃないかとか、心配ごとは次々と心配ごとを見つけ、私は彼に電話ができなくなっていた。

パーマカルチャーの話に興味を持った私は、バハに頼んで先日ＡＩＣで発表をしていた女の子が暮らす家に連れて行ってもらった。ベイトサフールの外れに６人の外国人が共同で借りた家と広い土地があった。彼らはそこでバイオトイレを作り、サウナを作り、野菜栽培を試みるために土地をならしていた。

　女の子は発表の席よりも家のポーチで話すほうがずっとリラックスした様子で、面白い話をたくさん聞かせてくれた。大学で歴史を専攻し、イスラエルとパレスチナの紛争の経緯を研究したこと。自分がユダヤ系アメリカ人であるからこそ、パレスチナの現状をなんとかしなければいけないと思ったこと。そのせいでユダヤ人の母親との仲は険悪なこと。

「私たちが今やっていることは、なかなかまわりには認められない。でも今までにね、一家族だけイスラエルの立ち退き要求から救えたことがあったの。これだけパーマカルチャーだ、バイオトイレだと大きなことを言って救えたのがたったの一家族だなんて、まわりは効果がないって言うかもしれない。でも私には、その一家族が大事だった」

　彼らはボランティアや旅人が無料で泊まれるように、家の離れを開放していた。その部屋を覗いてみると、ベッドで本を読んでいた女の子が顔を上げて私を見た。

「あなたイブラヒムハウスにいたでしょ？」

　私もあっ、と声をあげる。彼女をイブラヒムハウスの食卓で見かけていた。たしかＮＧＯでボランティアをしている女の子だ。

「ベツレヘムに遊びに来たんだけど、風邪引いちゃって」

　布団にくるまったまま彼女は言った。

「あなたはしばらくベツレヘムにいるの？」

　私はなぜか彼女になら相談できるかもしれないと思った。

「本当はもうすぐテルアビブに行くつもりなの。でもパレスチナのみんなとの関係にとって私がイスラエルに行くこと、ううん、それよりも、イスラエルの友達にとって私がパレスチナから来ることがいったいどう影響するのか分からない。パレスチナで見たこと、感じたことを話して、めちゃくちゃにしたくはない。本当に大事な友達なんだ。でも一方で私、今たくさんのものを見ている。それで私自身の世界の見方だって変わっている。それは動かしようがないから、彼らに会って私は何を言ってしまうだろうって、それも怖いの」

一気にしゃべった。しゃべりすぎた。彼女は少し間を置いて、それからたしなめるように言った。

「あのさ、大丈夫だと思うよ。私にもイスラエル人の友達はたくさんいるけど、大概の人は政治の話でも結構オープンに語れる人たちだよ。そんなことも語れない人と友達やっているの？」

「10年ぶりなんだ」絞り出すように私は言った。

「彼はそれから兵役に行った。きっと色々なことがあったと思う。それは私には全然分からない時間なんだ」

相手の女の子はじっと私を見た。

「きっと大丈夫だよ、おなじ若者なんだから。パレスチナに行ったことも堂々と言えばいいんじゃないかな」

「ありがとう」

その夜、私は何度か電話を取り出して、ヨニーの番号を押してはかける直前でやめて、を繰り返した。バハが友達と別の部屋で話に盛り上がっていたのは幸いだった。私は何度かその部屋と誰もいないベランダを行ったり来たりして、ようやくベランダから発信ボタンを押した。

何度か呼び出し音がなってヨニーが出た。

「お！　今どこにいるの？」

「えっとね……」

Day 6
オリーブが守るもの

「ヘブロン、ラムラ辺りは是非見てきて欲しい」

ババに言われて、パレスチナを出る前に少なくともどちらかの街には行くつもりでいたのに、テルアビブに向かう前日、起き上がると頭が割れそうに痛かった。パソコンを持ってふらふらとベランダに出る。インターネットでヘブロンのことを調べる。

「ヘブロン大虐殺。1994年2月25日早朝、イスラエルが不法に占拠しているヘブロンの町で礼拝中の800人に向かってユダヤ人の医師が銃を乱射。60人以上が死亡。この事件を機に、初めてのパレスチナ人による自爆テロが行われた。現在も強硬派のイスラエル人入植者によるパレスチナ人への嫌がらせが続く」

詳しく調べようと、ヘブロン、事件、とパソコンに打ち込む。すると今度は、

「1929年、嘆きの壁で起こったアラブ人とユダヤ人の武力衝突。この事件がきっかけとなって約1週間の間にヘブロン(ヘブロン事件)やツファットなどパレスチナ各地でアラブ人による一連のユダヤ人襲撃が起こった。ヘブロンは最も被害が大きく、ユダヤ人約65人が殺害された」

水をどんなに飲んでも太陽の下では頭痛はひどくなる一方で、ふらふらとベッドに戻る。

昼休みにババが様子を見に家に帰ってきたときには私はぐっすり眠ってしまっていたらしい。

起きるとすでに昼間の日差しは弱まり始めていた。

ヘブロンを諦めてバハの職場に行った。バハはＹＭＣＡでオリーブの木のキャンペーンを担当している。オリーブの木のキャンペーンは日本でも聞いたことがあったけれど、私は今まではなんとなく平和の象徴としてオリーブの木を植林するプロジェクトなのだと思っていた。砂漠の緑化が目的だと聞いたこともある。しかしバハは意外なことを言った。

「オリーブの木のキャンペーンはさ、パレスチナの農家の土地をイスラエルの侵略から守るためにあるんだ」

バハによると、オスマン帝国が支配していた頃のルールに「3年間、食物を育てていない農地は国のものとみなす」という内容があったらしい。そのルールが、今イスラエルがパレスチナ農民の領土をイスラエル国家のものとする動きのバックボーンになっている。3年耕されていない土地は国家のもの、つまりイスラエルのものとなる。しかし実際には帯水層のほとんどをイスラエルに押えられてしまっている中で、パレスチナ農民は作物を育てることができない。そこで、水がなくても比較的育ちやすいとされるオリーブの木を植林することでイスラエル軍が土地を没収する理由を取り上げ、農民の土地を守ろうというのがこのキャンペーンの本質なのだという。

「だからさ、どっかのお金持ちの団体からオリーブの木1000本分のお金をボンって寄付してもらうよりも、俺は1000人の人が1人1本ずつの木を寄付してくれるほうがありがたいと思っている。必要なのはイスラエル軍がパレスチナ人を追い出そうとしたときや、追い出してしまったときに、自分の国のイスラエル大使館に『私がスポンサーした木とその土地が、あなたの軍によって不当な扱いを受けた』と手紙ででもなんでも、訴えてくれる人なんだ。それが力になる。政府から出る巨額の援助なんてだめだよ。役に立たない」

そう言ってバハは、かつて日本政府がパレスチナに空港をつくるプロジェクトにＯＤＡ援助を行った話を例に出した。

「どうなったと思う? イスラエル軍が建設中の空港を爆破したんだ。日本政府はひと言も文句を言わなかった。それどころか、また別の空港建設だか他のプロジェクトに金をつけようかと言っている。自分の国の金がまったくの無駄になったことに異議をとなえることさえしなかった」

夕方から私はエルサレムに向かうことになっていた。バハが「夜は戻ってくるんだよね?」と念を押すので、結局バックパックを置いていくことになった。今夜はＡＩＣに、国境なき医師団で活動するイスラエル側の医者が来ることになっているらしい。

「きっといいセッションになるからさ。タクシーすっ飛ばしておいでよ」

パレスチナ側からエルサレムに向かうには歩いて壁を越えていかなければならない。バハに荷物を託して身軽になったとはいえ、壁の前でタクシーを降りると心拍数が早まっていくのが分かった。壁を抜けるための通路は何度も切り返しがあり、検問所のカウンターに着くまで思ったよりも時間がかかる。通路の途中で待ち構えていた小さな男の子がベツレヘムのポストカードを売ろうとしてきた。断ると荷物を持ってあげるというように、一瞬地面に置いた私の荷物を抱えてぐんぐんと歩き出す。「お金払うつもりないから、返して」と言っても「いらないから」と歩き続け、ゲートの前に来るとやっぱり手を差し出してきた。私は渋々小銭を渡す。

「もっと」彼は強気で言う。

「これ以上はあげられない。壁の向こうでバスに乗るためのお金だから」

「バスはそんなに高くない」

「私は6って聞いた。今それしかお金ないもん」

「違う。4・5だ。だから残りの1・5を僕にちょうだい」

「そんなこと言って6だったら困るからあげられない」

「絶対4・5だ」


押し問答の末に悲しくなった。ねえ、君はパレスチナから出ていく人たちが最後に出会う人なんだよ。パレスチナの人、みんないい人たちだった。君がそんな態度をとったら台無しじゃないか。

振り切ってゲートに入る。荷物検査があってパスポートチェックがあった。パスポートチェックの審査員は四方を覆ったブースにいて、パスポートは小さな窓から渡す。会話もマイク越しだった。日本のパスポートは何も聞かれず、通ることを許された。

検査をくぐり抜けると白いミニバンが待っていた。ダマスカス門まで行くというので、一緒にゲートをくぐり抜けてきた女の子と乗ることにした。料金は聞いていたよりも安い4・5シュケルで、さっきの少年が正しかったのだと少し胸が痛んだ。

イスラエル側はラッシュアワーで、バンはのろのろとしか進まない。一緒に乗ったメキシコ人の女の子は浜崎あゆみのファンらしく、私が日本人と知ると興奮した様子で話しかけてきた。彼女はベツレヘムでボランティアをしながら、今日はイスラエル側で夜を徹して遊ぶという。

私は戻ってくるつもりでいたので、到着時間が遅くなることが次第に気になり始めた。エルサレムからパレスチナ行きのバスはどんなに遅くても19時で終わってしまう。16時半には着くとふんだバスが新市街に着いたとき、時間はすでに17時をまわっていた。

「ベツレヘムは何もなくてつまらないけど、エルサレムの新市街はオールナイトで遊べるクラブもたくさんあるみたいだからさ、帰れなくなったら連絡してよ」

彼女はそう言うと軽快な足取りで先にバンを降りていった。

ダマスカス門手前で渋滞はさらにひどくなり、ほとんど前に進めない状態になった。あとは歩け！という調子で降ろされて、へ？という顔をすると、ここがダマスカス門のバス停だと言われる。なるほど、まわりは同じような白いバンだらけだ。今度はユダヤバスのバス停に降ろされたらしい。アラブバスの乗り場とは場所がかなり離れていた。

エルサレムでは日本人のすぐるさんに会うことになっていて、ユダヤ料理がとても美味しいというレストランに連れて行ってもらった。丘の上の小洒落たレストランで、料理が出てくるのは遅いけれど、マスターはいい人だった。

すぐるさんはヘブライ大学で中世のユダヤ教について研究しているらしい。「ここに来る途中、イスラエル人はみんなシオニストだと言われたんです」という話をすると、「そんなことはありえない」と笑いながらも、「まあ、東洋人は格下に見られている、というのは大学に行っていても折に触れて感じますね」と意味深なことを言った。

私はパレスチナにのめり込み始めていることを話した。これまでイスラエルとパレスチナは五分五分の紛争だとなんとなく思っていたこと、来てみたらパレスチナが不当な扱いを受けているように感じたこと、それを目の当たりにして怒りを感じ始めていること。ツイッターで気さくな意見交換をしていた人ということもあって、私は比較的正直な胸の内を話すことができた。

「おっしゃることはまあ分かる気もするんですが、でもね、壁ができて自爆テロは減ったみたいなんです。それにパレスチナにもだめだめなところはあるんですよ。前にどこかの団体がパレスチナを支援しようとお金を寄付したときに、パレスチナ人たちはそれを何に使ったと思います？　お客さんをもてなすためのお菓子ですよ。そんなものにお金を使わないで子どもの教育とかに使えばいいのに。イスラエルはそのあたりしっかりしています。どうしたら自分の国を強くできるかをよく知っていて、教育に積極投資しています」

お客さんをもてなすために——その親切心が私がパレスチナで感じた温かさなのだと思うと、どこまでも複雑な気持ちになる。

「あきこさん、のめり込むのもこの土地に戻ってくるのも大歓迎ですが、アクティビスト活動は始めない方がいいと思いますよ。僕の知り合いでも頑張っちゃった人がいて。あるときイスラエルに来ようとした別の友人が、入国審査のときにその人を知っているか？と質問されて『はい』と答えてしまったがために、入国を拒否されてしまうことがありました」

話は尽きず、パレスチナへの最終バスに駆け込む形になった。すぐるさんは最後まで、うちに泊まっていってもいいですよと言ってくれ、帰りはバス停まで送ってくれた。要所要所で助けてくれる日本人の人たちのありがたさを身に沁みて感じながら、私はバスに乗り込んだ。パレスチナ側からイスラエルに抜けるときは、「国境」でバスを降りたり、歩いたり、荷物検査があったりとずいぶんと大変だったのに、逆はあっさりと、あっという間にベツレヘムに着いた。

ＡＩＣに駆け込むと講演はすでに始まっていた。みんなの前に立った若い女性がガザの医療状況についての話をしている。今のガザ地区は、ガン患者を治療が受けられる病院へ搬送するには絶望的な状況になっていること、なんとかしようとした国境なき医師団は、イスラエル軍から「安全上の理由」でガザに入る申請を拒否されてしまったことなどが報告されていた。朝の頭痛がまだ残っていて、講演の詳細はほとんどつかめなかった。

スピーカーの話の後に、ＡＩＣの主要メンバーらしき人が立ち上がって言った。
「今年、２０１０年もクリスマスが近づいているわけですが、私は今回、この時期に起きた奇跡を祝いたいと思います。今日のスピーカー、若い医師である彼女はイスラエルからこうして私たちにとても大事な現状の共有に来てくれて、あらゆる国籍の私たちもそれをしっかりと聞きました。聡明な質疑応答が行われました。これが、ＡＩＣがずっと目指してきた形なのです。イスラエル、パレスチナという区切りではなく、変化を起こそうと志す人たちが集い情報と意見を交わす場所であって欲しいのです。私がキリスト教徒で、そこにいる彼がイスラム教徒で、そして今日話をしてくれた彼女がユダヤ教徒であることは、そして私たちが仲良く並んでいることはすごいことであり、ＡＩＣの理想の中では当たり前であって欲しいことなのです。今日この光景がここにあることはその第一歩です」

続いてクリスマスのイベントの紹介が行われた。ロンは、イブの前日に子どもたちのクリスマス劇があることと、イブ当日の昼にはイスラエルに対するデモがあることを発表した。彼は両方のイベントの主催者だった。私はぼうっと、すぐるさんの言葉を思い出していた。

その夜のパーティーでは、ベイトサフールでも珍しく日本人に会った。日本のボランティア団体からエルサレムに送られてきている職員の人だった。仕事の合間にバイオリンを習いたいベツレヘムの子どもたちを教えていて、クリスマスイブも彼らの演奏を聞きにくると言っていた。すぐるさんとは立場も雰囲気も違う、でも話していると同じくらい安心させてくれる人だった。

クリスマスイブに戻ってくることを楽しみに、翌日私はテルアビブに向かった。

イスラエル側とパレスチナ側で、
街を移動するたびに景色がガラリと切り替わる。
テルアビブはヤシの木が整然と並ぶ都会。
エルサレムは教会とモスクと嘆きの壁が隣り合う不思議な土地。
ベツレヘムは夕方になるとピンク色に染まる観光地。
ベイトサフールは人が素朴で温かい田舎風情。
それらはとても近い距離にあるのに、とても遠く感じる。

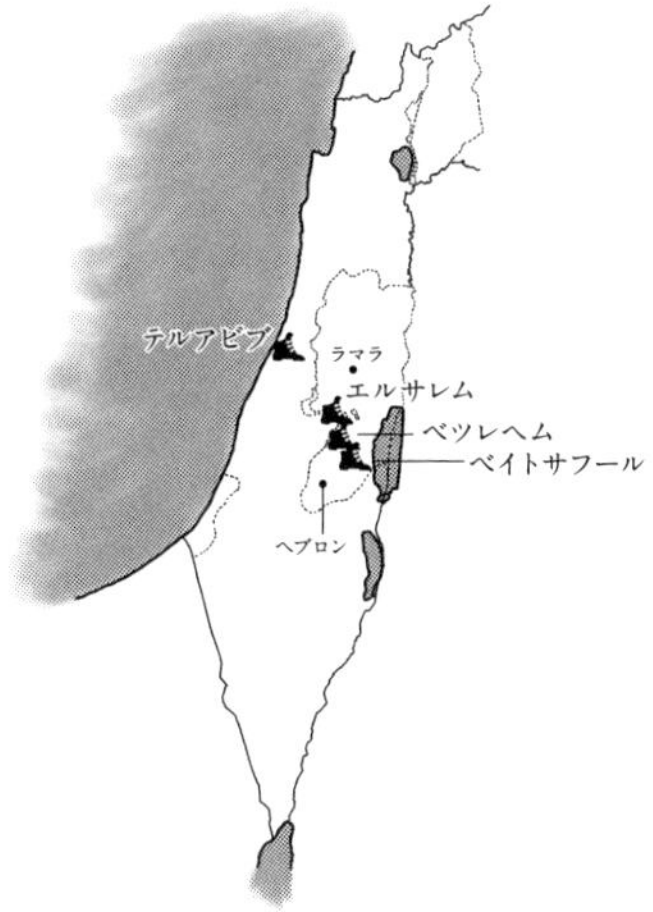

Day 7

再会バイク

エルサレムまでは順調に来たのに、テルアビブ行きのバス停を見つけるのにずいぶんと迷ってしまった。心の迷いもまだ少しあったのかもしれない。道で方向を聞こうとすると、無視する人、指だけ差して無口の人、危ないからタクシーに乗れと勧める人、もう少しだから頑張れと応援してくれる人、反応は様々だったが、彼らの助けを受けてなんとか新市街のバス乗り場に着くことができた。乗り場のまわりには小洒落たレストランやバックパッカー宿が点在し、今まで見ていた埃っぽいエルサレムとはまた全然別の表情を持っていた。

乗り合いワゴン車に乗り、ぼんやりとヨニーのことを考え始める。すぐにぼんやりどころではなくなる。一時ではあれ、遠い昔の片想いの相手。毎日、彼がどこにいるのかを探していた。寝ているときも起きているときも、学校までの道も授業中も、彼のことばかり考えていた時期があったのだ。10年後の彼はどうなっているだろう。きっと今ならお互いの恋愛話だってできる。彼はどんな恋をしてきたんだろう。想像すると顔がにやけてしまうほどに楽しみなのに、甘酸っぱい想い出が宿る友情を、パレスチナ被れの世界観で台無しにしてしまうかもしれないという不安が拭えない。

待ち合わせ場所の設定ですれ違い続けた結果、ヨニーは私の日本の携帯電話に、この街角で待てというメッセージを送ってきた。パレスチナでババが貸してくれた携帯電話はエルサレムに着いたあたりから電波が入りづらくなっていて、電話をかけようとしても調子外れなメッセージが電話の奥底でささやくだけになっていた。

ヨニーが待ち合わせに指定した街角は東京の南青山裏路地でも思わせるような小綺麗さだった。十字路の向こう側にはカフェとブティック。私の背後にはお洒落なアパート。街は適度に暗く、カフェの明かりが夜道を彩る。

人通りは少なかった。私は通り過ぎるバスやタクシーを目で追っていた。時折、視線の先を自転車が素早く滑らかに横切った。どこにもヨニーの気配はなかった。向かい側に停まった小型のバスに目を凝らしても、降りてきたのは女性ばかり。

視線を感じて振り返ると、隣に一台のバイクが止まっていた。ずいぶんと大きなバイクだ。ドライバーは白いジャケットを着て、大きなヘルメットで頭をすっぽり覆っている。

いたずらっぽい声がしてドライバーはヘルメットをはずす。次の瞬間、私は彼に飛びついた。

「あきちゃん?」

「バイクで来るなんて思わないじゃないか!」

「そう?　びっくりした?」

私の小さなバックパックは彼の足の間にちょこんと納まり、デイパックはヘルメット入れに上手く入った。代わりに取り出したヘルメットを私に渡すと、彼はエンジンをかけた。

ゆっくりと走り出したバイクは次第に速度を上げていく。夜風が気持ちいい。バス旅の疲れはすぐに吹き飛んでしまった。「わーい!」両手を広げる。

「まったくもう……しっかりつかまってなよ」

しばらくためらってから私は彼の腰につかまって、昔好きだった人の背中にぎゅっと顔をつけた。

触れた所から体が温かくなる。ここに来るまで溜まり続けてきた不安がじわじわと溶けていくのが分かった。きっと大丈夫。

「テルアビブについてはどれくらい知っている？」

「あんまり……」

「テルアビブはヨーロッパの中で、みんながバケーションに行きたい街ナンバー1なんだ。ナイトライフヨーロッパ3位。リベラルで有名だからゲイにも人気。最近では直行便も増える一方なんだよ」

普通に聞けたら一緒に驚いたり感心したりできるのに、どうしても脳裏にはパレスチナの風景がよぎる。あの犠牲の上に成り立っているんでしょ？　つい考えてしまう自分がいる。それを出すべきような時間ではないし、まだ出したくもなかったから、私は自分からスイッチを切って余計にはしゃいだ。今だけは再会の喜びに浸っていたい。

「なんかあんまり嬉しそうだから、このままバイクで案内してあげるよ」

そう言って彼は街を抜けた。

目の前には海が広がっていた。「わーい。海だ海だ！」ヨニーは砂浜まで平気でバイクで乗り入れていく。私のはしゃぎ声が叫び声に変わる。

「この辺のホテルは年間を通して稼働率80％なんだよ。80％ってすごいと思わない？」

「80％ってありえなくない？　つまりはオフシーズンがないってことでしょ？」

「冬の方が混むけどね。北ヨーロッパが寒くなると暖かいビーチを求めて多くの人がテルアビブに来るから」


「ヨニーはさ、いつからバイクに乗っているの？」

「19の頃から。最近は通勤もこれ。小回り効くし、ぱっと海にも来られるし」

「週末もビーチで過ごすことが多いの？」

「うーん。結構遠くまで行くことが多いかな」

　ヨニーが自然が大好きだったことを思い出した。


　再び走り出したバイクは屋台の前で止まった。若い人たちが行列を作っている。ここでしか食べられないハモスと言われたそれは、揚げ茄子やゆで卵、他にも野菜が溢れ出さんばかりに詰め込まれたピタパンに、これでもかというくらいひよこ豆のペーストがかかっていて、ひと口ごとに違う味がとても美味しい。


「明日結構早いんだ」先に食べ終わったヨニーが言った。

「仕事？」

「久しぶりに軍の仕事」

「えっ、兵役って終わったんじゃなかったの？」

「兵役が終わっても、5年間は準備軍っていう扱いなんだぜ」

　私は口いっぱいにほおばったハモスを詰まらせそうになる。

「準備軍って何やらされるの？」

「まあ本当は滅多にお呼びがかからないんだけどさ、俺が兵役でやっていたことって結構特殊だから必要になると呼ばれるんだよね」


彼は最初、空軍のパイロットとして育成されたが、途中で進路を変更し航空管制官としてのキャリアを選んだという。資格を取り、3年で兵役を卒業した。

「民間でもいるじゃん、飛行場から指示出してる人。俺の仕事は言ってみれば、どの飛行機がどのルートで飛ぶべきか、どういう連携をすべきかというのを決めてパイロットに指示を出すこと。だから大規模な作戦があると借り出されることもあるわけ。まあチームも何年も前から一緒にやってきている人たちだし、俺のこともよく知っているからやりやすいんだろうね」

「でも、そんな……君は別の仕事を持っていてヨーロッパを飛び回っていて、大忙しだって聞いたよ。軍がことあるごとに君を借り出すなんておかしいじゃん」

「もちろん俺を雇用している会社は、俺が仕事を抜けなければいけない部分については、国から金銭的な補償を受けるよ」

「でも……」

「そんなに心配しなくたって大丈夫だよ。そんなに頻繁ってわけじゃないし。明日だって1日行ってくるだけなんだ」

店は混む一方だった。彼は空になった私のお皿を見て、そろそろ行こうかと立ち上がった。

友達の男の子とシェアしているというアパートは広々としていて、喫煙ルームと称したちょっとしたポーチまであった。壁という壁にかけられた美しい絵はすべて、ヨニーのお母さんかお姉さんが描いたものだという。

ノアムがもうじき帰国する予定らしいと伝えたら、ヨニーは「ノアムの電話番号持っていたら教えて！」と、意気揚々と電話をかけた。2人は仲良しらしい。私も電話を変わってもらうとノアムは開口一番、私がクリスマスにベツレヘムに行くとメールしたことについて触れた。

「ベツレヘムなんて危ないよ。家族がみんな心配しているよ。どうしても行きたいの？」

「うん、向こうで友達と会う約束もしちゃってるし」

一瞬気まずい沈黙が流れる。

「そう、分かった。アキコ、お願い。お願いだから気をつけてね」

私は荷物も全部ヨニーのところに置いて身軽で行くから大丈夫だと告げて電話を切った。ヨニーも何か言うかな？と思ったけれど、彼はあんまり気にしていない様子だった。

「もうすぐしたら彼女が来るから、そしたらバーに行こう。あきちゃんのためにシーツもタオルも洗っておいたよ。シャワー浴びる？」

彼は私をあきちゃんと呼ぶ。あき・ちゃん。ジャッキー・チェンと同じようなイントネーションをつけて呼ぶから、10年前も今も、笑ってしまう。

ゆっくり話せる時間が減るからいいや、と思って「後にするー」と言ったら、ヨニーは「じゃあ、俺先入ってくるわ」とさっさとバスルームに行ってしまった。

ふうとため息をついてソファーに腰を下ろす。彼女がいると聞いて少し安心した。会いに来るにあたって下心はなかったのだけれど、以前よりもよっぽど大人っぽく逞しくなった彼と2

人きりのアパートは精神的によくない。私にも、残してきた大切な人がいるのだ。

　やってきた彼女は見事な金髪ストレートの女の子だった。名前をゴニという。ソファーから身を乗り出して話しかけてきてくれる。

「エルサレムはどうだった？」

「うーん。すごかったんだけど、なんか重々しかったなあ」素直に言ってみた。

「宗教に狂ったやつらがいっぱいいる街だからねー」ヨニーがタバコを吸いながら言う。

「狂っているって？」

「んーたとえば、避妊はしちゃいけないとかさ」

「お陰で私どもの会社は、商売繁盛でございます」ゴニが隣で笑った。えっ？

「彼女、消費財メーカーで働いているんだ。グローバル企業」

「避妊しないから子どもがたくさんできるでしょ。エルサレムは私たちにはもってこいのマーケットなの」

　……素直に笑えない。

「彼女、綺麗で頭がいいから好きなの」

　ヨニーが冗談とも本気とも分からない曖昧なことを言った。

「にしても、日本なんていいな。私ずっと行ってみたかったの」

「あー俺も行きたい。いつか2ヶ月くらい、まとまった休みが取れたときにじっくりと行きたい」

「いつでもおいでよ」

ヨニーは兵役が終わった後に南米を8ヶ月かけて旅した。最近フェイスブックにはインドを旅した写真も載っていた。彼なら、駆け抜ける旅ではなく、味わう旅をするだろうなと思った。山岳部でグランドキャニオンに出かけたとき、岩の上に立って雄大な景色を眺めていた彼。クライミングにのめり込んでいるときの嬉しそうな顔。私はその昔、彼のやんちゃな冒険心が引き寄せる世界に憧れたのだ。

2ヶ月なんて休みはそう取れないだろうと思い、じゃあちょっとした休暇があるときはどうしているの？と聞いたら、エジプトに行きたいなあと彼は言った。

「ほら、この壁にかけてある写真。家族でシナイ半島に行ったときのやつなんだ。エジプトの国境辺りにある」

言葉はどうするの？　英語で話すの？と聞くと、意外な答えが返ってきた。

「俺はアラビア語少し話せるよ。3年間学校で勉強したし」

「へえ！　みんな習うの？」

「そうだよ。ようやく平和が来るって思ってたんだ。まったく」

ようやく彼らにイスラエルとアラブ諸国について話が聞ける！と前のめりになったのは私だけで、2人はまだ前の会話を続けた。

「私はやってないけどね、アラビア語」

「そう、彼女みたいなお高くとまった学校出身だとフランス語」

「お高くとはなによ。結構そういう学校あるじゃない。しかもアラビア語なんかより役に立つよ。フランス語」

「エリートってことだよ」
「そんなこともないんだけど、まあ、一応ありがとう」

英語にアラビア語、もしくはフランス語——イスラエル人が外国語のレパートリーを持つというのは、あくまで必要であれば使うというレベルの話で、バーに入るとメニューはすべてヘブライ語、ヨニーの友達の会話もほぼずっとそうだった。たまにヨニーの友達が英語で話を紡ごうとしてくれるが、なかなか続かない。
「あきちゃん、相手ができなくてごめんね。でも、こいつらもしばらくぶりに会うから。話聞いてやんないといけないいんだわ」

友達の輪から一瞬抜け出したヨニーが声をかけてくれた。
目の前に座っていたゴニもその場にいたほとんどの人が初対面だったようで、居場所のないもの同士、色んな話をした。内容はほとんど覚えていないけれど、フレンドリーな人なんだなというのはすごく伝わってきた。

家に帰るとヨニーとゴニがテルアビブお勧め観光スポットとその回り方を丁寧に書き出してくれた。エジプトビザを取りに大使館に行く時間も考慮してスケジュールを組んでくれ、何かあった場合にと2人の電話番号も書き添えてくれた。「でもさ、基本的には街で誰かに聞けば、迷子になることはないから」

あきちゃん、シャワー浴びなくっていいの？　タオルあるよ？と、ヨニーが何度も聞くので「私そんなに汗臭いかな？」と聞いてみた。ヨニーはびっくりした顔で言った。

「そうじゃないよ。さっぱりしたいかなと思って。イスラエルって熱いから、みんな頻繁にシャワー浴びるんだ」

お言葉に甘えることにした。たしかにさっぱりして、数週間部屋を空けているというルームメイトのダブルベッドに倒れ込む。隣の部屋から漏れる愛の音を聞きながら、眠りについた。

Day 8
かけ違い

明け方の5時頃、ヨニーが身支度をする音で目を覚ました。リビングに顔を出すと、基地に行くための飛行機が飛ばなくなったのでこんな早朝にタクシーで行くことになったと悪態をついていた。ゴニも7時過ぎにはシャワーを浴びて家を出て行った。私はもう一度眠ってから、エジプト大使館に向かった。

エジプト大使館は家のすぐそばにあった。大使館に行くと、持っていった白黒写真は受け付けてもらえず、カラー写真の撮り直し。コンビニに行って写真屋さんの場所を聞くと，黒人のバイトの女の子がつたない英語で一生懸命道を教えてくれようとした。ようやく近所の写真屋さんでカラー写真を撮り直して出直すと、日本人はビザの直前申請はいらないんだぞと言われる。いったいいなんだったんだ。

テルアビブの街、とくにヨニーの住む住宅街は可愛らしいカフェや店が並び、ちょっと覗いてみようなんてことを繰り返していたら日が暮れそうだった。ヨニーのくれた指示の通りにバスを捕まえる。降りるところは誰かに聞けと書いてあるけれど、運転手さんには英語は分からんと首を横に振られてしまった。どうしようかと思っていると、向かいの席に乗った女の子が話しかけてきてくれた。

「どこで降りたいの？」

ヨニーに書いてもらった紙を差し出すと、彼女はにこりと笑った。

「あ、大丈夫。私も降りるところ一緒だから。全然心配しなくていいよ」

とても綺麗な英語。


バスを一緒に降りると、ヨニーの近所よりもさらにお洒落で、活気のある通りに着いた。

「ここはテルアビブの中でも、最もハイソな地域よ。ご飯食べてないなら美味しいお店いっぱいあるから」てきぱきと位置関係を教えてくれる。ありがたい。

「テルアビブをどう思う？」彼女は満面の笑顔で聞いてくる。

「うん。綺麗な街だね」当たり障りのない答えをした。

「でしょ、でしょ!?　私、世界中から若者をイスラエルに呼んでくる仕事をしているんだけど、みんなとっても感動して帰っていくの！」

そうだ名刺を…彼女はハンドバッグの中を探る。差し出された名刺を見て仰天した。

——Birthright
「もしかしてアメリカからユダヤ系の若者を無料でイスラエルに連れてくる、あのプログラム？」

彼女の顔がますます明るくなった。

「そうよ！　あなた団体のこと知っているの!?　私はプログラムの資金集めとか、参加者向けのPRとかをやっているの。たくさんの素敵な若者たちと出会えるし、とってもやりがいのある仕事よ。半年はニューヨークに住んで、半年はイスラエル各地をツアーと一緒に回っているんだ。最高の生活!!」

「私のアメリカ人の友達が行ったって話を聞いたから」

「きゃーほんとに？　じゃあ、私たち共通の友達いるかな？　あ、私こっちの道なんだ」
ね、困ったことがあったら遠慮なく電話してね。名刺に書いてあるから。なんか、お茶でもできたらいいね。いつまで居るの？　え、明日の朝まで？　そっかあ……でもさ、もし忙しくて今回会えなくても、フェイスブックで見つけてね。私の国、楽しんでね！

一瞬、私が複雑な顔をして彼女を見つめたのに、彼女は気づいただろうか。心臓がドキドキしている。心の中から何かが飛び出したがっている。彼女とざっくばらんに話せたらと思う。彼女と私の間に見えない壁があったとしても、少なくとも私が最初のひと言を発するハードルはそんなには高くないはずなんだ。きっと目の前にあるのは、石鹸水でできたみたいに薄い膜。シャボン玉のようにプリズムが揺れて、視界が絶え間なく変わっていく。

ありがとうだけを伝えて、彼女が角を曲がっていった後も私はしばらくそこにぼっと立っていた。普通なら面白い現地の人と出会えたって喜べるシーンなのに。楽しそうなライフスタイルだね！って一緒に盛り上がってあげられるのに。

私がパレスチナに行ってきたばかりだったから。私とバハをつなげてくれた人が、Birthright の一方的な世界観の押し付けに嫌気がさして、イスラエルからパレスチナ側に渡った人だったたから。

何かを始めなければいけないような気がして、でも、何も言ってはいけないような気もしてしまった。バクバクという胸の音はしばらく続いて、何も始めなかった私を責めた。

想いを振り切るように街を歩き続けた。賑やかな昼下がりのハイソな街。一度脇道に迷い込めば静かな細い路地が伸び、緑に囲まれた美しい家が並ぶ。その先には、先ほどの大通りとはうってかわったように静かな広場があり、その静かさに溶け込むレストランやバーがあり、何組かの結婚式が行われていた。黒人カップル、白人カップル。アジア系の女性とアラブらしい顔をした男性のカップル。それぞれに違う白いドレスが太陽の光を受けている。さらに進むと、海を望む歩道で別のカップルが記念写真を撮っていた。

広場を抜けると車道6レーンぐらいの大通りがあり、その向こうに海が見えた。海浜公園の芝生の上にごろんと寝転ぶ。まわりには恋人たち、家族連れ、大勢の友達と遊びに来ている若いグループもいて、その中にぽつりぽつりと混じる観光客が、まさに海に落ちようとしている絶景の夕日にカメラを構えていた。

海辺でずいぶんとぼんやりしてしまった。次はタクシーでヤッファに行けと書いてある。渋滞でなかなか捕まらなそうだったのでバス停で何人かの人に聞く。英語が通じない。ヤッファ?と聞くと、番号らしき短い単語を発する人、違う違うと首を振る人。とにかくはっきりとした答えは返ってこず、みんな次々とバスに乗ってしまい結局ひとりぼっちになってしまった。

ようやく来たタクシーに乗る。「ヤッファ?」「OK!」車線の方向はこれで合っていたようだ。タクシーの運転手さんは助手席に奥さんを乗せていた。

「イスラエルにはなんで来たの?」

「友達に会いに来ました」

「いい国でしょ！　どんなところが好き？」

彼らは私にテルアビブはいいところだ、ヤッファは美しいと盛んに説いた。私は相槌を打ちながら、ずっと窓の外を見ていた。

ヤッファは、たしかに美しかった。とても古い港町（後で調べたら世界最古とも言われているらしい）が昔のスタイルのまま改築されているような印象だった。灯台があり、建物が集まる丘の上から海まで降りていく細い道が続いていた。建物はすべてバーやカフェ、民芸品屋さんやブティックなどとして使われていて、どこかテーマパークのような雰囲気も醸し出している。アメリカからの団体客と思われる大学生くらいのグループが広場の一角に座り、ユダヤ教についての話を聞いている。Birthrightのツアーだろうか？　リーダーらしき人が彼らに唄を一緒に歌おうと声をかけた。端から見ると、ノリノリで歌っている子と、面倒くさそうに横を向いている子が混ざっていた。

資料館は閉館時間を過ぎてすでに閉まっていたが、ヤッファのいたるところにはこの土地の歴史について書かれたボードが設置されていた。この土地には特別な歴史があり、ユダヤ人が何度も出たり入ったりを繰り返したようだった。何年もかけてこの土地を取り戻しては、取り上げられ、ようやく今に至る……という経緯が書いてあったような気がする。

そのとき私は、ほとんどその説明を流し読みしていた上に、頭の中でまったく別のことを考えていた。それはヨニーとどんな話がしたいんだろう？　どうしたらもっと話せるんだろうということだった。イスラエルに戻って感じたこと、兵役で感じたこと、仕事のこと……といっても別にインタビューがしたいわけでもない。居間でのんびりと流れる時間をともに過ごす中で、にじみ出てくるテーマを語りたかった。バーになんか行かなくていい。観光もしなくていい。つながり直したい。10年経っても、そして彼がイスラエルに戻って、私がパレスチナを覗いた後でも、本質的なことを話せる。大人になったからこそ、片想いも終わったからこそ、もっと広いテーマでおしゃべりができる。そんな確証が欲しかった。

帰りは遅くなると言っていたけれど、そろそろ連絡が来るかな？　そう思って鞄の中を覗いた私はどきりとした。携帯電話がない。どうやら家に忘れてきたらしい。

急いでヤッファを出て、通りでタクシーを拾う。運転手さんは値段を言ってくれなかったけれど、構わず乗ってしまった。運転手さんは途中でもう1人女の子を乗せた。ケチな自分が嫌になるけれど、これで半額にしてもらいたいなとずっと考えていた。女の子は運転手さんと楽しそうにヘブライ語で会話している。運転手さんも機嫌よく話していて、私はこれで彼女は割り引いてもらえるんだろうなー、と卑屈なことを考えた。疑心暗鬼の状態が嫌で、彼女にこっそり「このタクシーいくらかな？」とささやくと、彼女はおせっかいにも運転手さんに聞いてくれた。

「『あとで教えるから心配するな』って」

余計に不安になる。降りたのは彼女が先だったので、私は彼女が渡すお札の種類を嫌みになるくらい見つめた。10分後にタクシーを降りると、幸い法外な料金は取られなかった。

家に帰って忘れていた携帯電話を手に取る。留守番電話が数件入っている。

「仕事がずいぶん早く終わった！　どこにいる？」14時34分。

「あきちゃん、今どこ？　家に入りたいんだけど……」15時56分。

現在、19時25分。嫌な予感は予想を遥かに超えて当たる。どうやらヨニーを閉め出してしまっていたようだ。電話して平謝りすると、電話の向こうでは楽しそうな声が聞こえた。

「いいよいいよ。いま友達のところにいるから。あと1時間半くらいで帰るわー」

またゆっくり話すチャンスを逃してしまった。ボタンがどこまでも掛け違っていることがもどかしい。


戻ってきたヨニーは、明日のプレゼンテーションの準備があるから今日は出かけられないけど、後で映画でも見ようか?と言った。映画なんか見ないで話がしたい私は、まずは明日の準備しなよ、と遠慮した。


晩ご飯は寿司を配達してもらうことになった。きっと日本の寿司とは違うけど、美味いんだぜ。そう言って彼は巻き寿司を注文した。握りは法外に高かったので、私もヨニーが勧める巻き寿司を頼むことにした。メニューの名前はレインボー。ピンク色の外側はサーモンかと思いきやサツマイモ。中にカニかま、卵、アボガド、マグロが入っていて、醤油の代わりに甘いチリソースが添えられている。たしかに7色に近いのだが、これは寿司じゃないだろうと納得がいかない。

「ヨニー。日本に来たらさ、本場の寿司をご馳走するよ」

「うん、頼むよ。俺さ、お世辞抜きに本当に日本には行きたいと思っているんだ。仏教のことや禅について結構勉強したし、わびさびの文化とか、すごく興味がある」

イスラエル人のヨニーから仏教、しかもわびさびなんて言葉が出てくるとは思わなくてこちらがびっくりしてしまった。ヨニーの両親は瞑想を学ぶために頻繁にインドに行っているというし、イスラエルは思っているよりもずっとオープンなのかもしれない。

私たちがご飯を食べ始めて間もなくゴニが来た。夕食後は、ヨニーのプレゼンテーションの練習を2人で聞くことにした。ヨニーがまだ完璧に書き終わってはいないとためらうのを、ゴニがここまできたら人前でしゃべってみてから考えた方がいいと押し切る。

「アキコもヨニーの仕事内容、聞きたいでしょ？」

「うん。もちろん！（ゴニ、ナイス！）」

ヨニーはイスラエル発のスタートアップ企業でマーケティングディレクターをやっている。自分たちの商品の市場を開拓するために、ここ数ヶ月はヨーロッパを飛び回っている。OTTVという舌を噛みそうな名前のサービスな上に技術系の話が多く、すんなり入ってくるのは難しかったけれど、流暢な語り口には引き込まれた。

1回目の練習終了。

「なんとなく、俺のやっていること分かった？」

「うん、なんとなく。スタートアップで挑戦してるのいいじゃん！」

「政府系とか、国際系とかじゃないし、世界を変える学校の卒業生っぽい進路じゃないかもしれないけどな」

「そういうの興味あるの？」

「うーん。少なくとも今のバカ政府の元ではないなあ」

詳しく聞きたかったけれど、2回目のプレゼンテーションの練習に入る。

結局、ヨニーの練習は2時過ぎまで続いた。ゴニはソファーで眠ってしまい、ヨニーもふらふらだった。

「俺もう無理。寝るわ」

「うん……。明日うまくいくといいね」

「ありがとう。たぶん大丈夫。ねえ俺、英語結構上手くなったでしょ?」

「うん。びっくりした」


部屋に入る前にヨニーが言った。

「あきちゃん、ベツレヘム、楽しんでおいでね」

ゆっくり話すことはできなかったけれど、このひと言で十分な気がした。

Day 9 イブといくつかの物語

テルアビブからエルサレムに行くバスは大型で、イスラエルに来てからというもの公共交通といえば小さなワゴン車ばかり乗っていた私には新鮮だった。もうひとつ新鮮だったのは軍服姿の若い兵隊さんたちがバスに乗り込んできたこと。男性も女性もいた。そして彼らはエルサレムに着くと嬉しそうに電話をかけた。バス停には家族が迎えに来ていた。

バスは当然のようにダマスカス門からだいぶ離れた所に停車し、私はバス停のまわりを不安そうな表情で歩いていた韓国人の男の子と一緒にタクシーを拾った。バス停近くのタクシー乗り場で乗ろうとすると、アラブ人の運転手にダマスカス門までは100シュケルと言われた。考えていた5倍の額を言われたのだけれど、韓国人の男の子は相手に荷物を渡してしまっていた。値切っても60シュケルにしかならない。通りかかった車から顔を出したユダヤ人が「いくらって言われたの？　大丈夫？」と心配そうに聞く。「ダマスカス門まで60シュケルって」「高いね。ちゃんと言った方がいいよ」

交渉しようとすると、タクシーの運転手が怒り出した。
「だめだ。一度決めた金額で荷物まで積んでやったのに。不満なら自分たちで荷物降ろしてここから立ち去れ」

仕方なくタクシーを降りる。まわりの運転手さんが何事かと寄ってくる。妥協しようか、と隣で不安そうな顔をする男の子。こじれたからには早く違う車に乗りたい。車から降りた私が他の運転手さんに話をしようとすると、最初の運転手がまた怒鳴り始めた。

「ここから50ｍくらい坂を下ったところに大きな通りがあるから、そこでタクシーを拾いなさい。それでも40シュケルはくだらないと思うよ」

仲裁に入って荷物を降ろすよう説得してくれた運転手さんが教えてくれた。

ようやく別のタクシーを捕まえて乗り込むと、韓国人の男の子がほっとした様子で話し始めた。

「僕もこれから宿に荷物を置いたらベツレヘムに行こうと思っているんです。せっかくのクリスマスイブですし。どうやって行くか知ってますか？　一緒に行きませんか？」

「いいですよ。でも私その前にオリーブ山に行くんです。前に泊まっていたところに用事があって」

「前に泊まっていたところはいくらでしたか？」

「寄付制なので決まった金額はありません。イブラヒムさんという人の善意でやっていて。もし平和活動とかに興味があったら是非お勧めします」

「え、寄付ってことはタダでもいいってこと？」

「うーん。私は1泊10ドルは払うべきだと思っています」

「そうかー。僕が泊まるところが20ドルだから、うーん、まあでも半額にはなるか……」

彼の反応が好きにはなれなかったけれど、自分も泊まりに行く前はこんなものだったかなとも思う。エルサレムという、イスラエルとパレスチナの真ん中にあるこの場所で、あの家がどれだけ大きな意味を持つのか、1週間が経った今なら分かる。

「もし会えたらベツレヘム行きのバス停で。たぶん私は13時半ぐらいのに乗ります」

そう言って別れると、彼はダマスカス門の中に消えていった。

私はまず入口近くのカフェに寄った。マスターは相変わらずオレンジを絞っていた。

「あの、お金を返しに来ました。ずいぶんと遅くなってしまってすみませんでした」

「やあ、あなたですか。大丈夫です。あなたは戻ってくると信じていました」

あのとき、このカフェで本を2冊買った。財布には1冊分を買うお金の余裕しかないことを話すと、彼は数日のうちに払ってくれればいいと言って2冊とも渡してくれた。ベツレヘムに拠点を移してもエルサレムにはちょくちょく来るだろうと思っていたのに、パレスチナ側に行ったが最後、私はカフェが開いている時間帯にエルサレムに来ることができずにいた。

マスターは別れ際に「戻ってきてくれてありがとう」と言った。カフェを出ると、その言葉が追うように沁み込んできた。

急いで今度はオリーブ山行きのバスに乗る。今日はやることが山ほどあるのだ。

「こんにちはー」

最初に来たときと同じように、ドアは開けっ放しだった。私が着いたのと同時に、何人かの旅人がデイパックを持って出て行った。家でまだゆっくりしているメンバーたちが声をかける。

「ベツレヘムに行くのー？　イエス・キリストによろしくね！」

「あー、あんた。もっと早く戻ってくると思っていたわよ。今まで何してたの？」

初日に迎えてくれた女の人がまた迎え入れてくれた。

「今日はこれからベツレヘムなんです。実は前回慌てて出てしまって、今日は宿泊した分の寄付を払いたいと思って来たんです」

「それはイブラヒムさん喜ぶわよ。挨拶していきなさい。そうそう、今日はイブラヒムさんの誕生日でもあるからね。おめでとうって言ってあげて！」

階段を上がる。イブラヒムさんは最初の日と同じようにパソコンに向かっていて、私の方を見るとにっこりと笑って言った。

「前にも会ったね。また泊まっていくかい？」

「あの、今日は前回のお金をお支払いに来ました。あれからパレスチナに思ったよりも長くいました。今日までテルアビブにも行っていました。それで……」

言葉が続かなかった。涙が何筋も頬を伝うのが分かった。無理に何か言おうとするとますます目が潤んでしまう。気がつけば私はしゃくり上げていた。イブラヒムさんは心配そうな顔で私のことを見た。

「あのごめんなさい、私、なに言ってるか分かんないですよね。パレスチナの人たちが大好きになったんです。ヒック。あんなところだ、ヒック、とは思ってませんでした、ヒックヒック。大好きだったイスラエルの子に会いに行きました。それで……ヒックヒック」

目の前で説明もせずに急に泣かれて、イブラヒムさんはいったいどう思ったんだろう。それとも彼は、私のようにこの土地の深い溝に感情的に挟まってしまって涙を流す人を、これまで何人も見てきているんだろうか。

もうどうしようもなくだめだった。私はそっと抱き寄せてくれたイブラヒムさんの胸の中で子どものように泣きじゃくった。いったいどこからこんなに涙が出てくるんだろう。

イブラヒムさんは私を離して様子を見たり、また抱き寄せたりを繰り返した。

「大丈夫。大丈夫。神のご加護があなたにある」と呟きながら、何度も私の額にキスをした。

終いにはこっちが恥ずかしくなってしまい、イブラヒムさんの腕を抜けた私は、照れた顔で笑った。


ちょうどそのとき、彼の携帯電話がなった。私を見て少し困った顔をしたので、とってくださいと目で合図する。受話器の向こうから聞こえてきた大きな声は知っている人の声だった。

「イブラヒムさん、お誕生日おめでとう！」

「おお、ありがとう。私も夕方頃、ベツレヘムに行ってみようと思っているよ。メリークリスマス！」


「今のセッペですか？」

「おお、そうだよ。面識あるかね？」

「はい、私も今日ベツレヘムに行くから、会おうって話をしていました」

「そうか、そうか」

イブラヒムハウスに到着した最初の日、キッチンで話をしたオランダ人の男の子。なんとなくもう一度話がしたいと思っていた私は、ベツレヘムに移ったという彼にメールを送っていた。

私はすうと息をすった。

「イブラヒムさん。私、楽になりました。ベツレヘムに向かいます。このご恩はずっと忘れません」

まだ照れくさかったけれど、精一杯の気持ちを込めた。

「それと、お誕生日おめでとうございます！」

「ありがとう」イブラヒムさんがおだやかな顔で言った。

「幸せなことに世界中からお祝いのメールやら、電話がきているからね、これから孫に手伝ってもらってビデオレターを作ろうと思っているんだ」

1階に降りると、孫のイブラヒム君がビデオカメラを片手に待っていた。私が泣いたから待たせちゃったのかなと思うと、涙で腫れた顔が照れくさかった。

何度も何度もお礼を言って、私はイブラヒムハウスを出た。泣きじゃくったせいか頭がぼうっとする。バス停に着くと時間はとっくに13時半を過ぎていた。

ベツレヘム行きのバス停には大勢の人たちが集まっていた。かなりの割合がクリスマスイブを聖地で過ごそうとする観光客だった。そこには整列という概念は存在せず、バス停にバスの姿が見えるや否やどーっと人がたかり、我先にと乗り始める。満車という言葉では表現しきれないほどに人々が体を押し込み、乗車口まで人でいっぱいになる。

何台か諦めて、同じようにバスに乗ろうとしていたイタリア人のカメラマンと3台目のバスに狙いを定める。停留位置に止まる前に満車になってしまうので、バスが見えたらひたすら走る。ラッキーなことに座れた。イタリア人のカメラマンは「今夜はパレスチナの首相もベツレヘムに来るから突撃インタビューを撮るんだ」と張り切っていた。イスラエルに家も借り、へブロンやラマラの事象を追っているという彼の話はとても面白かったのだけれど、私はやっぱり泣いたことによってだいぶエネルギーを使ってしまっていて、どこかぼうっとしていた。

ババに借りている携帯電話を取り出して、セッペにメッセージを送る。「30分くらいで着きます」

すぐに返事が来た。「広場で待ってます」

広場には大きなステージが設置され、人々が溢れ、すっかりお祭りのようになっていた。そんな人混みの中でも会うべき人には会えるみたいで、以前ベイトサフールの街で会った日本人が見つけてくれた。彼によって私は、この街のクリスマス名物だという鼓笛隊のパレードに残念ながら間に合わなかったことを知った。

セッペは、とりあえず荷物を置いた方がいいからと家に案内してくれた。普段はイブラヒムハウスに住んでいる彼だが、ベツレヘムに住む夫婦に気に入られ、クリスマス休暇の間、家の留守番をして欲しいと頼まれたのだという。その家はイスラム教徒が多く住む地区にあった。金曜日で店が閉まっていることもあり、ベツレヘムのクリスマスイブ祭りからはかけ離れた静けさだった。

「この地区ではクリスマスイブだってことよりも、金曜日の祈りの後だってことのほうが、存在感が強いんだよね」セッペが言う。

外見はシンプルなのに家の中はかなり豪華だった。寝室にはキングサイズのベッドがあり、それとは別に書斎があり、居間には高価そうな食器棚やソファー、コーヒーテーブルなどが並んでいる。広い窓の外には丘の上からしか見えないおだやかな景色が広がっていた。

セッペはパスタを用意してくれていた。テーブルに並べ、ワインを注ぐ。

「それでは、メリークリスマス」

乾杯。

ソファーに座ってワイングラスをくるくると回すと、ようやく思考が追いついてきた。

「なんかさ、問題の複雑さを前に理解することを諦めちゃいけないとも思うんだけどさ。イスラエルがどう、パレスチナがどうって論じる前に、この状況を見て自分の国でも同じようなことが起きてないか、気づかなきゃいけないのかなと思って。気づきを持ち帰って自分の国と向き合ってみることの方が大事かなって」

「たとえばどういうこと？」セッペの物腰はとても静かで柔らかい。

「うーん。たとえばマイノリティに対してフェアな扱いをしてきたのか？　差別は存在しないのかとか。中国・韓国残留孤児とか、もっと遡れば原住民のアイヌとか。土地とアイデンティティの問題は日本も無縁じゃないんだよね。こんな風にはっきりと見える形じゃないけど、あると思う。これからのことで言えば、移民を受け入れて、彼らが住みやすい環境をつくっていけるのか、とかね。ここで起きていることと本質的にはつながっていると思うんだ」

「その考え方は分かるよ。僕もそうだから」

「セッペはしばらくパレスチナにいるんじゃないの？」

「いや、3月までだよ。そしたらアジアに旅に出る。僕は元々マイノリティーに興味があって勉強していたんだ。最初は南アフリカに行った。アパルトヘイトがどうやって解決されたのか、それを知りたかったんだ。そして南アフリカに感銘を受けてここに来た。ここでも学ぶことはとても多かった。上手くいくことも、いかないことも。僕の故郷のオランダも、移民に対する排除的な意識がとても強いことが大きな社会問題になっている。僕は今のところ国際問題に興味があるし、その分野で大学院に戻るつもりだけど、ゆくゆくは母国でできることを考えるかもしれないなあ」

彼も謙虚なよそ者。話が合うことがなんだか嬉しい。

「この土地に未来はあるのかなあ」

まだ私はそんなことを考えている。考えることをやめられない。

「そういえばさ、ヘブロンについて書かれた本があるんだ。7人の若いイスラエルの兵士が匿名で書いた本だ。ヘブロンに派遣されて体験したことや感じたことが書いてある。明らかにおかしいと思いながら任務を遂行しなければいけない状況に置かれた心の葛藤、後々の精神的な後遺症についても触れられている。感情を潰しきることなんてできないんだ。難しいけど、変化を起こそうと勇気を出す人たちがいる限り、未来は開けていくと信じたいよね」

夕日がベツレヘムの白い家々に降り注ぎ始めていた。窓際に座ってワインを傾けながら、街が赤く染まるのを眺めた。クリスマスなんだな、と思った。

セッペの友達が合流するのを待ってから広場に戻った。街はどうしようもなく混雑していた。ベツレヘムのクリスマスは、神聖なイベントというよりは小さな街の大きすぎるお祭りというほうがふさわしかった。屋台が並び、お土産屋さんは繁盛し、コンサートが開かれ、道という道を人が埋め尽くしている。広場に向かいながらセッペが言った。

「クリスマスって、たぶん世界で一番でっかい誕生日パーティーだよね。キリストも、まさかこんなにでっかい誕生会が開かれるなんて、生まれたときはきっと想像もしてなかったよね」

広場に行くと、「よう兄ちゃん！　どこから来たんだ？」「名前はなんだ？」とアラブの若者たちが声をかけてくる。紛争の中で白人のキリスト教徒はそのかなりがベツレヘムを去ってしまい、今はアラブ系のイスラム教徒が多いという。クリスマスは彼らが騒ぐお祭りになっていた。「ヨセフです」セッペの本名はヨセッペ。聖マリアの夫ヨセフの名前と同じ。その名前は今日の街にすうと馴染んでいた。

しばらくお祭り雰囲気を体験した後、私はセッペたちと別れて、ひとりベイトサフールに戻った。こちらはベツレヘムのようなお祭り騒ぎにはなっておらず、少しほっとした。照明が灯り、いつもより少しだけ華やいだ道。クリスマス礼拝に向かう人々。「メリークリスマス！」とにっこり声をかけてくれる警備のパレスチナ兵。暗い山肌にちらちらと灯る明かり。

バハは「羊飼い広場」で開かれているイベントで働いていた。ここ数日働きっぱなしだったようで、笑顔の中に疲れが見えた。広場ではちょっとした民芸品だったり、地元の物産だったり、ケバブだったりを売っているお店、お茶を配っているブースなどがあった。とても小さな村のお祭りという感じがした。

夜は冷え始め、じっと座っているのが辛い。ステージの上のコンサートは延々と続いた。若いバイオリニストが2人紹介される。夕方ベツレヘムで再会した日本人が、観客席で見守っていた。演奏を始めたのは彼の生徒たちだった。

「素晴らしい演奏をありがとう。本当にありがとう。今日のコンサートはこれで終わりますが、クリスマスのお祝いは明日も続きます。メリークリスマス！　平和が訪れますように」

　ババが会場を片付けるのを待って、彼の友達の1人が主催するというクリスマスパーティーに向かった。ババ、ババの弟、私、途中の道で出会ったアメリカ人。到着は23時をまわっていたのに私たちが最初の来客だった。

「寒いけど、外は気持ちいいしキャンプファイアーしようよ！」

　ババはそう言って裏庭で枝を拾いはじめる。私も外に出た。火が起こる頃にはゲストが増え、みんなが出てきた。パーティーのホストはアメリカ人の女の子で、パレスチナの子どもたちが紛争に怯えることなく思いきり外で遊べるように公園を作る取り組みをしているという。彼女が用意してくれたオードブルと私たちが途中で買ってきたワイン、他のゲストが持参したビールを持ち出して火を囲んだ。

「……それでね。僕は、イスラエル人と寝た半月後にパレスチナ人と寝て、今はその子と付き合っているんだ。なんていうかシンボル的にありだと思わない？　僕自身ユダヤ系アメリカ人なわけだし」

　私の右隣では、さきほど道で一緒になった男の子が自慢げに話している。バカなことを考えるやつがいると思う。

「アイデンティティって、そこまでこだわることじゃないと思うんだよね」

　左側では、ホストの女の子がババにそう話しているのが聞こえた。

「だって私は自分がアメリカ人であるということを捨てられるけど、便利だからとっておいているだけだもん」

「捨てられるわけないじゃん」ババが言い返す。

「いや捨てられるよ。自分がそう決めればいいだけだもん。それなのにこの土地の人たちときたら……」

私は話の文脈を追っていない。彼女なりに言いたいことがあったのかもしれない。それでも彼女の発言にはとても違和感があった。アイデンティティを消せないことは自分の中ではっきりとしていた。なにより、そんなことを言われてババはどう思っているのかなと気になった。ババはしばらく話をつないだ後に黙ってしまった。


「がっかりした」

夜も更けて家に帰る途中、ババがぽつりと言った。

「アイデンティティが捨てられる？ なに言っているんだろう？って思った。俺さ、海外から来るいわゆるアクティビストの中で彼女のことだけはすごく認めていたんだ。他の子たちにはもちろん直接は言わないけど、どこか今イチだなって思っているところがある。彼女は信念を持っていいことをやっているなって。突き通す力があるし、必要とされることをしてくれている……だから余計にショックなのかなあ」


私はババの背中に手をそっと置いた。パレスチナに来て多くの人に会ったが、パレスチナ人のアクティビストはババだけだった。世界中から集まるアクティビストと活動し、多彩な友達に囲まれている彼は、もしかしたら時折深い孤独を感じているのかもしれない。

ベイトサフールの丘は暗く、夜空には星がよく映えた。

「羊飼いたちが暖を取りながら天使を見たのはこの丘だとか、その向こうに広がる平野だとか、色んな説があるんだよ」

バハの弟が説明してくれた。静かでシンプルな土地。今でも羊飼いが住んでいそうだと思った。

「寒いな。走ろうか?」バハが言う。

「えっ、どれくらい走るの?」

「うーん。平野の方に曲がったらなだらかだけど、遠回りになって30分くらいかな。このまま丘を登ったら坂道が急できついけど15分くらい。どっちがいい?」

私が選ぶ前に弟くんが急な坂道に向かって走り始めた。切れ切れの息が目の前を白く彩る。上りきったときには肺まで痛い。でも妙にすっきりして3人で笑った。

「なんだかせわしないけど、明日テルアビブに戻って、明後日の朝カイロに飛ぶよ」

私はバハに告げた。お別れが近づいていた。

＊　＊

翌朝、バハの部屋からは起きてくる気配がまったく感じられなかった。私はベツレヘムまでの乗り合いタクシーに乗り、銀行が開くまで外で待つ。お金をおろしてまた急いでバハの家に戻る。まだ起きてくる気配なし。仕事に行かなきゃいけないはずなのに大丈夫? でも何度ドアを叩いても物音ひとつしない。ちゃんとお別れを言いたいのに困ってしまった。

仕方なく置き手紙を書いてお金を包む。最後にもう1回だけと思い、ババの部屋に続くベランダに出て部屋の窓を叩いた。

ババは爆弾でも落ちたような顔をして飛び起きた。

「ババ、もう12時半だよ。仕事行かなくていいの？　私、もう行くよ」

ババはまわりが平和なのを見てきょとんとしていた。

「それから飛行機チケットのお金、無事おろせたから置いていくね」

ババは友人に頼んで、私のイスラエルからカイロまでのチケットを手配してくれていた。

「ああ…ありがとう……」ババはまだ寝ぼけている。

「それからこれ、余分におろせたから」そう言って20ドル札を渡す。

ババは急にはっきりした調子になった。

「アキコ、何度も言うけど君は僕のゲストだ。ゲストからお金は取らない。アラブ世界の常識だ」

「違うの。このお金でオリーブの木を植えて欲しい。ババの話を聞いたときからそのつもりだったんだ」

「うーん……。そういうことなら、しかとお預かりします」

しばしの沈黙が流れる。

「ババ、ありがとう」

「どういたしまして」

「ありがとう……本当にありがとう」

「こちらこそ。楽しかったよ」

また沈黙。

「アキコ。頼むから泣かないでくれよ」

「うう。結構泣きそうかも」

「分かった。涙が出る前に行くんだ！」

頷いたけれど動けなかった。とても、とても名残惜しかった。ババには最初から不思議な馴染みやすさがあったけれど、途中からますます心が近くなった気がした。彼は安心して肩に頭を乗せられる、お兄ちゃんのような存在になっていた。

「ババ、私また戻ってきたい」

「もちろんいいよ。っていうか絶対戻ってこい」

年末に親友の結婚式が入っていなければ私はまだまだここに滞在していると思う、と言うと、ババも君はきっとそうだろうなーと笑った。

「最初に言ったでしょ。『これはイントロダクション』だって。まだまだ奥は深いんだから」

そういう意味だったのか。イントロダクションとは出会った初日にババがしてくれたこの土地の説明のことだと思っていたのだけれど、ババは私がパレスチナで今回過ごした日々全体のことを指していたのだと、やっと気がついた。そしてその気づきはとてもしっくりときた。

「うん。絶対戻ってくるよ」

ようやく旅立てそうだ。

「あ、ひと言だけいいかな?」バハが思い出したように言う。

「なに?」

「君には感心させられた。俺のまわりには旅をしている友達も、ノマド的な友達もたくさんいるけど、君みたいなすごい子には初めて会った」


「そんなことないでしょうに。ここで会ったあなたのまわりの人たち、みんなすごかったよ」

「なんていうのかな。アキコぐらいオープンマインドで、そこにあるものをすうって受け入れる人、今までいなかった気がする。触れたものに対して文句言わないって意味でも。女の子の旅人ってさ、『私、女ひとりだから大変なの!』みたいなことを結構言うじゃない。アキコってそういうとこ全然なくて、ポジティブだよね」

「そうかなあ(そんなこともないけど)。まあ、褒め言葉としてありがたくいただきます。じゃあ、私もひと言だけいいかな?」

「どうぞ」

「私たちさ、今までまわりにどういう関係ですか?って聞かれたときに、ずいぶんと複雑な答え方してたじゃない?」

「うん。考えてみたら、友達の友達の友達って不思議な巡り合わせだよね」

「で、これからはもう『友達』でいいかしら?」

「もちろん」

「じゃあ、またね!」

バハはシャワーを浴びてから仕事に行くと言った。私はベイトサフールを出る。

ドアを閉めたら、少しだけ涙が出た。
バハを通じて様々な人に出会った。人の数だけここにいる理由があった。

Day 10　私はテロリスト

ベイトサフール→ベツレヘム→エルサレム→テルアビブと、今度は寄り道することなく急ぐ。バハの家からテルアビブのバス停まで3時間だった。バス停はテルアビブの中でもどちらかといえば汚いエリアにあるらしく、待っていると男性が目の前で立ちションを始めた。明らかにそうとは思えない車が何台も止まっては「タクシーだ。乗っていけ！」とうるさい。

ノアムが迎えに来てくれて、そのまま彼女の両親の友達の家に連れていってくれた。遅いランチに途中から混ぜてもらい、緑に囲まれた彼らの庭で温かいスープやバーベキューのお肉や野菜をご馳走になる。招待してくれた家族はとても国際的で、日本にもフランスにも住んだことがあるらしかった。デザートには手作りのクレームブリュレ、庭には鹿おどしらしき置物。彼らは日本に住んでいた頃がとても楽しかったと何度も言ってくれた。


昼食が終わるとノアムと2人で車に乗り、ヨニーの家に向かう。

「それで、ベツレヘムはどうだった？」運転席のノアムが聞く。

「楽しかったよ」

「帰ったらさ、一応アキコの荷物チェックさせてもらうね？」

「えっ、なんで？」

「万が一ベツレヘムに行っていたことがバレると、出国が面倒になるから。バレそうな物を荷物に詰めてないか、予行練習」

「どの道バレるかも」

「え、なんで？　出国の想定問答もしてあげるよ？」

「うーん」

　少し迷ったけれど、出国停止の恐怖の方が勝ってしまった。

「実はさ、明日のエジプト行きのチケットを発行してくれたの、パレスチナの旅行会社なんだ」

「はっ⁇　どこの航空会社？」

「サイナイ航空」

「そんな航空会社聞いたこともないけど、ちゃんと飛行機あるんでしょうね？」

「たぶん……」

「ちょっとあんた騙されたんじゃないの？」

「いや、そんなことないと思うよ」

「大体どうして、ベツレヘムで買ったの？」

「……安かったのと、友達が手配してくれたから……」

　そこから芋づる式に、私が実はクリスマスイブの前にもベツレヘムに行っていたことを白状することになった。

「ごめん。心配かけたくなくて」とにかく謝る。

「余計ややこしいことになってるじゃん！」

「ノアムたちには迷惑かけないから」

「こうなったら、うちの両親に相談しよう。私にはちょっと名案が思い浮かばないわ」

　ノアムのご両親まで巻き込むのかあ、と思うと気が滅入った。

「ほんとにごめん」

「でもさ、心配してもしょうがないから、今はテルアビブの街を楽しもうよ。あ、ここね、私が旦那と同棲していたマンションの近く」

「テルアビブは綺麗な街だね」

「そうでしょ。私、勤務地がエルサレムで毎日運転して通っていたんだけどさ、絶対にあっちに住みたいとは思えなかったなあ。あの宗教〜って感じの重苦しさが苦手でさ。毎日テルアビブに帰ってくるとふーって身が軽くなったのよね」

　テルアビブにいる彼女は幸せそうだった。トゥールーズにいるときよりも元気そうに見えると言ったら「家族にも同じこと言われたんだ」と嬉しそうだった。

「テルアビブが大好きだし、家族や友達にもたくさん会えるし、ローもたくさんの人に囲まれて幸せそうだし、なんて言ったたってお天気いいしね」

　トゥールーズは冬真っ盛り。テルアビブの日差しは彼女にとってきっと格別だ。


　ヨニーはノアムの「アキコ、パレスチナのチケットを持つ」の報に大笑いした。

「あきちゃん、赤軍の知り合いか?って聞かれるかもね」

「え。何それ?」

「えー。知らないの? 昔、テルアビブ空港でテロを起こした日本人がいたんだよ。10人以上死者が出ているんだぜ」

「げ、ごめん……知らなかった」

「まあ大丈夫だと思うけど。色々聞かれても俺の名前出すなよー」

「うん。入国のときに言っちゃって冷や汗かいた。もう絶対出さないよ」

「なんて言ったの？」

「10年ぶりに友達に会いに来ましたって」

「うわー。それ、あきちゃん的に筋が通っていても、国家安全的にはめちゃくちゃ怪しいから」

「……そうなんだ。ごめん」


長居はできなかった。これから家族会議だと息巻くノアムは私の荷物をさっさと取り出した。友達と会う約束があるというヨニーも一緒に家を出て、車に乗り込んだ私たちに窓越しにバイバイを言うと、歩き出した。遠ざかっていく彼の背中を見ながら、ぼんやりと、またあのバイクに乗っていくんだと思った。話したいことは、まだ山ほどあったのに。


ノアムの家はテルアビブの外れにあった。昔キブツの一員として暮らしていたこともあるという家族は、自分たちで手作りの家を建てていた。

「今、キブツにいなくてよかったーって思うよ。キブツでは親と子どもは別れて暮らさせられるの。私、ローと離れ離れで寝るなんて考えられないもの」

木造のシンプルな家の隣にはゲルのようなテントの形をした別の建物がある。ノアムとノアムの母親とローはそこに一緒に寝ているということだった。


家にはノアムの弟の彼女も遊びに来ていた。弟が昼寝をしたまま起きてこないらしく、彼女は「退屈だー」と言いながらノアムの家族とご飯を食べていた。まだ16歳の女の子なのに、彼氏の家で家族の一員のような扱いを受けていることに少なからず驚いた。家のリビングにはノアムの妹のために両親が買い与えたピアノが大小4台も置かれ、さながら楽器ミュージアムのようになっている。

「さて、あなたがイスラエルに来てからの行動を全部教えてちょうだい」

そのひと言を皮切りに、その珍しい空間を堪能する暇もなく何時間もノアムのお母さんに締め上げられることになった。イスラエルよりもパレスチナに長くいたことを知られたくなくて、途中少しずつごまかしながら話をしていたのだけれど、いまいち分からない、と首をかしげるお母さんがノートに日付を書き出して、結局ほぼすべてを話すことになった。

「エルサレムではどこのなんていう場所に泊まっていたの？」

「オリーブ山にあるお家です」

「あれ、日本人の子に会いに行ったって言ってなかったっけ？」

「はい…。でも泊まったのはイブラヒムさんという方のお宅で……」

「え、イブラヒム？」

「はい、彼をご存知ですか？」

「いや、知らないけど、アラブの名前だと思って」

「それで、ベツレヘムでは何をしていたの？」

「友達の家でお世話になっていました」

「その友達とはどういう関係？」

「それが友達の友達で……」

「はあ。名前は？」

でっち上げたいのに名前が思い浮かばない。

お母さんはふうとため息をついた。

「あのさ、アキコ。私たちはあなたを助けようと思っているの。分かる？　正直に全部話してよ。こんな風に答えに詰まっていたら明日はもっとまずいの。分かるでしょ？」

「そうですよね。ありがとうございます……ババです。ババ・ヒロ」

「これもムスリムの名前だねえ……。なんであなたムスリムのところばかり泊まっているのよ？　せめてクリスチャンのところに行ってくれていれば話はもう少し簡単だったのに。クリスチャンの知り合い、いなかったの？」

「残念ながら今回は縁がありませんでした。それに、ババはムスリムだけどＹＭＣＡで働いているし、クリスチャンの学校に行っていたくらいだし」

「うーん。そういう問題じゃないのよ……。それで彼らはあなたに、なにか政治的な話をした？」

「……いいえ」

　ババの件が出てから、私は真剣に焦り始めていた。

「あの、私どうしてもババにには迷惑かけたくないんです。彼は本当になにも悪くないんです。アメリカ人の友達に私のことを紹介されて泊めてくれただけなの。だから何を聞かれても彼のことは伏せたいと思っています」

「このパレスチナ人の若者に悪気がなかったことは私も分かるわよ。あなたを助けようとしていたことも……。でもイスラエルはね、特殊な国なの。あなた嘘を通せる自信ある？」

「はい。もともとパレスチナに行ったことは空港でも言わないつもりだったんです」

「でもそれじゃあ、このアラビア語だらけの航空チケットの説明がつかないわよね。あなたがベツレヘムにクリスマスを見に行くって言ったときはそういう説明をすればいいかと思っていたけれど。チケットを発行してもらったとなると、やっぱりもっと滞在していたんじゃないかと怪しくなるわよね」

ノアムのお母さんはしばらく黙り込んでから言った。

「もしかしたらチケットを買い直すのがベストな方法かもしれないわ」

「でも、私どうしても、明後日にはインドに着いていないといけないんです。親友の結婚式があるんです」

「テルアビブからムンバイに直接飛べば？　往復のチケット価格見てみましょうか？」

ノアムが隣でパソコンを開く。

「えーっとね。9万円くらいからあるわよ。意外と安いわね。これどう？」

「そんなまさか。私そんな余計なお金払えません。カイロからムンバイのチケットは往復なんです。このチケットで飛びたいんですけど」

「まあ、明日サイナイ航空が存在しないってことになれば同じだけどねぇ。聞いたことないよ、こんな航空会社。それもいまどきペーパーチケットって」

ノアムのお母さんはため息をつきながら、私にパスポートを見せて、と言った。

ぱらぱらとめくった後に、彼女はまた大きなため息をついた。

「うーむ。よくない。実によくない。これだとあなた、テロリストか麻薬商人にしか見えないもん」

私のパスポートにイスラム系の国であるバングラデッシュのビザが2枚、インドネシアのビザが2枚あること、そして私が1週間前後の短いスパンで色々な国の国境を跨いでいることが原因らしかった。たくさんの国のスタンプが増えていく私にとって誇りのパスポートが、テロリストか麻薬商人の疑惑をかけられる要因になるなんて、ショックを隠せない。

ノアムが「ちょっとお父さんの意見も聞いてくる」と言って出て行った。お母さんは黙って私の事情聴取を書き出した紙を上から下までもう一度眺めていた。

「それで、ストーリーを聞いていただいてどうでしょう？　私は突っ込みどころのない話を明日までに考えようと思っているんですが……」

　彼女は何も言わない。

　沈黙していると、ノアムが戻ってきた。

「お父さん曰くね。別に悪いことしたわけじゃないんだからそのまま事実を話したら？だって。だめならそのとき考えるしかないって」

「そう、じゃあ、そろそろ寝ましょうか？」

　後味がとても悪かった。根掘り葉掘り聞かれて批判ばかりされたのに具体的な解決策はない。そう思うと、この「取り調べ」を受けている間にできたこと、ヨニーと語り合えたかもしれなかったこと、ノアムとできたかもしれなかった話、そんなことがぐるぐると頭の中を回った。

　テロリスト呼ばわりされたことが悔しかった。ババの友達の話を思い出した。靴をぼろぼろにされて値段を聞かれたこと。お金くらい請求すれば？と思っていたけれど、私でも請求できないだろうなと思った。腹の中で煮えくり返る怒りの方が大きすぎるのだ。

　ノアムとお母さんがテントで一緒に寝る？と誘ってくれたけど、私はリビングのソファーで寝ることにした。布団を被って横になる。

　隣ではノアムの弟の彼女が退屈そうにテレビのチャンネルを回していた。寝ようとしている人がいるのに何故この子はテレビを消せないんだろうとまた嫌になった。ようやくテレビを消した彼女は本を読み始める。キッチンにでも行ってくれと叫びたかった。

明日、空港に行くことを想像した。サイナイ航空の表示がなくて青ざめる私のことも、チケットを見て固まる兵隊さんの顔も想像した。怒りと恐怖が自分の中で代わる代わる起こり、渦巻き、混ざるのを感じながら、いつまでもいつまでも、眠れなかった。

Day 11
失われたコイン

「本当にいいの？」

「うん、大丈夫。迷惑かけたくないから」

空港の出国審査に付き合ってくれると言っていたノアムの申し出を断って電車に乗った。乗り継ぐたびに荷物が重い。（送ってもらえばよかった……）。何度もそう思いながら荷物を引きずる。

ノアムはずいぶんと心配してくれた。彼女が自分の結婚式に世界中から友達を招待したとき、パソコンを調べ上げられ、いつまでも出国ゲートを通してもらえなかった友達がいたという。自分が一緒に行ってあげられていればもっと楽に出国できたはずだったと彼女は繰り返し言っていた。気遣いはすごくありがたかったけれど、彼女に小さなローを抱かせて延々と出国の列に同伴させたくなかった。帰りの渋滞もひどいということだったし、なにより自分の勝手な行動で彼女たちが空港に長い時間拘束されることになれば、私は自分を許せない気がした。

朝の電車の乗客は8割方軍服を着た若い男女だった。兵役の途中なのだろう。本を読んだり、携帯電話をいじったり、表情はあどけない18歳くらいの若者たちだ。ヨニーもノアムもこの軍服を着て通っていたことがあるのかなあと思うと、肩から銃を懸けている彼らに説明のできない愛おしさを感じる。

空港はとても混んでいた。

「本日はどこまでですか？」

「エジプトです」

「飛行機会社は？」

「サイナイ航空……」

「チケットは？」

「これです」空港職員さんが私のペーパーチケットを見る。

「はい、ではこちらの列に並んでください」

飛行機会社は存在した。案内された列は普通の乗客の列だった。出国に際してはすべての乗客の荷物を開けてチェックするらしく、列はのろのろと進む。

（次は鞄の中に入っているイスラエルとパレスチナの本。あれの内容さえ閲覧されなければ大丈夫……）

私の心配はまったくの取り越し苦労だったようで、若い女性の職員さんは鞄を全部開けさせてホントにごめんねと言いながら、問題なしで通してくれた。おまけにチェックインの時間に遅れそうな私を心配してチケットカウンターまで付き添ってくれ、ちゃんと間に合うようにと頼み込んでくれた。覚悟していたよりも、みんなとても優しかった。

搭乗口まで行くと、飛行機はだいぶ遅延していた。

「私、乗り継ぎあるんですけど大丈夫でしょうか」

「出発が遅れているのは、カイロ空港で渋滞が起きていて飛行機が飛べずにいたからなんだ。

大丈夫、君が乗る次の便も遅れているから」と呑気な返事。

　公衆電話からノアムに電話をかけた。

「無事、搭乗口に来ることができたよ。ご心配おかけしました」

　電話の向こうのノアムは寝ぼけていた。

「通れたんだー。よかった。じゃあ結婚式、楽しんでね」

　私は「おやすみ」と言って電話を切った。

　ポケットを探るとまだシュケルが残っている。公衆電話の前でしばらく考えてから今度は別の番号にかけてみた。呼び出し音は鳴らなかった。受話器を置いてもコインすら返ってこない。諦めきれずにもう一度、残りのコインを入れる。今度は受話器の奥でプツッと小さな音がした。しばらく待ったけれど、やっぱり呼び出し音は鳴らなかった。


　ターミナルをぶらぶらと歩く。中央には噴水があり、そのまわりをお洒落な飲食店が囲んでいた。私は噴水前のベンチに座って、背の高い天井に向かって勢いよく吹き上げる水の流れを見ていた。


　パソコンを開けるとインターネットがつながった。無料のワイヤレスサービスがあることに驚く。嬉しい。さすがテクノロジーの国だ。

　私はヨニーとの時間を頭の中でなぞった。彼の言ったひと言を引っ張りだして、ツイッターに書いた。

「イスラエルの友達が言った。僕たちは学校で3年間アラビア語を勉強した。やっと平和になるって思っていたんだ」

発信してしまうと、今度はベツレヘムでの時間が甦る。また書く。
「パレスチナでお茶をと家に招き入れてくれた人が言った。私は人生で3回の戦争に遭いました。メリークリスマス。来年こそは平和が訪れますように、と」
そして、互いの想いが届かずにいる現状を思った。

メールボックスを開くと、「エッセイ」という件名のメールが入っていた。ババが「友達の友達」が書いたエッセイを添付してくれていた。搭乗口を眺める少し座り心地の悪い椅子に座ってファイルを開く。それは40ページにもわたる大作で、Birthrightで体験したこと、聞いた話、ベイトサフールでのボランティアのことなどが順番に細かく記されており、寝不足の私の目の前で次第にぼやけた。

ジャーナリストとしての修行を積んだその人が、なぜエッセイと称した読み物を簡潔にまとめられなかったのか、その気持ちが今ならよく分かる。

フェアであるため、そしてこの土地で自分の中に溜まったものを消化するためには、起きたことのすべてをひとつひとつ書き出していくしかないのだ。

—— 第三部

エジプト編

10対1

「遅れの原因はカイロ空港の渋滞だ。大丈夫だよ」

テルアビブ空港でそう説明を受け、予定より3時間遅れでカイロ空港に着くと、私が次に乗る予定だった飛行機はとうに出発してしまったという。次の飛行機は翌日。他の路線への振替えはできないのかと聞くと、それならばチケットの買い直しだと言われ一向に話がつかない。

困り果てているところを少し遠くから見ていた男性が、そっと私を手招きした。

「どうしたの?」

男性は別の航空会社で働いていたが、とくにチケットの担当者というわけではなく、乗り継ぎの乗客がターミナルを移動する際に一時的に待たされるスペースの脇に退屈そうに座っていた。偶然にも同年代だったこともあり、私は友達感覚で彼に話をすることができた。親友の結婚式が明日インドであるのに飛行機の接続が間に合わなかったこと。結婚式に同席してくれる自分の恋人と現地の空港で待ち合わせて一緒に向かう予定だったこと。今、10年ぶりにかつての同級生たちを訪ねる旅をしていること。とはいえ、親友や恋人といった今の関係も大事にしたいこと。

しばらく私の話を聞いてくれた後に彼は言った。エジプト航空のチケットを見てみようか。割り当てられたパソコンになにやら分からないコードを打ち込み、画面を覗き込む。

「うーん。今日の飛行機だと片道5万円くらいかなあ。あと2席しかない。明日のだと3万円。

君が元々持っていたチケットはもう1回乗り継ぎがあったんだよね？　もし買い直すなら直行便がいいと思う。君、とても疲れた顔をしているもの」

買い直すか、大幅に結婚式に遅刻するか。彼は私が結論を出すまでじっくり話を聞いてくれた。ようやくチケットを買い直すことにして一緒に売り場に向かう。ところが、売り場は入国審査の先にあって、私は通してもらえない。

「仕方ない。僕が買ってくるから、先にお金おろして僕に渡して」

大金を渡してしまうことが怖い。私はまた少し迷い、でも満席になってチケットがなくなってしまうことのほうが恐ろしくなって彼に札束を渡した。走っていく姿を見ながら、帰ってこないのではないかと落ち着かない。


30分。諦めた頃に彼は戻ってきた。

「ちょっと安くしておいた。からくりはね、これ明日のチケットなんだ。これを持ってカウンターでスタンバイリストに載せてくれるようにお願いして」

そんな危険な賭け大丈夫なのかと思ったが、航空会社の職員が言うことだ。彼は2万円相当のお金を返してくれながら得意気だ。

「とにかく粘るんだよ。幸運を祈る」

私に構っていたお陰でシフトの終了時間をゆうに過ぎてしまった彼は、足早に去っていった。


そこからは戦いだった。エジプト航空の搭乗カウンターの担当者は私の持ってきたチケットを見て、冷たく首を振った。

「これは明日のだ。乗せられない」

その担当者は、私がそもそも乗り遅れたガルーダ航空の担当者とやり取りしている一部始終を隣のカウンターから見ていた。翌日のフライトに乗せてやると言った他社のオファーを蹴って、へんてこりんなチケットを持ってきた私に腹を立てていた。が、ここまで来たら私も引き下がれない。

「そのチケットはあなたの航空会社の人が手配してくれたんです。それに、あなたたちにとってはたったの1日の違いかもしれないけれど、私は結婚式のためにインドに行くんです。間に合わなきゃ意味がないんです！」

相手は乗せられないと首を振る。

「そもそもなんで1人なんだ？」

「だから向こうの空港で彼氏を待たせているんです！」

「それで、ハネムーンはどこに行くんだ？」

と、ここでようやく気づく。話がおかしな方向にいってないか？

しかし、そんなところを訂正している暇はない。

「まだ決めていません。とにかく、結婚式が先なんです！」

（嘘はないよな）と心の中で確かめる。

そのうちに、いつの間にか様子を見ていたらしい人が隣に来て何かまくしたて始めた。担当者は私を指差して、強い口調で言葉を返す。すると隣人はまた「いやいや、話を聞けよ」という口調で切り返す。どうやら乗せてやれと言ってくれているらしい。いつの間にか私のまわりには人だかりができていて、担当者が何か言うたびにそれぞれ何かを言い返す。「乗せてやれ」「満席なんだ」「そんなのなんとかなるだろう」「だめだ」

押し問答がしばらく続いた後、担当者が私を見て「ビジネスクラスなら空いている」とぶっきらぼうに言った。

「ビジネスのお金なんて、払えません」私はもう、半分涙声になっていた。

するとと、私の後ろにいた人たちが声を揃えて何かを叫んだ。今までバラバラに叫ばれていた声がぴたりと揃ったので、俯いていた私は思わず顔を上げ背筋をピンと伸ばしてしまった。

担当者はぶつぶつ言いながらパソコンに何かを打ち込むと1枚の紙を打ち出した。そして私をにらみ、搭乗口をアゴでしゃくった。渡された紙は搭乗券だった。

「ありがとう…本当にありがとう」

私はかすれ声になっている。

「満席には変わりない。あとは知らん」彼は言った。

私は後ろを振り返った。1、2、3……9人もいた。みんな早く行けと手を振っている。「ありがとう」頭を下げて搭乗口に走る。機内に進むと担当者の打ち出した搭乗券の示す席にはやはり先客がいた。立ちすくんでいると、添乗員の男の人が私のチケットを見てしばらくどこかに行ってしまい、それから前の方へと私を手招きした。

「今日は君のラッキーデイだね」

近くに行くとウィンクをしてその人は言った。私はガラガラのビジネスクラスに通された。ラッキーだったのか、アンラッキーだったのか、問う間もなく眠りの中に落ちていく。たしかに疲れすぎだったのだ。

天国に、トイレはない

元日、1月1日の昼、飛行機は再びカイロ空港に着いた。やっとの思いで辿り着いたムンバイでは、到着直後から出発直前までずっと結婚式だった。大切な友人の晴れ舞台、久しぶりの恋人との時間。過ごしている間は幸せなのに、1週間も飲み続け、踊り続けさせられると、また体がずしりと重い。

「空港から街までタクシー以外の交通手段はない」胡散臭そうな客引きにしつこく声をかけられ、逃げるように辺りを見渡しても、到着ロビーには観光案内所のようなカウンターも、正規のタクシーを斡旋してくれそうなカウンターも見当たらなかった。仕方なく車に乗り込んで、ひと晩だけ予約してあったホテルに向かう。

窓の外を流れる砂漠の景色を眺めながら、はてこれからどうしたものかと思う。中東からインドへ、年末の時期に一番安く飛べる航路がカイロームンバイ間だった。それでカイロを拠点にしてみたものの先のことは何も決まっていない。イスラエルとパレスチナでは年明け後の旅の準備をする心の余裕がなく、それはお祭り騒ぎが続いたインドでも然りだった。

辿り着いたホテルで出迎えてくれたオーナーは「このホテルは観光ツアーを得意としているんです」と満面の笑みを浮かべて、宿泊料金からはおおよそ想像のつかない高額なツアーを次々と紹介してくる。ピラミッド、スフィンクス、ルクソール……頭には何も入ってこない。

私はオーナーとの話を適当に切り上げ、ふらふらしながらあてがわれた部屋に向かった。ベッドの他に何もない部屋はがらんと薄暗く、部屋の床一面にはビニール製の奇妙な真緑のシートが敷かれていた。

心細さを眠気でごまかせたのは夜更けまでだった。ふと目が覚めると、辺りには派手な音楽が流れ、窓ガラスがピンク色に光っていた。床の緑シートがその光に照らされて異様な輝きを放つ。恐る恐る小さな窓を開けると、裏の道にカラフルな明かりやレースの装飾が施され、椅子が並べられていた。大音量のステレオに支配された空間で、数人の男性がうろうろしながらパーティーが始まるのを待っている。この感じ、きっとまた結婚式だ。クラブ顔負けの音楽と色合いは夜通し神経を刺激する。眠れない。眠れない。眠れない。

翌日、1週間前にカイロ空港でチケットを手配してくれた恩人の彼に電話をかけてみた。仕事が終わる夕方に待ち合わせようと彼は言った。それまでぶらぶらするつもりで、一緒の宿に泊まっているアメリカ人カップルとタクシーで街に出る。降ろされた場所から3人で同じ道を何度ぐるぐると回っただろう。街は大きすぎて、知らない私たちには不可解すぎて、どこを通ろうとも排気ガスの立ちこめる環状線の入口に辿り着いてしまう。熱さと埃の中で気が滅入ってくる。カップルの男性が諦めたように「american coffee」と看板のあるカフェに入ろうかと提案し、私たちも力なく頷いた。

ホテルでナイル川クルージングを予約していたカップルと別れ、再び散々と道に迷った末に、私はなんとかチケットの彼と落ち合った。彼は、私が日本の携帯電話しか持っていないのにも関わらず、何度も自分の携帯電話から国際通話をかけてきた。エジプトの庶民が食べる名物料理を食べに連れていってあげると言われ、地元を知っている人に出会えたことのありがたさを感じる。

どんぶり型のプラスチック容器には小さなパスタ、豆、タマネギを揚げて細かく刻んだフレーク、そしてお米が山盛りに入っていた。隣にはトマトソースが入った小さな容器と、ガーリックオイルなるものが入った銀色の瓶。コシャリと呼ばれるその食べ物は、最初のひと口こそ美味しいのだが、同じ味が延々と続くと食べきるのが辛い。まわりのエジプト人たちが美味しそうに平らげていくのを横目に見ながら、私はこの旅に出て初めてコーラを注文した。

トマト味のあらゆる炭水化物をコーラで流し込みながら私たちは楽しく話をした。彼は好奇心旺盛なのか、いろんなことを聞いてきた。私の旅のこと。日本のこと。会話がおかしくなったのは、一時間も経ってからだろうか。

「もし僕がこれから君を自分のアパートに招待したとしたらどうする?」

「うーん。申し訳ないけど行かないと思う」

「なぜ?」

うーん、としばらく考えてから、慎重に言葉を選ぶ。

「『女性が男性のアパートに行く』という行為は文化圏によってはそれ以上の意味を持つから、かな?」

「うん。エジプトでは大概の場合、セックスするということになるね」

「じゃあ絶対行かない」

「でも僕は力ずくで君をアパートに連れ込むこともできるよね? 男は女よりも力が強いから。君って空手とかできちゃったりするの?」

「もちろんできるよ（もちろん嘘だけど）」

「もしも、僕とセックスしたら何か困ることがある？」

「ご存知の通り、私には恋人がいるんだけど？」

「僕と寝ないのは彼氏のためなの？」

「（なんてやつだ）……それと自分のためよ」

　あくまでも仮説として会話は進んでいく。それでもさすがにイスラム教の人たちばかりの大衆食堂でセックスセックス言っていた私たちは少し気まずくなり、近くの喫茶店へと場所を移した。コーヒーを口にすると、彼の思考は落ち着いたらしい。

「僕は、結構本気で君と寝たいと思っている。でも僕はそうはしないことにした。神様に対して罪を犯したくないからだ。さっき君が僕と寝ないのは彼氏と君自身のためだと言ったけど、僕はもっと大きなものに対して正しくあるためにそうするんだ」

「うん。あなたの神様は、きっとあなたのことを褒めてくれるよ」

「ねえ、君は死について考える？」

　会話は途中からずっとこんな感じだった。彼は「結婚は必要なことだと思う？」「愛って何だと思う？」と、哲学のような問いかけを次々と繰り出してきた。

「あんまり考えないようにしている」

「なぜ？」

「怖いから」

「それは君がイスラム教を信仰していないからだ。僕はイスラム教徒として君に言っておかなければいけない。アッラーを信じないとパラダイスには行けない」

　さっきまで神に背く行為に誘っておきながら、今度は私にバチが当たるって？　どう返したものか考えていると、彼が続けた。

「パラダイスってどんなところか知っているか？」

「知らない」

「そこにはトイレがないんだ。排泄という概念がないから。おいしい食べ物がたくさんあって、いくらでも食べられて、そして食べたものは霧のような細かい形で皮膚から出ていく。朝露のような、匂いのない汗とでもいうのかな」


急に今までの会話が可笑しく思えてきて、私は力が抜けてしまった。

「それはよかった」私は吹き出さないように気をつけながら言った。

「パラダイスに行けるといいね」


彼が思いとどまり、私が恐らくなんのダメージも与えられなかったであろう空手チョップを繰り出さずに済んだのが、パラダイスにトイレがなかったお陰とは。

私たちは地下鉄の駅に入り、そこで別れた。別れ際に「現地の携帯電話がないと不便だろう」と、彼は電話番号の入ったチップを買ってくれた。エジプトの身分証明書がないと契約できないらしいのでとても助かった。お金を払おうとすると「君はゲストだ」と頑に受け取らなかった。

地下鉄に乗り、彼が教えてくれた駅で降り、言われた通りにタクシーを拾う。そのタクシーは行く方向を大胆に間違え、1時間近くカイロの街をさまよった。宿の前で「ごめん」と謝るタクシーの運転手さんにメーター通りの料金を払い、ホテルのカウンターに預けていた荷物を引っぱり出す。ダハブ行きのバス停の場所を聞くと、受付にいたオーナーがビックリしたような顔をした。

「まだ何も見ていないじゃないか！」

　しばらくダハブに行ってからカイロに戻るとだけ伝え、私は表に出た。またタクシーを拾う。昨日と今日だけで、過去４ヶ月の旅で乗った累計と同じ回数くらいタクシーに乗っている気がする。それでも何かが「移動しろ」と私をかき立てる。

　カイロにも高校時代の先輩と同級生がいるかもしれなかったが、まだ連絡先を知らなかった。昨晩歩き回った限りでは宿の近くにインターネットカフェはない。明日もう１日根気よく探せばあるのかもしれないが、私はとにかく1日たりとも長くこの街にいたくなかった。

「ダハブ」──その街の名を教えてくれたのはセッペだった。クリスマスイブに食事をしたとき、彼は年末年始の休みをエジプトで過ごすと言っていた。

「カイロは疲れるだけだから。のんびりしたいならダハブだよ」

　そこに何があるかは分からなかった。けれどセッペが言うならば、いい場所のような気がする。ダハブが北にあることも背中を押した。私は、たくさんの忘れ物をしたイスラエルにどこかで帰りたかったのだと思う。

平和な半島

そこは死海に面した観光地だった。私は世界一透明度が高いといわれる死海で、世界一安いというダイビングのライセンスを取り、毎日海に潜った。初めて感じる深海の音は不思議と心を落ち着けてくれた。

2月に予定していた次のフライトまではまだ少し時間がある。この地域にはあまり同級生がいないので、どこにも行かなくていい代わりにどこへでも行ける。ヨニーともう一度話すためにイスラエルに戻るか、再びカイロに戻ってから同級生不在のアフリカの国々に入るか、それとも旅人たちの間で熱く語られている中東を少し回ってみるか。私は次の行き先がなかなかイメージできないままダハブの日々を過ごしていた。海以外の誘惑は何もない中で、静かにヨーロッパの旅のことを書いたり、イスラエルでの出来事を考えたりした。そうして飛び回った分の距離に、自分の心が追いついてくれるのを待った。

3週間も経った頃、タイミングを見つつ南北独立に向かうスーダンに行ってみようという気になった。ビザ取得のためにカイロに戻る必要がある。カイロに住む先輩のカリムに「訪ねて行きたい」とメールを書き、ダハブ最後のイベントとして同じ半島内にあるシナイ山に向かったのは1月26日だった。

夜通しかけてシナイ山を登り、ご来光を見て翌日の昼過ぎに帰ってきた私は、「なんかかね、またカイロでデモが起こったらしいよ」という宿泊客からのニュースに「へえ」とひとことと答え、そのままベッドでぐっすりと眠ってしまった。ダハブはその日も快晴で、窓から入る太陽が気持ちよかった。

夕方になり、宿のリビングでいつものようにパソコンを開いてツイッターにつなぐ。いや、つながらない。どうせ不調だろうと思って数時間経ってから再度試すものの、またつながらない。他のサイトには普通にアクセスできるのに変だなあと思いながらインターネットニュースを読む。「カイロで過去最大のデモ」「7万人が道に」などという見出しと並んで、「デモの拡大を恐れたエジプト政府、ツイッターの閲覧を禁ずる」というニュースが目に入った。

困った、発信したいことはたくさんあるのに。悪態をついて席を立った。夕食の買い物に出ようと部屋に財布を取りに戻りかけたとき、自分の中に衝撃が走った。デモのためにツイッターが遮断された?

急いでまたパソコンを出し、フェイスブックにつなぐ。よかった、こっちは開いた。近況欄に並ぶ多くの日本語の書き込みは平和そのものなのに、欧米諸国の、とくに国際関係の勉強や仕事をしている友人たちの投稿は、エジプトのデモに関する情報集めに走るものがだいぶ出てきている。エジプト人の後輩がアラビア語でさっぱり分からない内容を立て続けに発信している。念のためフェイスブック上に保存してあった友人のメールアドレスや電話番号をノートに書き写し、宿でできる限りニュースを読んだ。明日1月28日には、さらに大規模なデモが予定されているらしい。

その1月28日。

「あきこさん、革命が起きて政権がひっくり返ったみたいなんです。インターネットが使えないって」同室の女の子の言葉で飛び起きた。なんだって？

急いで服を着替えて洗面所に行くと、下のダイビングショップで働いているエジプト人インストラクターのモハが髭を剃っていた。

「政権がもう倒れたの？」チュニジアより早い。

「まだだよ」彼は落ち着いた様子で言った。「でもこれは革命だ」

「モハは革命に賛成なの？」私が聞くと、彼は手で何かをひっくり返す動作をした。

「もちろん。いまエジプトは変わらないといけないんだ」

私は外に出た。ダハブの街はいつも通りだった。いつも通り観光客が散歩をし、レストランが開店前の準備をし、ダイバーたちが浜辺に向かって機材や酸素タンクを載せた荷車を重そうに押している。猫たちがのんびりと海辺のカフェで波を眺めている。

モスクは街のはずれにあった。昨晩読んだインターネットのニュースでは、金曜日の今日、各地のモスクに人々が集結し、正午の祈りの時間の後に大きなデモを起こすとされていた。ダハブのモスクの外にも人々が集まっていた。何列にも綺麗に並んだ彼らは一斉に立ち上がり、膝に手をつき、そして跪いて頭を地につける。静かな祈りが長い時間繰り返され、静かに終わり、人々は家へと帰っていった。

しばらく歩いてやっとテレビをつけているダイビングショップを見つけた。日によく焼けたジョージ・クルーニー似のおじさんと、もう少し年をとったおじいさん（こちらは特段誰とも似ていない）が天井からくくりつけられたテレビをじっと見上げていた。私を見ると音楽チャンネルに替えようとしてくれたので、「そのままで結構です。何が起きているか教えてもらえませんか？」と英語で聞いてみた。ブラウン管の中では人が道を走り回る様子、火炎瓶が飛び交う様子、そして戦車が群衆に向かっていき、飛び出した人をはねる瞬間が交互に繰り返し流されている。


クルーニーはニュースをかいつまんで英訳してくれた。第二の都市アレクサンドリアでも負傷者数が急速に増えていること。デモ隊に私服警官が混ざっていて混乱が拡大していること。

「カイロ、アレクサンドリア、スエズ、結構派手に広がっている」

「これってなんのためですか？　いつまで続くの？」知識ゼロの私は聞くしかない。

「大統領を辞任させるためだよ。辞任するまでは終わらないと思う」

「あなたは、大統領が辞任した方がいいと思いますか？」

「思うね」クルーニーはテレビを見つめながら静かに言った。

30年以上も同じ大統領が好き勝手やっていたのがエジプトだ。もう変わらなきゃいけない時期にきていると。

「デモの起きている街に、親戚はいないのですか？」

「妻も子どももアレクサンドリアにいるよ」

「行かなくていいの？　家族は大丈夫？　連絡は取れているの？」

「幸い昨日までは電話がつながった。絶対に外に出るなと言っておいたから大丈夫だよ」

君はダハブにしばらくいるの？と逆に聞かれて、私は明日にでもカイロに発つつもりだったことを話した。

「無理だ。しばらくはここでおとなしくしていた方がいいよ」

「やっぱりだめですかね。ヨルダンにでも出た方がいいのかな?」

「そのヨルダンでも今日からデモが始まっている。中東全土に広がるぞ。悪いことは言わないからシナイ半島にいたほうがいい。ここは安全だから」

おじいさんが店を出るとクルーニーがニュースを英語に変えてくれた。BBCのアナウンサーが早口でオバマ大統領やキャメロン首相の動向を伝える。日本で同じニュースを見ていたら彼らの言動が状況を変えそうな気になったかもしれないけれど、現地の人たちがニュースを見ている隣にいるとまったくあてにしていない様子が伝わってくる。

それから数日間、私は街を歩いてはいま起きていることについてエジプトの人々の話を聞いてまわった。この完全なる観光地でこれまで私に声をかけてくるのは何かを売りつけようとする人ばかりだったから、必要最低限の人々としか関わってこなかった。しかしこんなときは彼らの話が聞きたい。レストランのアルバイト、ダイビングインストラクター、ホテルのオーナーや受付係。驚いたことに、10人が10人デモに肯定的だった。

カイロからは依然としてメールの返信がこない。インターネットも電話もつながらない。テレビは同じ映像ばかり繰り返し流す。なぜか国際電話だけはつながったので、私はドイツに住む友人から毎日エジプト関連のニュースを読み上げてもらうことにした。自分が今いる国の状況を外国にいる人に教えてもらうというのは奇妙な感覚だった。

その手段を考えたのは私だけではなかった。「退屈だから話し相手になってくれ」と声をかけてきた27歳のエジプト人の男の子は、ロシアの知人に連絡を取ろうとしていた。しかし彼のかけた国際電話はプリペイドカードに入っていたお金を全部使い切っただけで、結局つながらなかったという。自分の国で大変なことが起きているのに何も分からず、何もできず、お客さんが誰も来ない退屈なレストランのウェイターをしていることが、ものすごくストレスだと言った。

私たちはしばらく立ち話をした。トマトの値段が倍以上になった。家賃が上がった。それでも賃金は上がらないから生活は苦しい。エジプトには農業も資源もスエズ運河の収入もあるのに、大統領が横領しているせいで暮らしは良くならない。……彼は堰を切ったように、私がまったく知らなかったエジプトを話し続けた。

「でも一番許せないのは警察。今までやつらは好き放題やってきたんだ。大統領が非常事態宣言を敷き続けているせいで、警察は理由なく人を連行できる。たとえば僕が綺麗な女の子と歩いていたら、それだけで職務質問されるんだ。ここに自由なんてない。もうたくさんだ」

1月29日。私が泊まっていた日本人宿に小さな変化が起きた。若いエジプト人のダイビングインストラクターが1人、カイロに向かったのだ。いつ帰ってくるの?と誰かが聞いたところ「ムバラク大統領が退陣したら」と答えたらしい。彼とは別のバスで、宿に泊まっていた日本人の大学生も1人、旅立った。

「革命のときにカイロにいたとかって、なんか格好よくないっすか?」

「危機管理が甘い」「大学生は世の中をなめているのか」——他の宿泊客たちが議論するのを聞きながら、私は居心地悪く自分に問うていた。

「私は、どうする?」

その夜、ようやく電話がつながった。

＊　＊

1月30日。昨晩のカリムの言葉が頭の中に響いていた。

「革命を見に来い」

高校時代のカリムはまあよく無茶をしていた。ともに入っていた山岳部でカリムがリーダーを務めるときのハイキングは、たいがい滅茶苦茶だった。面白そうだからと岩場の隙間を飛び越えてみたり、ショートカットをしようと言って凍った川の上をスキーで下ってみたり。やっている最中はスリル満点で楽しいのだが、いま振り返ればよく怪我人が出なかったなと思う。

そんなカリムが「安全だから大丈夫」と言いつつほとんど外に出ていない。デモが始まって以来、近所の人たちと自警団をつくって近所の見回りをしてはいるが、それ以外のときは家の中で退屈していると言っていた。

「あいにく会社のパソコンも壊されちゃって休業だよ。時間はいくらでもある。一緒に革命を見よう」

テレビで、と付け足して、電話の向こうの声は少し笑った。

「歴史の変わる瞬間が見られるかもしれないぞ」

テレビでか、と少しため息をついた自分がいた。それでもここにいるよりもカリムと一緒にいる方がはるかに現実感はあるし、状況も分かる。騒ぎを増すテレビの向こうの大都市とは対照的に、ダハブは不気味なくらいに静かだ。

巡る気持ちを整理したくて海に潜ることにした。ちょうどダイビングショップにはイスラエルとの国境にあるタバの町から2人のインストラクターが来ていた。アイスランド人とイギリス人。彼らは数日の休暇を利用してダハブに潜りに来たという。機材を積み、トラックに乗って海の中の渓谷を目指す。今回のデモの影響でヨーロッパからのダイビングツアーにいくつかキャンセルが出始めていると彼らは言った。

世界的に有名なダイビングスポット「ブルーホール」に着くと、そこはまだ観光客たちで賑わっていた。

「僕は2人のエジプト人と家をシェアしている。彼らが国営ニュースとBBCニュースの相違を教えてくれるんだけど、だいぶ違うみたいだね」

イギリス人のジェームスが言った。

ダイビングから戻った後、私はダハブにあるもうひとつの日本人宿を訪ねてみた。そこには一緒にシナイ山に登り、ダハブで出会った日本人の中でも私が一番気が合うと思っていた貴義さんという人が泊まっていた。彼の意見を聞いてみたかった。

その宿にはより多くの客が滞在しており、私の宿よりも早めに情報が入ってきていた。貴義さんは日本大使館から旅行客はすみやかに国を出た方がいいとの連絡が入ったこと、まもなく外務省からの避難警告が出そうなことなどを教えてくれた。

「僕は荷物を置いてきているので、どのみちカイロには戻らなければなりません。でも滞在はせず、荷物を回収したらまっすぐ空港に向かうつもりです。ただ時期はもう少し後にずらそうと思います。今カイロ空港はエジプトから逃げ出そうとしている外国人がすし詰め状態になって混乱しているらしいですよ。それにこちらから出ているバスの本数が極端に少なくなっていますから」

貴義さんは予定ではここから南下してケニアに商談に行く計画だったが、それは諦めざるを得なくなったと言った。

気持ちの整理がつかないまま宿に戻る。私はカイロの革命を見に行きたいと思っている。でもそれにどんな危険が伴うのか、果たしてバスは検問を通れるのか、皆目見当がつかない。

宿の下のダイビングショップには、午前中一緒に海に潜った2人が来ていた。

「急なことなんだけど、今晩の夜行で帰ることになった」

勤めているショップの仲間から連絡があり、突然スタッフが全員解雇されることが決まったという。

「どうも海外から申し込まれていたダイビングツアーというツアーが一斉にキャンセルされているみたいでショップも先が見えないらしい。ここにいても何が起きているか分からないから、とりあえず戻ってみるよ」

私が宿に戻るのとほぼ同時に、日本人の管理人さんが帰ってきた。

「僕のところにも大使館から連絡がきた。今回ばかりは出られる人から国を出た方がいいということらしい。空港ならカイロまで行かずに、ここから2時間のシャルム・エルシェイクという街にもあるからそこの方がいいと思う。もうガソリンがなくなってきているらしいから、長距離移動は避けた方がいい」

さらに管理人さんは声を低くする。

「ガソリン不足のためにダハブへの物資の流通はほぼ止まってしまったみたいだ。欧米人がこのことを知ったら、きっと食料を買いだめにスーパーに殺到するだろう。そうなったらこの街も混乱する。今のうちに必要な分の蓄えは買いに行こう」

とてもカイロに向かうと言える状況ではなくなってしまった。「混乱を起こさないようにさり気なく」と言い合わせて、隣のスーパーに向かう。品数は若干少なくなっている印象もあったが、まだ大量買いをしようとする人はいなかった。数日分の水を買う。パンや、乗り物の中でも食べられそうなクッキーを買う。非常食用にラーメンのパックを買う。

いつものんびり観光客が買い物をしていくこのスーパーで、人々が品物をひったくりあう状況を想像すると苦しくなる。毎回、会計をしようとするたびにカウンター越しに手を握ろうとしたり、チュッとキスの音を立ててみたりしてきて、嫌悪感以外のなにも抱けなかったレジのおじさんに、「気をつけて」と言いたくなる。

ヨルダンに船で渡ろうかと口に出した私に、同じ宿の医者夫婦が「一緒に行きたい」と言った。管理人さんの話を聞いて、ダハブに残ってダイビングマスターの資格を取ろうとしていたカップルも重い腰を上げた。各自余っていた食材で簡単な夕食を作る。料理用の食材をちょうど使い切ってしまっていた私は外に出た。

迷いはまだ消えない。カイロのカリムとなんとか落ち合う方法がないものかと思う。バスはどこまで行けるのだろう。彼はどこまで迎えに来ることができるのだろう。カイロでは門限が敷かれ、夜の20時から朝の8時までは外に出ることができないという。検問所が混乱している今、向こうに何時に着けるかは分からない。ガソリンが足りるかも分からない。そして、もしまた電話が止められてしまったら？　そんな不安を話したくてカリムに電話をかけると、留守番電話につながってしまった。

宿に戻ると思いもかけない人がいた。2週間ほど前にダハブを出て、今はカイロにいるはずの公一さんだった。「危なくなってとにかく逃げてきた」と彼は言った。何泊かの予定でカイロからスエズに観光に出かけたものの、デモの混乱で先に進めず引き返したという。カイロに戻ると、今度は街にまかれた催涙弾の影響で地下鉄の中に閉じ込められてしまった。やっとの思いで宿に戻り、荷物をまとめてダハブ行きのバスに乗ったという。

「あきこちゃん。今はやめておきなさい」

彼が来てそう言ったことで私は観念した。この人の前でカイロに行くとはとても言えない。彼は数ヶ月前に、チリのパタゴニアで一緒に宿泊した仲間を亡くしていた。その人はひとりで山に入り、行方不明になってしまったという。その経験を話してくれたときの彼の気持ちを思うと、いまカイロに行くとは言えない。

私に残された道は2つに1つだった。ダハブでインターネットがつながるのを待って、周囲を納得させられるだけの情報を得てカイロに向かうか、それともヨルダンに一度出て情報収集し、もうこの宿には戻らずカイロに向かうか——ヨルダンに出ることに気持ちが傾いた。

公一さんがしばらくここにとどまると聞いて宿のメンバーたちもそれぞれ再考した。ダイビングの修行中だったカップルも残ると決めた。

「あきこさん、エジプトと運命を共にしませんか?」彼が言う。

私は、エジプトと運命を共にするならばシナイ半島ではないような気がしていた。知りたいのは平和な半島が混乱に陥る様ではない。ダハブの人たちが、観光客を逃すまいと気を遣って平常を振る舞っていることも辛かった。それならば、きっとこの騒ぎの光も影も話してくれるカイロの友人のところに一刻も早く行きたかった。カイロへ、カイロへ。皮肉なもので、逃げるようにして出てきたカイロに、今は戻りたい。

ダハブ－イスラエル(バス)

情勢不安定につき、国境がいつ閉まるか分からず。
テルアビブまで北上すれば
すぐるさんが泊めてくれるとのこと。

ダハブ－カイロ(ミニバン)

検問所が機能不全との噂。ガソリン足りる？
「革命を見に来い！」 カリムと落ち合えれば、
革命に触れられるかも。

ダハブ－アカバ(船)

通常通り運行。ヨルダンに知り合いなし。

まわりみち

1月31日。決意が固まらないまま朝を迎える。とりあえず荷物を詰めた。宿の会計を済ませ、近くの港町に向かう。

ヌエバの船着き場でヨルダン行きの切符を買って出国手続きを済ませると、カリムから電話がかかってきた。

「アキコ、今どこだ?」

「船着き場」

「そうか。今テレビのニュースでやっていたんだけど、日本政府がエジプトにいる日本人を救出するために飛行機を派遣したそうだ。カイロからは今日出るって言っている。ダハブの近くにも空港があるから、エジプトを出たかったら日本大使館に電話するって手はあるぞ」

カリムに私がエジプトを出たいと思われていることが辛かった。違うの。でも船着き場に来てしまった私に何が言えるだろう。

「ねえ、カリム。そうじゃなくて。私はカイロに行きたいと思っている。でもね、ここには情報がなさすぎる。本当はすごく、すごく行きたいの」

「じゃあバスに乗っておいで。どこか待ち合わせ場所を決めて俺が車で迎えに行ってやる。友達とカープールしているからまだガソリンも残っている。大丈夫だ」

「そんな大事なガソリン使わせるわけにはいかないよ。それにダハブからのバスは燃料が足りなくなっていて、もうそっちには行けないって言う人もいる。ほんと、なにも分からないから、情報収集しにヨルダンに出てみようと思って」

そう言いながら、それでも一か八かここから引き返してバスに乗りたい自分がいる。出航予定時間はあと1時間を切っているというのに。

「カリム、ヨルダンでできるだけ情報を集める。電話もする。それで大丈夫そうだって思えたら、そのときはカイロまで行っていい？」

「分かった。じゃあまた連絡して」

電話を切ってヘナヘナと力が抜けた。自分の意気地のなさに吐き気がしてきた。

隣では医者のカップルが、ヨルダンからどうやってアジアに抜けるかの相談をしている。

「あきこさん、一緒に行きましょうよ。僕らだって本当はあと少しエジプトに残りたいです。でも僕ら医者なんで、万が一何かあったときマスコミからの騒がれ方が尋常じゃないと思うんです。家族にすごく迷惑かかると思うんで」

耳をふさぎたくなったのは、それが一番聞きたくないことだったからなのだと思う。自分が死んでしまうかもしれないことよりも、何かに巻き込まれたときマスコミに囲まれてしまうであろう家族のことの方が現実感のある心配ごとだった。

ヨルダン行きの船は数時間の遅れは当たり前、下手をすれば1日出発できないことさえあると聞いていたのに、こんな日に限って定時に出発する。おそらく仕事用と思われる荷物を抱えた地元の人たちがぞろぞろと船に向かっていく。彼らに「逃げ出したい」という悲壮感はない。目の前のくたびれた風景は、きっと彼らの日常だ。

乗り場の待合室は倉庫のように殺風景だった。冷たいコンクリートの壁に1枚だけ巨大な肖像写真が掲げられている。軍服姿のムバラク大統領。テレビの向こうのカイロではデモ隊によって焼かれたり大きくバツ印を書き込まれたりしている彼の写真が、ここでは絶大な存在感をもって私たちを送り出す。

船の中、エジプトを出られたとホッとする医者夫婦の隣で、私は頭が割れるように痛かった。ばかばかしく高いインターネットカフェ代と思えばいいと何度自分に言い聞かせても、目的地から物理的に離れていく船に乗っていることが情けなかった。

＊　＊

紅海の幅は狭い。エジプト側のヌエバから、ヨルダン最南端の街、アカバまでは3時間で渡れてしまう。インターネットがつながる宿を探しパソコンを開くと、あっけなくグーグルのホームページにつながった。エジプト、カイロ、cairo、デモ、demonstration、キーワードを打つと、何千単位のニュースが出てくる。いったいどうしたいのか、何を一番読みたいのか、読めばいいのか、うまく頭が機能しない。隣国とはいえ数時間の距離。ヨルダンでインターネットがつながったら、情報収集の他に現地ならではの視点を日本に発信しようと考えていたのに、突然流れてくる洪水のような情報を前に紡ぐ言葉が見つからなかった。

ひとつ分かったのは、情報を得たら近くなると思っていたカイロが、実際にそうなってみるとまったく近づけそうもない場所になってしまったことだった。ニュースは与党ビルの炎上と、増え続ける死者・負傷者の数と、今日カイロの街で過去最大規模のデモがあったことを報じている。夕食を食べに出ると、店という店のテレビが燃え上がるカイロの街と人々が投石するシーンを映し出している。街の人はエジプトから来たという私たちの話を聞くと「大変だったでしょう。ここはエジプトと違って平和だから安心してね」と、みんな同じことを言った。ヨルダンに来てひと晩にして、私は安堵するどころかさらに惨めになってしまった。

医者夫婦は早速、首都アンマンから出るインド行きの飛行機のチケットを取った。小さな港町はひとり滅入った気分でいるには最悪だった。進むに進めず、退くに退けず、私はペトラに向かうことにした。

ペトラのベドウィン

ペトラ遺跡は目の前に赤く赤くそびえ立つ。毎時間色が変わるという岩肌。その上に天の川のように細長く帯状に切り取られた青空が伸びている。遺跡は1日歩いても回りきれないくらい広いのに、入口で地図をもらわなかった私は早々に順路を外れ、丘の上であぐらをかいて座っていたおじさんに呼び止められた。

「君は日本人なの？　まあ、1杯飲んでいきなさい」

ベドウィン（この地方にいる遊牧民）だ。

躊躇する私におじさんは「安心しなさい。お金は取らないから」と言う。ちょうど小さなストーブで火を焚いてお茶を沸かしているところだった。

「日本人は好きだ。平和主義で礼儀正しい。同じアジアでも中国は嫌いだ。静かに遺跡を見て回ることができないから」

おじさんが言ったそばから、白い帽子を被った中国人のツアー団体が大声でおしゃべりしながら前を通り過ぎていくので、庇うタイミングを失ってしまう。

「そして先進国というくくりで言えば西欧諸国も好きじゃない。他の国のことに口を出しすぎる。ああするべきだ、こうしろ、と。その国にはその国のやり方がある。日本は他の国の悪口を言わないからね。そういうところがとても好きだよ」

「日本から観光で来たの？」コップにお茶を注ぎながら、おじさんが聞く。

「シナイ半島にいて、本当はカイロの友達に会いに行くはずだったのだけど、出てきたの」

　答えながら私は俯いてしまう。

「そうか、まあシナイ半島にいたのなら落ち着いていただろう。今でこそエジプト人のくだらないレストランがビーチというビーチを支配しているけれど、あそこは元々、我々ベドウィンが暮らしていた土地なんだ。しかしエジプトの人たちは本当に哀れだね」

　私はお茶を受け取った。話の続きが聞きたかった。

「エジプトは本当に貧しい。たくさんのエジプト人がヨルダンに掃除夫として来ている。彼らの母国での平均収入を知っているか？　月収70ドルだ。ひどい話じゃないか。俺たちが靴1足に使う金を、彼らは1ヶ月かけて稼ぐんだ。エジプトには資源だってスエズ運河だってあるというのに。大統領のやってきたむちゃくちゃな政治と汚職のせいだ」

　ヨルダンはどうなのと聞いてみる。

「ヨルダンの方が断然裕福だよ。国には大した資源もない。けれど教育がしっかりしているから人の能力が高いんだ。考えてみたらイスラエル、パレスチナ、エジプト、シリア――ありとあらゆる火種に囲まれてても平和を保ってきているんだから、すごいだろ。国王がいいんだ。ヨルダン国王は国民の言うことをきちんと聞いてくれる。何か問題があるなら国王に訴えることができるからね。エジプトのような暴動は起きないよ」

　遊牧民のベドウィンが、国の仕組みや国王を支持しているのは意外だった。ついでに言えば、おじさんが70ドルの靴を買い、ペトラ遺跡の中に定住していることも。遺跡のいたるところにある洞穴は彼らの家なのだという。子どもたちは近くの学校に通い、高いレベルの教育を受けているらしい。

「ベドウィンにも、ノマドとして転々としている人もいれば定住している人もいる。僕はここの静けさが気に入っているからね」

ペトラの入場料60ユーロはそのまま国の収入になるらしいのだが、おじさんはそれを嫌がっている様子もなかった。そのお金が教育に活かされヨルダンの経済水準を高く保っているのだと、誇らしげに言った。

その夜、私は長いこと眠れなかった。ベドウィンのおじさんから聞いたこと、エジプトにいるカリムのこと、これからの自分のことを考えると、睡魔はなかなか訪れてくれなかった。

テレビの向こう

カリムに電話で近況を報告すると、ペトラにいるのならいっそのことアンマンに抜けて空路でカイロに来たらどうかと勧められた。カイロのインターネットも回復したという。ペトラからさらに北上するバスに乗り、アンマンのコーダホテルに向かった。日本人をとても歓迎してくれるので一度は寄った方がいいと、すれ違う日本人の旅人たちからアドバイスされていた宿だった。

「コーダホテル」は、アラビア語の名前かと思っていたら、この宿からイラクに向けて出発し殺されてしまった香田さんという日本人にちなんだ名前だと、宿まで来て知った。管理人のルアイさんは香田さんのイラク行きのチケットを手配した人。危ないから断念させようと説得を試みたが彼の決意は固く、最後は根負けしたらしい。亡くなってしまった彼を忘れないように、ルアイさんはホテルの名前を変えたのだそうだ。話を聞きながら、数年前にニュースで見た光景がまた甦った。報道陣が九州に住むご両親を取り囲む。もみくちゃにされそうな真ん中で、お母さんと思われる人が憔悴しきった顔で俯いていた。

アンマンまで来てはみたもののカイロ行きの飛行機は欠航になっていた。次の日も、また次の日も欠航が続く。エジプトから北に逃げてきた人と、ヨルダンからエジプトに南下する予定で足止めになってしまった人が宿に滞留し、毎日客が増えていく。彼らはインターネットで別の経路を探し、どうすればいいかを互いに相談し合っていた。「今エジプトに行くなんてありえない」という論調は、ルアイさんと集まっていた旅人たちの間でどんどん強くなっていき、居心地の悪い私はインターネットがつながるカフェに逃げ込んで、やきもきしながら日々を過ごしていた。

2月7日。ようやくカイロ―アンマン間の飛行機が再開した。つながりづらいスカイプでカリムと連絡を取る。チケットを調べながら少し手が震える。ひとりカイロに行くと意地を張っているが本当に大丈夫だろうか。最初は「心配いらないよ。おいで」と言っていたカリムも、話の途中で「状況が変わりそうだから少し待つように」と言った。今夜ムバラク大統領がスピーチをするらしいと。

2月10日。何日かアンマンで知り合った人の家に泊めてもらっていた私は、タクシーを飛ばして香田ホテルに戻った。とにかく早くテレビが見たかった。香田ホテルにはエジプト方面からさらに客人が集まってきていた。さらにはシリアの国境まで行っては国境でビザをもらえず、アンマンに帰ってくる人たちも滞留していた。

居間のテレビでは相変わらずアラビア語のニュースが流れている。何日も前と変わらず真っ赤なカイロの街の映像が流れ続けている。でも今日はこれからムバラク大統領のスピーチが流れる。大統領が辞任を否定した2月7日以来、2回目のスピーチだ。今度こそ辞任するはず。

待ちに待ったムバラク大統領のスピーチが始まり、私はテレビの一番近くの席に座って画面にかじりついた。スクリーンに大統領の顔が映し出され、英語の字幕が流れるのを読みながら怒りが込み上げてきて、思わず毒をはく。

「国民の意図を汲んで辞任しない？　そんなバカな話ないよ！」

　居間には20人くらいの人がいたのだけれど、なんとなく場がしんとしてしまった。

　スピーチを聞き終えた頃、まわりは別の話題に移ってしまっている。そんな中、やはりテレビを興味深そうに見ていた洋介さんがだしぬけに言った。

「そんなに気になるなら、カイロに行ってデモに参加してきたらどうですか？」

「え？　デモは分からないけれど、私はカイロの友人に会いに行きたいんです。このさなかで、人々が、とくに自分と同世代の人たちが何を思っているのかを間近で感じたいの。これで暴動がひどくなったらまた飛行機が止まってしまう」

「大丈夫だと思いますよ。民衆の力は強い。それに彼ら、この報道が伝えているほど暴力的じゃありません。実際ぼく毎日、タハリール広場に通っていました。日本の大学から退去命令が出されるまで」

　タハリール広場――デモの中心となっていた広場に、報道陣以外の日本人が入れるなんてまったく想像していなかった。

「入れるんですか？」

「入れますよ。そして入っちゃえば安全です。とにかく中を目指すことです」

　いたずらっぽく笑う洋介さんは、私がアラビア語を話せないことは大した問題にはならないだろうと言った。

　その夜、ヨルダンに入った日に出会っていた博樹さんという人が私の隣に腰を下ろした。自転車で移動している彼とバスで移動している私は、アカバ、ペトラと同じ宿に泊まり、奇妙な追いかけっこをしながらここまで北上してきていた。彼は日本から海外に住む大切な人に届けて欲しい手紙を募り、それを自転車で配達しながら旅をしている。野宿で気を張る夜も多い分、宿ではずいぶんリラックスできるようで、他の宿泊客たちと楽しそうにお酒を飲んでいた。

次はヨルダンを抜けてシリア宛の手紙を届ける。その前に明日から数日間、宿に泊まっている8人くらいの日本人とイスラエル・パレスチナに行ってくるという。「手紙ありますか?」と聞かれて、ババとヨニーに書こうかしばらく考えていた。

「酔った勢いですが、素直に思ったこと言ってもいいですか?」

唐突に博樹さんが言った。「気を悪くするかもなあ」と、しばらく気まずそうにはにかんでいる。年が近いことや、私が彼の旅の話に惹かれたこともあって、私たちは同じ宿に泊まるたびにかなり突っ込んだ話をしていた。いったい何を言われるのだろうと、どぎまぎする。

「英語放送のテレビの前であんな風に感情的になっていたら、卒業旅行で来ている学生さんたちにとって、あなたはかなり近寄りがたい存在ですよ」

恥ずかしさで顔が赤くなっていくのが分かった。言葉を紡ぎ出すのが苦しい。

「私、尖っています。弱いのかな。……ホントは尖りたいわけじゃないけど、今は尖るしかないんです。自分のやろうとしていること、カイロに行こうとしていることを『ありえない』って言われたらまた見えなくなってしまうから、……言いそうな人を寄せ付けたくない。この1週間で、友達に会いに行かなかったら私じゃないことも、行きたいって思っていることも痛いほど分かったのに。そうしようとする私はまだ、人に否定されたら支えきれないくらい脆いから。……本当はきっと、少し怖いんです」

ひとつひとつ言葉にしながら、ああ、やっぱり私は怖かったんだと、なんだか納得してしまった。ひとりになりたかったけれどなりきれなかったのはそういうことだ。人が見ていてくれれば手をかけられた雲梯の3番目。誰かが見てくれていれば意地を張れると思ったから、だからひとりぼっちにはなりたくなかった。残念ながら今回はまわりの人もその3番目のバーが恐ろしいと言う。でも「大丈夫だ」と言ってくれる人にも出会えたじゃないか。

ふとダブリンでハビエルと話したことを思い出した。どちらに進むのか、結論は出ている。

翌朝、博樹さんたちはバタバタと部屋を出て行った。私はババの連絡先だけ渡して手紙は書かなかった。

カリムに電話した。彼はデモの中にいると言った。

「大丈夫だ、あとちょっと待っていろ。いま軍が動き出している。もう少ししたらきっと、いいニュースが流れる」

私はチケットを予約した。待ちたくない。出発は明後日2月13日に決まった。洋介さんのカイロ話をじっくり聞こうと思い、その日は香田ホテルに残った。

「うらやましいなあー。僕も自由の身だったら今すぐカイロに帰りたいですよ」

カイロの情報を色々と教えてくれながら、彼は大学の退去命令がなければなあと何度も言っていた。夕飯を一緒に食べて帰ってくると、なんとなくまだ流れていたテレビの向こう側で、突然ムバラク大統領が辞任した。

革命の翌朝

入国審査には列がなかった。まわりには背広を着た「いかにも仕事で来ざるを得なかった人」が数人いるだけで、旅行者らしき人影はひとつも見当たらなかった。鼓動が早くなるのを感じながら、カイロにいることがつい前々日に分かった同級生が、空港に迎えに来ると言ってくれたことに心底感謝した。

私にはカイロの街がどうなっているのかまったく想像がつかない。

「大統領が辞任しても騒乱の先には未来が見えていません。エジプトにはこれから迷走の日々が待ち受けているでしょう」——日本語で読んだウェブニュースの見出しは揃って似たような言葉で記事を締めくくっていた。デモで目的を果たした後のほうが人々は暴徒化するのではないか……。漠然と不安になる。

「目的は?」

「観光です」

ドキドキしながら答えて入国審査官にパスポートを渡すと、審査官は心なしかリラックスした様子でスタンプをポンと押した。

「自由の国へようこそ!」

到着ロビーまで迎えに来てくれたヤスミンは、両手一杯に新聞を抱えていた。

「待っている間にね、空港の職員の人たちと話をしていたの。彼らも革命のヒーローよ。だって、分が悪くなって逃げ出そうとした官僚たちを自分たちの判断で出国させなかったんだから！」

ヤスミンは興奮した様子で言うと、運転手を待たせているからと携帯電話で連絡を取りながら出口に向かって歩き出した。朝のカイロ空港到着ロビーは太陽の光がいっぱいに入って眩しい。

「大統領辞任の瞬間って、どんな感じだった？」

「すごかった。突然歓声が起きて、まわりの人たちが抱き合い始めて。大統領が辞めたんだっていうニュースが波のように伝わってきて、分かった瞬間、私もまわりに立っていた見ず知らずの人たちと抱き合っていた。そんなこと初めてしたよ」

大統領が辞任した瞬間、彼女は何百人と集まったデモの中にいた。２日前メールでやりとりをしていたときは「危ないから絶対に来るな」と私に釘を刺し、自分も一歩も外には出ていない様子だったが、最終日だけはデモに参加していたらしい。

「行っても大丈夫そうな雰囲気だったから、家族みんなで出かけたの。私、フランスのテレビ局とイタリアのテレビ局に映ったのよ！」

お抱え運転手つきの彼女の車に乗って空港と街の間の砂漠を走る。途中何度かお母さんから電話がかかってきて、応えるヤスミンは時々小さな歓声をあげた。２度目の電話を切った後で、ヤスミンは笑って私に言った。

「うちのお母さん、昨日からテレビで新しいニュースがあると電話で知らせてくるの。笑っちゃうでしょ。今のはね、スイス銀行がムバラク大統領の口座を凍結したっていうニュース！

ああ、でもお母さんの気持ち分かるな。これから独裁政権の悪事が暴かれて、彼らに盗まれたお金がエジプトに返ってくるの。それが貧しい人たちの教育に使われればこの国はきっと豊かになる！」

カイロの空は晴れ渡っている。車は広い欧米風商業モールの前で止まり、私たちはそこでランチを食べた。ようやく思い出したかのようにお互いのこれまでの話をする。ヤスミンは国際的に有名な石油会社で人事の仕事をしていた。

「でもなんかしっくりきていなくって。来年はイギリスにジュエリーデザイナーの勉強をしに行こうかと思っているんだ」

今までと違うことをしたいというのもあるが、イギリスに行きたいという気持ちも大きいのだという。

「あんまりここに住みたいって思う国が今までなかったんだけど、イギリスに行ったときに惚れちゃったんだ。私にとっては、すごく、すごくいいって思った」

それに、エジプトの男性はもういやだと。

「酒は飲む。タバコは吸う。ムスリムの教えでは禁じられているのに、男だけはいい。それがかっこよさの印なんだって。なんだかバカみたいで……。でもそういうモラルの問題も、革命が起きてこれからは良くなっていくかもな」

そう言いながら彼女は携帯電話を覗き込んだ。

「色んなメッセージが回覧板のような形で回ってくるんだけどね、さっき入ってきたのはこういうの。『革命が起きた今、大事なのは自分たち自身を変えること。これからは道にゴミが落ちていたら拾うし、困っている人がいたら助けるし、正直であるために賄賂には関わらない』

こういうメッセージが出てくるのは素敵だと思うの」

レストランのテラス席で賑やかに食事をする人々を見渡しながら、ヤスミンはまるで新しく生まれ変わった景色を愛でるように目を細め、気持ち良さそうに息を吸った。

「私たちは自由を勝ち取ったんだよ。今まではこんな体制批判とか国を変えようなんて話、外では怖くてできなかった。秘密警察が徘徊していたから」

「じゃあ、これからエジプトってどうなっていくんだと思う?」

「当面のところは軍がなんとかしてくれると思う。軍は市民の味方だもの。それなのに、これからも座り込みを続けるとか言っているちょっと頭がおかしな人たちもいるんだよね」

その「おかしな人たち」とこのあと何週間も過ごすことになるとは、このときはまだ想像もつかなかった。再びヤスミンのお抱え運転手の車に乗ると、彼女は自宅の近くで車を降りた。ここから先は運転手さんが私のことをカリムの所まで連れて行ってくれるという。

「私あと何日かは会社休みだし、その後でも運転手が車でいろんなところに連れて行ってあげられると思う。連絡してね」

彼女は携帯電話のプリペイドカードをくれた。そのカードを使って何度かやりとりしたのだけれど、私がヤスミンと会ったのは、結局それが最初で最後だった。

2人になると運転手さんが話しかけてきてくれた。アラビア語が分からない私と英語の分からない運転手さんでは会話は成り立たなかったのだけれど、なんとなくコミュニケーションが取れている気になった。渋滞でほとんど進まない橋をようやく下りようとするとき、運転手さんは嬉しそうに「タハリール」と言った。それって広場のこと?　4車線の内側のレーンを走っている車からは、ニュースで見ていた広場らしきものは見えない。両脇の歩道には、思い思いの大きさのエジプト国旗を抱えて歩く人たち。さらには国旗の束を抱えた商売人たちが車の間をぬっていく。赤、白、黒のトリコロールが、夕暮れ空のあちらこちらで揺れていた。

＊ ＊

仕事帰りのカリムと待ち合わせたのは歴史の古そうなホテルの地下にあるバー。週の始めだというのにほぼ満席だった。

「自由のエジプトで最初に飲むビールだろ」

そう言ってカリムは目の前のグラスにビールを注いでくれた。同じテーブルにはカリムの中学時代の同級生と職場の同僚がいた。テーブルのみんなは革命に乾杯した。

「間に合わなくてごめん」私はまず謝った。

革命を見に来いと言われたのに、着いた日には大統領は辞任していた。私は悔しかったのと申し訳なかったのとで、カリムに合わせる顔がないと思っていた。

「そんなこともないよ。この革命の意義は政権を倒したことにあるんじゃない。革命を通して人々の意識が変わったこと、ここから先に続く未来が大事なんだ」カリムは陽気な調子で言うと、追加のピッチャーを頼んだ。

ハチャメチャだった先輩はぱりっとしたスーツを着た銀行員になっていた。大学はイギリス、その後カナダの銀行に就職してバンクーバーで暮らしていたが、1年半ほど前にエジプトに帰ってきたという。帰国当初は外資系の銀行で働いていたが、今はエジプト資本の銀行で富裕層向けの貸し付け業務を担当している。デモが始まると銀行は一時休業したが、数日前からは業務が再開していた。

「銀行が開いた初日は最悪な1日が始まると思った。エジプトから資金を引き揚げたいって依頼が殺到すると思ったんだ。でも実際にそうしようとする人は驚くほど少なくて、逆にエジプトの経済を助けたいって言ってくれたお客さんが大半だった。海外に住むエジプト人の問い合わせも多くてさ。どうもエジプトの株式市場が深刻な状況になるかもしれないというニュースを受けて『1ユーロでもいいからエジプトに投資をしよう』というメッセージが出回ったらしいんだ。今まで投資をしたこともないという人たちからも『株はどうやって買うんだ』と何件も電話がかかってきてさ。電話越しで涙をこらえる1日になったよ」

向かいの席からカリムの同僚が合いの手を入れる。

「一般窓口に来た人たちが列に並んでいたのもビックリしたよな。エジプトに列をつくるなんて概念は存在しないのに。あの日はお客さんたちが自ら、『列になって記入して待つように!』なんて仕切り出すんだから」

たしかに私の知るエジプトには列がなかった。人の意識というのは18日間でそうもがらりと変わるものなのだろうか。

店の音楽が陽気なテンポに変わると、隣のテーブルに座っていた若い女の子たちが踊り出した。カリムたちも手拍子を叩いて盛り上げる。「一緒に踊ったら?」と言ったら「そんなことしたら袋だたきにあって追い出されるよ」と笑われてしまった。ホームパーティならともかく、公共の場で恋人でもない女性を誘うのはタブーなのだという。

「でもこういうのも革命の変化だよな。このバーに来ていたのは今まで男ばかりだった。女の子たちだけで来て踊るのなんて見たことがなかった」

カリムがしみじみと言う。フロアでは女の子たちのグループにつられて近くのテーブルの中年の夫婦が踊り始め、バーはどんどん賑やかになっていった。


夜も更け、バーを出る前にトイレに寄ると、踊っていた女の子の1人が先にいて英語で話しかけてきた。エジプト人だが普段はパリにいるという。彼女は革命のために帰ってきたのだと言った。

彼女がフェイスブックでデモの呼びかけを見たのは1月20日だった。翌日彼女はエジプトに戻ってきた。そしてデモの始まった1月25日からずっと広場に座り込んでいたらしい。

「フランスの大学は授業中だったけど、私にとっては自分の国で起きようとしていることのほうがずっと大切だった。エジプトのことしか考えられなかった」


18日間の座り込みの末、彼女は歴史が変わる瞬間を見た。いやむしろ、つくったのだ。

「タハリールに住んでいたのは19日間。色んな人と出会って語り合って、すごい時間だった」

「18日間じゃないの？」私は聞き返す。

「座り込みは18日間で終わったけど、昨日はずっと広場の後片付けをしていたの。今日が手放しで祝える最初の日だから、久しぶりに綺麗な格好がしたくて」

セクシーな服を着て、鏡の前でばっちりメイクを直して、今日彼女は達成感を味わっている。

「19日間ずっといたの？　よく家族が許してくれたね」

途中から私たちの話に加わってきた別のエジプト人の女の子が言った。

「うん。みんなフランスにいるから、引き戻しにこれるわけでもないしね」

にやりと笑いながら答える彼女に、聞いた相手は呆れた表情。

「それに私たちの世代ってさ、変化を起こすために生まれてきたんだよ！」

小さなガッツポーズを残して、彼女は先に化粧室を出て行った。あまりの爽やかさに、残された私はあっけに取られていた。

語られなくても目の前にあるもの

翌朝、起きるとカリムが言った。

「今日さ、バレンタインなんだよね。だから好きな子にプレゼントを買って届けたいんだわ。手伝ってくれない？」

昨晩バーで「明日はタハリール広場に行って、座り込みをしてる人たちと話してみるか？」と言ってくれていたのに。とはいえ人の恋路を邪魔するわけにもいかない。相手の日常に寄り添うと決めている以上、そういう旅なのだ。


車に一緒に乗り込み、それでも広場に心惹かれながらカリムの恋の話を聞いた。相手が良家のお嬢様でカリムの自由奔放さを受け止めきれないかもしれないこと。上手くいって結婚となった場合は、向こうのお父さんに納得してもらうために大きなアパートを用意しなければならないこと。富裕層向けの銀行員をしているとはいえ自分の両親がよっぽど裕福で援助してくれない限り（カリムはこのカテゴリーには入らないらしい）、この街に豪華なアパートを買うのは不可能なこと。


高校の頃は綺麗な彼女を堂々と連れて歩いていた先輩が「俺がプレゼントは選ぶからアキコが渡してくれ」とまるで小学生のようなことを言うので驚いたら、相手はため息をついた。

「あのなあ。俺の今の世界で『デート』っていうのは、それぞれの車でガソリンスタンドに乗り付けて、ガソリンを入れている間だけ隣接しているコンビニの中で一緒にお茶を飲むってことなんだぜ」
「happy valentine」——赤いデコレーションで飾られたチョコレートショップ。テレビに映っていた真っ赤な街のイメージとはかけ離れた小綺麗な店に、カリムが入っていくのを車の中で待っていると、違和感と妙な納得感が交錯する。いずれにせよ早く終わらせて広場に連れて行ってもらうことにしよう。そう急いていた気持ちは、再び走り出した車のラジオから流れたニュースによって砕かれてしまった。
「アキコ、タハリールの座り込み、解除されちまったよ。残っていた連中が退去命令に応じたらしい」

翌日は郊外にあるカリムの友人宅に招かれた。引っ越したばかりのその友人は、新調した家具や壁にかけた絵について気心のしれた男友達の意見を聞きたいようだった。「この家具のセンスはいいね」「これで嫁さんがもらえるといいな」招待客がコメントするたびに彼はほっとした様子だった。

軽食をつまみながらビールを飲む。BGMはテレビの音楽番組。ミュージックビデオの映像から歌詞を察するに「革命でいかにドラマチックな戦いが起こったか」「革命を戦ってエジプト人が誇りを取り戻した」「愛するエジプトの国旗を揺らしながら歌おう」というような内容の歌が流行っているようだった。時折誰かがチャンネルを変えると、いかにして革命前の独裁者を裁くかという内容の討論番組をいたるところでやっていた。

家に招いてくれたカリムの友人はそんな革命騒ぎに嫌悪感をあらわにした。

「仮にも国のリーダーだった人をそこまで追い詰めなくてもいいじゃない。それに今になって『エジプト人であることを誇りに思う』なんてみんなが言い出すのはおかしいよ。俺はずっとこの国を誇りに思っていた」

「そりゃお前がある程度恵まれた環境に育ったからだ。経済の底辺にいる人たちに今までのエジプトを誇りに思えなんて、ほとほと無理があるぞ」

　カリムが突っ込みを入れる。

「ムバラク大統領に同情できるかって言われたら、できない」

　帰りの車の中でカリムが言った。

「それは彼が世間が言うような悪人だからじゃなくて、彼にマネジメント能力がないからだ。国の中に問題が山積みでもそれをどうにもできない。計画することのほとんどが途中で資金不足になって中止される。この国にはびこる汚職が彼の意図したものではなかったとしても、それをどうにもできずにここまで来てしまったのは彼にリーダーとしての力がなかったからだ。最初は恥をかかない形で降りてもらうのがいいと思っていたけど、彼はリーダーの座に固執して退陣を求めたデモ隊の声を無視し続けた。騒ぎが大きくなったのは自業自得だよ。俺もデモが始まった最初の頃は仕事の帰りにタハリール広場の様子を見に行ったりするくらいだったけど、最後の何日間かはデモに参加して叫び続けた」

　郊外から延々と続く高速道路を運転して街の中に入ってきたかというときに、カリムはこれから通る地区の景色をよく見るようにと言った。道路の左右、見渡す限り工事が途中で中断されたような中層階の構造物が続く。すでに柱は立てられ、階と階の間にはセメントが流し込まれている。これから天井ないしは床が張られるのだろう。壁はまだない。

「別にこれ、工事中じゃないぜ。ここにはもう人が住んでいるんだから」

「えっ、うそ……」

「本当だよ」

言われて外の景色をもう一度注意深く見てみると、構造物の屋上には衛星放送用の皿が所狭しと取り付けられている。

「エジプトでは衛星放送の皿を設置するのは安いんだ。この辺りでは何件かの家でシェアして使っているんだよ。この国の『貧しさ』の程度が少し見えるでしょ。教育の機会もない人たちだ。エジプトの識字率は公式では60％くらいになっているけど実際は40％に満たないと思う。これでこの国に誇りを持てっていうのは無茶だよ」

暗い高速道路の後方に、景色が置き去りにされていく。

「俺はね、問題ばかりなのに汚職にまみれて何もできないこの国に失望しかけていたんだ」

ベランダに寄りかかりながらカリムが言う。私たちの会話はカリムの家に帰った後もしばらく続いた。私はここ数日、いまひとつ腑に落ちていなかったことを聞いてみた。

「ねえ、なんで汚職があるって分かったの？」

ヤスミンは汚職について語るメディアはほとんどなかったと言っていた。外で体制批判の類を語ることがタブーだったとも。それでも人々は口を揃えて汚職がひどかったから革命が起きたという。

「汚職はさ、いつも目の前にあったんだよ」

そう言ってカリムはベランダから少し身を乗り出した。

「たとえば真下の道、どう見ても整備されてないでしょ。でも書類上は完成された道路として登録されている。その先の空き地。これは公園として登録されているんだ。俺はカイロに来て物件を探したとき、道路が整備されていて、目の前は公園の家を借りたはずだったわけ」

カリムが調べてみたところ工事のための予算はついていた。でも実際の工事が行われることはなかった。資金が途中で横領されていたから。何度も行政にクレームを出したが何も変わらなかったという。

彼の住むマーディー地区には日本大使館もあり、どちらかといえば高級なエリアだと聞いていた。目の前に広がる光景はそのイメージとはそぐわない。

「カリム、寂しくないの?」

私は遠慮がちに、でも聞かずにはいられなかった。彼はカイロにひとりで暮らしていた。もともとはアレクサンドリアの出身だがそこにも家族はいないという。カリムはカナダで働いているときにエジプトから移住したがっていた家族を呼び寄せた。そして自分だけが2年前、エジプトに帰ってきた。顔立ちもよく、カナダでは仕事も女性も向こうからやってきただろうカリムが、堅い宗教の中で女性に気軽に声もかけられない。アパートを契約すれば目の前は荒れ地。給料だってカナダにいた頃の方が高かったろう。彼はこの街でどれだけのやるせなさを感じてきたのだろう。私にはカリムが、生きづらさの中でひとり戦っているように見えた。

「カナダに住んでみて思ったんだけどさ。カナダ人って自分の国に誇りを持って『カナダが一番!』とか言っている人がとにかく多いの。そこで暮らしながら俺は考えていた。エジプトはカナダなんかよりもよっぽど歴史の古い国だぞって。なんで俺らは誇りを持てないんだって。エジプトにプライドを取り戻したい、そう思って帰ってきたんだ」

銀行員として働きながら、仕事帰りには貧困層を支援しようと服のリサイクル事業を手伝ったりもしていた。しかしその現場はたびたび警察に邪魔された。まるで盗人であるかのような扱いを受けたという。

「自分の国はこんな国なのかと思うと、悔しくて、情けなかった。引き続きエジプトで頑張ろうと思う一方で、正直落ち込んでもいたんだ。帰って来ない方がいいと言っていた知り合いたちとは連絡を取らないようにしていた。そんな声に染まりたくなかった。でもカイロに帰ってきて1年半もしたら、連中の言いたいことも分かるなって思ってしまったんだよね。あまりにも多くのことが腐っていた」

そして革命が起きた。

「俺がエジプトを変えようって思うときに考えていたのは、デモとか革命っていう手段じゃなかったんだけど。でもすごいものを見せてもらったとは思っている。これを目撃しちゃったからには、また頑張らないと」

翌朝、工事の音で目が覚めた。ベランダに出ると目の前の空き地にトラクターが入っていた。

「工事が始まったの？」

「なんかね、下の階に住んでいる人が借りてきたんだって。自分たちの力で公園にしようとしているみたい」

普段は賑やかなカリムは、朝日を浴びた空き地を静かに見つめていた。そして「町の中でも、自分たちで道路の掃除や整備を始めた人たちがいるんだぜ」と付け加えた。

「たぶんね、エジプトの人が革命によって気づいたのは、『自分たちは自分たちが思っているよりも多くのことを自分たちでできる』ってことだよ」

海辺の故郷

カリムが勤める銀行が再びストライキに入った。かといってカイロで何か新しい展開はない。私たちは彼の故郷、アレクサンドリアまで遠出してみることにした。カイロには後ろ髪を引かれつつも、この旅初めてのロードトリップに心は踊った。広大な砂漠、突然の砂嵐、隣を流れるナイル川、点在する農地。窓の外の景色は次々と変わった。

「この辺の土地は全部軍が支配しているんだ。エジプト経済のもうひとつのからくりだ」

エジプト軍は国土の3割を所有し独自のビジネスなどを手がけているらしい。まるで巨大な財閥のようだとカリムは説明してくれた。

「大統領の私的なポケットに入っていたスエズ運河の収益に加えて、本当は軍が押えている資源も国の資源として活用できるようになると、エジプトの経済の見通しはさらに明るくなるんだけどなあ。さすがに今の状況だと軍にまでメスを入れるのは難しいんだろうな」

革命の後も政府と軍と民衆の間には複雑な力関係があり、民主化への道のりは長いらしい。

「軍といえばさ、俺らの1年上のイスラエル人が兵役に行って前線に送られたの知っているか」

カリムは私の1つ先輩にあたる。私たちの学校は2学年しかないため、そのイスラエル人のことを私は知らない。

「体の弱い彼が軍に行くことになったとき俺はトレーニングを手伝ってやった。兵役中、彼が前線で起きていることの矛盾を感じたときには頑張れって励ましのメッセージを送った。それが他のエジプト人たちの気に障ったみたいでね。俺、卒業生のコミュニティでは村八分よ」

　エジプトの反イスラエル感情、パレスチナへの同情は強いのだそうだ。

「俺はね、彼を孤立させてしまうこと自体が中東和平の希望の種を握り潰してしまうことになると思っていた。イスラエルでは兵役を終えなければ社会で認められる立場にはなれない。そして内側からしか絶対に変わらない社会だ。兵役に行った仲間が潰されないですむように、いつか内側から国を変える人になれるように俺たちが味方でいてやらなきゃ。他の連中の反応にはがっかりしたよ」

　運転席のカリムは前を見つめたまま言った。

「なんのために世界中から人が集まる学校に行ったんだ。お互いに対して背を向けていてはなにも解決しないことを学びに行ったんじゃなかったのか」

　私はヨニーとノアムのことを想っていた。


　アレクサンドリアは海辺の街だった。革命で一番激しい衝突が起きていると聞いていたその街には破壊の形跡などどこにもなく、ゆったりとした時間が流れていた。私は、明るい太陽とエメラルドグリーンの地中海をバックに、小さな男の子が赤と黒と白のエジプト国旗を振りながら歩く様子や、街を歩く女性たちが被っている色とりどりのスカーフに見とれた。

　鉄道の駅には古くなって色のはげた柱に真新しい黄色のペンキを塗り直す若者の一団がいた。

「街を掃除するのと一緒だよ。今までは独裁者のもので自分たちのものじゃなかった。みんなこの革命で、やっとエジプトを自分たち市民の手に取り戻したと思っている」

　カリムが言った。日差しに照らされた彼らが眩しい。

誰もいないカリムの実家には何人もの幼なじみが遊びに来た。そのうちの1人は工場の経営者で、革命を個人的には支持しつつも、経営者としては難しい局面に立たされたことも教えてくれた。

月末にデモが始まり、銀行が営業を中止したため、彼は従業員の給料を払うために奔走するはめになった。海外には化学製品が卸せなくなった。警察が街から姿を消す中、地元のキヨスクや薬局など車で回れる範囲に商品の洗剤を売り、手にした現金をまた車に積んで従業員の家を回ったらしい。そしてデモが解散すると今度は工場でストライキが起きた。

「何を要求しているのか聞きにいったら『何を要求すべきか明確ではないが、他の人たちもストをしているから自分たちもしなければいかん』って言われてさ。結局、給料を勤続年数に応じて最大2割増しにするという提案をして、受け入れる従業員の雇用は続行、受け入れない従業員は解雇する措置をとったんだけどね。なんだか奇妙な具合だったんだ」

稼働している3つの工場のうち、2つの工場はほとんどの従業員が残り、もう1つの工場では多くが辞めたという。

カリムたちはデモが終わった今でも、携帯電話で回ってくるメッセージを見ながら革命の最中で生まれたジョークに大笑いし、新しいエジプトはどうなっていくべきかについてアラビア語で熱く議論した。久しぶりに幼なじみたちに会うというカリムは嬉しそうだった。

「一番大事なのはさ、亀裂をつくらないことだと思うんだ」

不意に彼は私の方を向いて言った。

「近く、革命のために戦って命を落とした人々を追悼しようっていう動きがあるんだけど、俺は命を落とした警察官たちについても一度ちゃんと追悼する場をつくりたいと思うんだ。そうじゃないと市民はいつまでも警察を憎み、警察はいつまでも市民に怯える。それじゃあ健全な形で前には進めないから。同じ場で追悼できるとベストなんだけどなあ」

そういった趣旨のメッセージを彼は携帯電話のメッセージ機能を使って友人たちに送ったと言った。賛同する人がいればそのメッセージは友人からさらにその友人へと広がっていくらしい。

初めての広場

私はアレクサンドリアからひとりで帰ってきた。カリムはその日いっぱい友人たちとのんびり過ごしてから夕方頃帰ると言った。私は革命後最初の金曜日に、タハリール広場で大きなイベントがあると聞いて我慢ができなくなっていた。長距離電車でカイロに着き、地下鉄の切符売り場に並ぶ。どこまで行くのかと聞かれて「サダト」と答えると、ガラス向こうのおじさんが「ほんとか⁉　そうかそうか！」という様子で親指を立て、満面の笑顔で切符を売ってくれた。

そのサダト駅では国旗を手にした人たちがぞろぞろと降りた。私もついていく。出口では荷物検査があった。私の荷物を検査してくれたのは感じのいい女の子で、学生ボランティアのようだった。ようやく地上に上がるとそこがタハリール広場。家族連れが思い思いに地面にシートを敷く様子は、ピクニックのようにも見えた。広場の座り込みは革命の翌々日に解除されたが、今日はムバラク大統領への制裁の要求と死者の追悼の意味を込めて、もう一度人々が集まるとのことだった。

しばらく広場の周辺を歩いていると続々と人が集まってきた。正午、イスラム教徒のお祈りの時間が始まると、私は祈る人々の真ん中に入ってしまい身動きが取れなくなった。照りつける強い日差しを手の平でよけようとすると、後ろにいた人が新聞紙を一束分けてくれた。バックパックに入っていた水を取り出して飲んでいると、隣にいた人が私にもちょうだいと遠慮がちに言った。ペットボトルを渡すとあれよあれよと人の間を介していく。お祈りの後はさらに人が押し寄せた。少しの間広場を離れようと逆流した私は、広場の入口辺りでまた前にも後ろにも動けない状態になった。

ようやく人混みを抜け出したところで1人のオランダ人に会った。昨年大学を卒業したばかりの24歳。何をやりたいか模索する中で先月ジャーナリストになりたいと思い立ち、知り合いから、それならばアラブの春の取材に行ってはどうかと勧められたらしい。この後、チュニジア、リビア、シリアを訪ねるつもりだという。

「その心意気買った！」

近くにいた眼鏡のおじさんが私たちに声をかけてきた。彼は次から次へと人を紹介してくれる。

「普段はアメリカで働いているのだけれど、この騒ぎに黙っていられなくなって戻ってきたんだ！」

そう言って財布の中から免許証を見せてくる。私たちは2人ともアラビア語が話せなかったが、おじさんは道行く人を呼び止め「僕が通訳してあげるから、ほら、どんどん聞いた！」と促した。

オランダ人の彼は、大統領がいなくなってしまったことによってできた空白を、誰がどういう形で埋めていくのか、次の権力争いはどうなるのかに興味があるようだった。「君は？」とおじさんが私の方を向く。

「革命が起きて、人々が最初に何をしたいかに興味があります」

その質問を通りすがりの女性に聞いてくれたおじさんは、一瞬言葉に詰まった。顔以外の全身をベールで包んだ相手の女性はけたけたと笑って去っていく。

「なんて言ったの？」私はおじさんを見上げた。

彼は首を横に振りながら言った。

「離婚だってさ」


次は立派な髭をはやし、白い帽子とゆったりとした白い衣服に身を包んだご老人。

「革命の素晴らしかったところは、若者も、お年寄りも、金持ちも、貧しい人も、みなが参加したことなんだよ。うぬぼれるわけではないが、これは世界でも類を見ない平和的な革命だ」

「これからどうなっていくと思いますか？」

「そうだね、若者が中心の国づくりが進むと思うよ。もちろん若者だけでは役不足だろうから、ムスリム同胞団なんかの助けも借りてね。わたしは別にメンバーではないけれど、同胞団には市民をまとめあげる力があると思うよ」

老人のそばを離れた後に、オランダ人がおじさんに聞いた。

「今の人、ムスリム同胞団でしょうね」

おじさんもそうだろうなあと頷く。


大きく引き伸ばされた若い男性の写真を抱えている一団と出くわす。遺族のようだった。広場に集まる多くの人が、亡くなった人たちの顔写真が印刷されたカードを首から下げていた。写真の多くは若い男性だったが、中には女性やまだ小さな子どももいた。おそらくこの日を一番待ち望んでいた彼、彼女らは、家族や友人、その他大勢の人に連れられて広場にやって来た。

おじさんは、次は中年くらいと思われる小太りの男性を連れて来た。ゆっくり聞く話だと言って私たちを近くのカフェに座らせる。

「彼は18日間ずっと広場にいたんだ。だからなんでも話を聞けるぞ」

小太りの男性がおじさんにひと言ふた言伝える。おじさんが顔を覆った。

「どうしたの」オランダ人が訊ねると、おじさんは言いづらそうに言った。

「いや、同じエジプト人としてとても恥ずかしいのだけれど、話を聞くならお金を払えと言っているんだ。人が死んだ話とかは話すのに精神的な苦痛を伴うからって。君たちがどこかのメディアから雇われているわけではなく、これからジャーナリストを目指す立場なんだということも説明したんだが。どうする？」

それなら結構です、と答えそうになって、ジャーナリスト志望のオランダ人に目をやる。彼の方が切実に情報を必要としているのだ。

「僕は取材対象にお金を払わないポリシーでやっています。なので、それはちょっと……」

彼もためらっていた。

「とはいえ、せっかく連れてきたのに追い返すわけにもいかない。ここは1人50ポンドでどうだろう？」

色々と世話を焼いてくれたおじさんに申し訳なく、私たちは合意した。

インタビューはそこそこという感じだった。――18日間のデモが始まる前に、これからどうするべきかこの辺りのストリートカフェに人々が集まって議論した。広場には食料がなく、人々はパンを分け合って食べた。警察が街から姿を消してしまったため、デモで座り込む人たちの家族の無事を確かめようと地区ごとに何人かの人が様子を見に帰った。政権の差し金としてラクダに乗って広場に攻め入ってきた男たちを捕えたときに、その男性は活躍した――そのどれもがどこか具体性を欠いた美談のようで、ひとつひとつ詳細を掘り下げて聞いたり、矛盾を指摘したりする必要があった。オランダ人は途中からさじを投げたようになっていて、「お金を取ると言った以上、しっかり聞かせてもらうぞ」というやや前のめりな私の質問だけが、ぎこちなくその場の空気を前に進めているようだった。

白けもピークに達したとき、おじさんが「そろそろこの辺にしようか」と言った。「支払いを」と言われて渋々50ポンドを渡すと、小太りの男性が「ありがとう」と言って立ち上がった。おじさんも「じゃあ」と私たちに挨拶すると、小太りの男性を追いかけた。後味が悪い。

オランダ人の彼と私は人混みの中をふらふらと歩いた。外国人は珍しかったようで、私のカメラに向かって嬉しそうにメッセージボードを掲げる人や、一緒に写真を撮って欲しいという人から次々と話しかけられた。兵隊さんまでもが一緒に記念撮影をして欲しいと言う。彼らはタハリール広場のすぐ外側に置かれたままの戦車を警備していて、その戦車の上ではたくさんの子どもたちが遊んでいた。まわりで親たちが、戦車で遊ぶ我が子たちに携帯電話やカメラを向けて写真に収めている。笑顔の人たちにカメラを向けるとさっきの後味の悪さが紛れてきた。

「これからどうするの?」オランダ人が私に聞いた。

「インターネットカフェを探したいんだ。どこか知らないかな?」

「ああ、僕のホテルの近くにあるよ」

広場を抜け出してもう暗くなり始めた道を歩く。まだこれから広場に向かう人たちもいるようで、道はどこまでも騒がしい。

「あれ、この辺のはずなんだけど……」

少し道に迷ったらしいオランダ人が、通りすがりのひょろりと痩せたおじさんに道を聞いた。

しばらく話しているうちにおじさんにはドイツ人の奥さんがいて、オランダ人が記事を載せたいと思っている雑誌社で働いていることが分かったらしい。喜んだオランダ人が、インターネットカフェの前にちょっと彼女に挨拶しに寄りたいというのでついていった。

いくつもの細い道を抜けて辿り着いたのは香水屋だった。おじさんはお茶を入れてくれて、ここの香水はボディーショップに卸しているんだと説明を始めた。1つ買っていかないかとしきりに勧めてくる。私がトイレを我慢していると打ち明けると、店の従業員さんが近くのビルのトイレに連れて行ってくれた。戻ってくるとまだ2人は香水を買え、買わないの交渉をしている。おじさんが私を見て言った。

「安くするよ。香水欲しいだろ?」

「いりません」

それを合図にオランダ人が立ち上がった。それじゃあ、と店を後にする。

「奥さんはいなかったの?」店を出てから聞いた。

「巻き込んでごめん。騙されたんだ」

ふらふらになって帰ると、カリムが苦い顔をしてテレビを見ていた。銀行のストライキは明日以降も続くらしい。

「こうなるとなんのために革命を支持したんだろうって情けなくなる。本質的じゃない議論の繰り返しだ」

ストライキをする人たちの要求の1つは盗まれたお金が返ってくることだという。ムバラク大統領や側近たちが横領してきたといわれる金。そこにみんながエネルギーを注いでいる状態がとてもばかばかしい、とカリムは苛ついた調子で言った。

「その金が盗まれたっていう証拠を集めて裁判をやるのにきっと何年もかかる。それは専門家に任せておいて俺たちは働き始めないといけない。盗まれた金をあてにしている間中、経済が停滞するなんて本末転倒だ。横領されたとされる財は大金だけど、それがなくても国の再建はできる。エジプトには資源もマンパワーもあるのに」

アラビア語のニュースは頻繁にCMを挟む。言葉が分からなくてもそのどれもが革命にあやかろうとしているのは伝わってくる。カリムと並んでテレビを見ながら、私は革命とはなんなのか、ますます分からなくなった。

年明けに来たときは不可解すぎたカイロが
ようやく少し分かってきた。
カイロ空港はかなり遠くて
交通手段がタクシーしかなかったことも納得。
カリムの住むマーディーには地下鉄の駅があるけれど、
家から駅までがとにかく遠い。
車がないと自分ではどこにも行けないのかなあ。

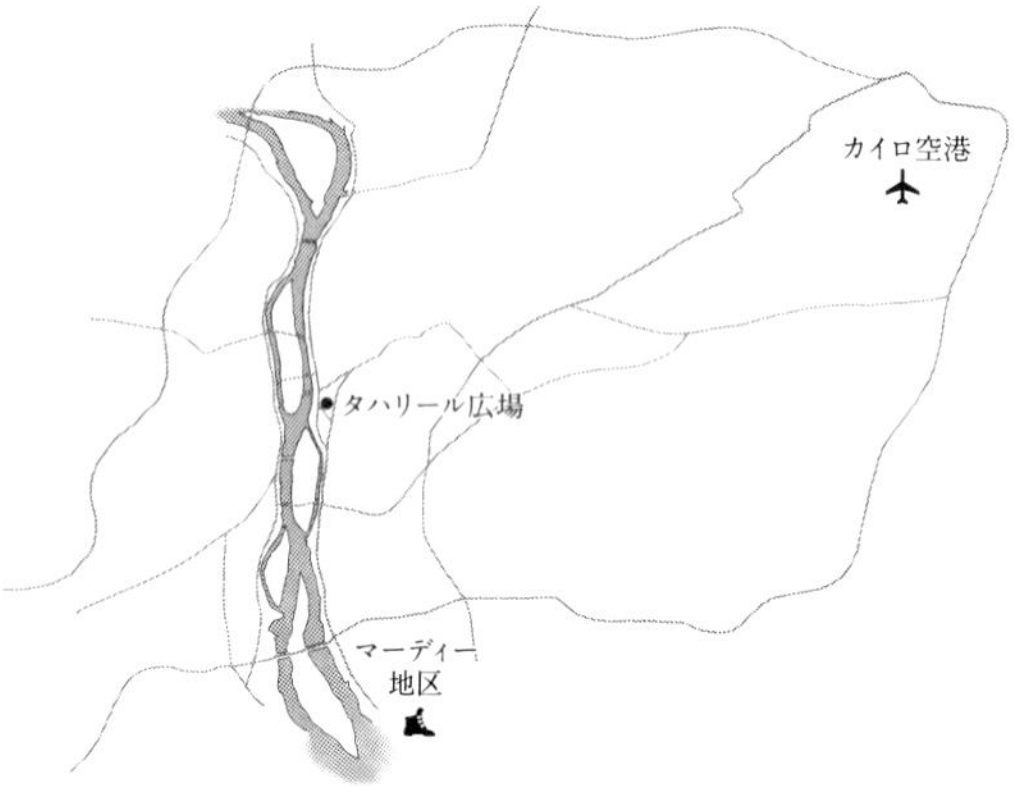

冒険の始まり

「くそっ。見張りがいる」

私を泊めてくれているカリムがいつまでもソファーで寝ているのは心苦しかったので、部屋が1つ空いているという後輩のムスタファの家に移ることにした。その小さな引っ越しの最初から、私たちはトラブルに見舞われた。ダウンタウンにいた私を迎えに来てくれたムスタファは、近くで友達が飲んでいるからちょっと顔を出そうと言って、古いホテルの屋上にあるバーに向かった。その後一緒にカリムの家に荷物を取りに行き、3人で少し話し込んだ。カリムが何度も門限が危ないと心配してくれたが、結局私たちが彼の家を辞したのは門限となる24時直前だった。そして今、運転をしていた道路の先で取り締まりが始まってしまった。

前にいた車同様、ムスタファは強引にハンドルを切って別の道を走り出す。

「だいたい門限なんて誰も守っちゃいないのに、取り締まるなんて馬鹿げている」

悪態をつきながらぐるぐるとたくさんの道を曲がって高速道路に入り、クラクションを鳴らしては隣の車を追い越していく。彼が車を寄せるたびに私はハッと息を飲むことになった。

「ちょっと、怖いんだけど……」遠慮がちに言ってみる。

「カイロの街はこれくらいの運転ができないと永久に目的地に辿り着かないから」

つまりは慣れろと諭された。

誰も門限を守っていないというのはムスタファの住む地区ではたしかに常識のようで、アパートに着いたのは夜中の2時だというのに向かいの質素なカフェには照明が灯り、人々がお茶を飲んでいた。門番さんを起こしてドアを開けてもらい、2人分の旅の荷物を車から降ろして5階に運ぶ。ムスタファは一昨日、ドバイから2ヶ月ぶりに帰ってきたばかり。昨日は空港から直接母親にタハリール広場に連れれて行かれて、夜も実家に泊まったらしい。「というわけでホコリ被っていたらごめん。掃除できていないんだ」

玄関の扉が開く。居間には木張りの床にカラフルなラグが敷かれて、映画などのポスターが無造作に立てかけてある。アーティストらしいけれど気取らない彼の家が、すぐ好きになった。

ムスタファは映像作家になっていた。エジプトで自分のショートフィルムを撮りながら、アルジャジーラのドキュメンタリーを担当するドバイの映像会社とフリーランス契約をしていて、2つの世界を行ったり来たりの日々だという。今回のドキュメンタリーは主にサウジアラビアに住むベドウィン族を追ったものらしく、「何週間も砂漠に缶詰だったんだ」と言う彼がリュックに押し込めた大量の荷物を紐解くと、間から砂がさらさらと落ちた。

「俺、腹ぺこ。何か出前をとろう」

こんな時間に出前が来るわけないでしょうと言いかけたときには、彼はもう電話をかけていた。

「届けてくれるって。ね、誰も門限なんて守ってないでしょ」

ムスタファは部屋から紙袋を取ってきた。

「アキコ、長い紐もってない？」

「あるよ」私は自分のバックパックから洗濯ひもと靴ひもを取り出した。

「全然足りない。5階から地面に届く必要があるから。あ、俺の凧糸で間に合うかな」

彼は作業部屋と呼んでいる部屋の段ボールをあさりはじめる。

「何に使うの？」

「出前が来たら、紙袋に入れてもらって引っ張り上げるの」

注文したのは大きなサイズのピザ。冗談でしょと私が笑うと、彼が窓の外を指した。

「別に冗談じゃないぜ。出前だの、クリーニングに出した服だのを、カゴでつり上げる家なんていくらでもあるぞ。明るくなったらその辺のアパートの窓にカゴが括りつけてあるから見てみな。基本的にエジプト人は面倒くさがりやが多いんだ。だから太るんだよな」

しばらくするとムスタファの携帯電話が鳴った。彼は凧糸を結びつけていた紙袋にお金を入れ、窓からするすると降ろした。ナナメに窮屈そうに入れられたピザの箱が引き上げられてくるのを見ながら、私はお腹を抱えて笑ってしまった。楽しくなるなあと思った。

＊　＊

「観光気分なら今はカイロに来るな。でも革命を支持して一緒に戦ってくれるなら、君は俺のゲストだ」

ヨルダンにいたとき、チャットを通じてそうメッセージを送ってきたムスタファに、容赦という言葉はなかった。次の日は朝こそゆっくりしたものの、午後からは予定が目白押しだった。普段使っている編集スタジオへの挨拶を済ませると、次は所属する映像作家の労働組合が起こしているストライキへ差し入れを届け、それが終わると今度は大学時代の仲間たちとストリートカフェで落ち合う。

裏道いっぱいにずらりと並べられたテーブルの一角では誰もが革命について熱く語っていた。ムスタファの大学時代の仲間たちは様々な立場で革命に関わっていた。デモに参加していた人、兵役中で市民を撃つ側に回らされた人（デモ隊に同情する若い兵士が多かったので、すぐに前線からは外されたらしい）、映像を撮っていた人。盛り上がるテーブルで、彼らと同じ大学の仲間だったというイラク人がぽつりと言った。

「イラクも、こんなやり方でサダム・フセインを退陣させられたらよかったのに」

すぐに他の話題に消されてしまったが、戦争が始まった当時アメリカの大学生だった私には、いつまでも重い余韻が残った。

みんなの話をときに笑い、ときに真剣に聞いていたムスタファが不意に立ち上がった。狭いテーブルの隙間を抜け、２つ隣のテーブルのそばに立っていた女性に手を振る。彼女の方もぱっと顔を輝かせてムスタファを見た。

「この子がモナだよ。ほら、ツイッターでフォローしなって言っていた子」

カイロの状況を知りたいとヨルダンからムスタファにメールをしたら、いくつかのツイッターアカウントをフォローするよう紹介された。実際フォローはしたものの、ほとんどついていけていなかった。慌てる私に挨拶してくれた彼女は、お洒落な眼鏡をかけた彫りの深い顔にソバージュの髪。辺りはすでに暗かったが綺麗な人だと思った。

モナもムスタファも次々と知り合いと目が合い、次から次へと挨拶を交わす。あっという間に彼女は別のテーブルに移動してしまった。後でムスタファに聞くと、モナは革命の広報的な役割をしていて、アルジャジーラのリポーターが軍に拘束されたときには代わりのリポーター役も務めたのだという。「話を聞いてみたかったな」私が残念がっていると、ムスタファが「すぐにまた会うよ」と言った。

1日中移動の連続でさすがにトイレに行きたいと訴えると、ムスタファは近くのバーに連れて行ってくれた。やはり若者たちでごった返すバーのカウンターでトイレの鍵を借りる。出てくると、ムスタファがバーで男の人と話をしていた。

「こちらアーメッド・ガルベーヤ。これからミーティングをする予定だった相手にばったり会ったよ」

時間はもう23時をまわっていた。家を出るときに今日は帰りが遅くなるかもしれないとムスタファが言っていたが、これはまた門限を破ることになる。

車に乗って連れて行かれたのは普通の家だった。深夜だというのにガルベーヤのお父さんとお母さんとが出てきて挨拶をしてくれた。早速ガルベーヤとムスタファはパソコンを覗き込みながら打ち合わせを始める。

「18日間のデモのときに、ガルベーヤが『メディアキャンプ』を立ち上げてさ。そこはみんなが携帯電話やカメラでとにかく撮っていた映像を持ち込める拠点だったんだ。今はそのときに集まった映像をどうするか考えていて。誰でも使えるアーカイブを作ろうとしているんだ」

ムスタファが説明してくれた。

「へえ、メディアキャンプってどういう感じだったの?」

「待ってね、誰かがそのときの写真をフェイスブックに上げていたから」

ガルベーヤがカタカタとパソコンをいじる。見せてくれたのは、小さなテントの写真だった。ドアのあたりにメディアキャンプと書かれたサインがガムテープで貼られている。テントの中では、ガルベーヤが寝転びながらパソコンを見ている。投石合戦になっていたテレビのニュースからは想像もつかないほどに、のんびりとした雰囲気の写真だった。

「カジュアルだね」

「ああ。でもホント、ひっきりなしに人が来て動画を置いていったんだよね。その数や6万点以上。どう整理するかが問題なんだ」

「そのことなんだけどさ、俺の高校の同級生で米軍に入ってアフガンに行ったやつがいて。そいつがこんなプロジェクトを立ち上げたんだけど、参考にならないかな」

ムスタファがウェブサイトを開く。

「米軍でアフガニスタン?」私は驚いて聞いた。ムスタファは1年下の後輩にあたる。彼の同級生のその後について、私はあまり詳しく知らなかった。

「そうだよ。マットはアフガンに派遣されたんだ。知らなかった?」

パソコンに表示されたウェブサイトは、アフガニスタン作戦に従事した兵士たちが、位置情報と紐づけたブログを投稿できるようになっていた。サイトの説明のところに懐かしい顔の写真が載っていた。迷彩服、アフガニスタン、米軍、私の視線はそれらのキーワードに引っ張られてしまうのだけれど、ムスタファは純粋に自分たちのアーカイブに使えるヒントがないかと、ウェブサイト上を行ったり来たりしている。

「あるいはこんなのもあるよ。動画や写真を街の位置情報と紐づけて投稿できるみたい」

ガルベーヤが別のサイトを開いた。革命後のカイロの街から犯罪や賄賂を撲滅しようという目的で、若いエジプト人のチームが立ち上げたサイトらしい。紹介のページに書かれていた言葉に惹かれた。

僕たちは普通のエジプト人の若者です。特定の政治団体に属しているわけではありません。革命が起きて道から警察が姿を消した際、ただ自分のコミュニティを守りたくて近所の人たちと自警団をつくりました。そのときの経験から市民でも力を合わせれば街を守れることに気づき、このサイトを立ち上げました。

アップ済みの動画や写真は10件に満たない。明らかにオープンしたばかりのサイトだが、革命の体験がこれから形あるものに変わろうとしていることを象徴しているようで、作った人たちに会ってみたくなる。ムスタファによれば、今、若者主導で動き始めているこのようなプロジェクトがたくさんあるという。

ガルベーヤが自分のフェイスブックページを覗き込んでいると、彼のお母さんが温かいお茶と、お盆に綺麗に盛りつけられたお菓子を運んで来てくれた。こんなに遅くに押しかけたというのに、微笑みながら全部食べていきなさいと言ってくれる。若者の革命というけれど、こういう親御さん世代の温かいサポートにも支えられているに違いない。

ミーティングが終わったのは夜中の2時すぎだった。

「さすがにリスクが大きいわな」ムスタファは近くにある自分の母親の家に泊まろうと言った。家に入るとムスタファの妹がまだ帰っていなかった。「ちょうどいいや、妹のベッドで寝て」とムスタファ。「帰ってきたらどうするの？」と私。「さすがにこの時間から帰ってこないだろう。彼女もどこかに泊まってくるよ。もし戻ってきたら、そのときはそのとき」

そう言われてしまうと逆に寝てはいけないと思い、目が冴えてしまった。しかしいざ彼女が帰ってくると、今度は驚かせずにベッドから起きるタイミングを逃してしまい、どうしようとうろたえているうちに夜が明けてしまった。翌朝、初対面の妹さんに謝ると、彼女は「全然。だってよくあることだから」と、なんでもないことのように笑った。

＊　＊

10年前のうろ覚えの記憶よりも、ムスタファは明るくなった気がする。そう言うと、本人も「そうだろうなー」と言った。

「エジプトにいるっていうのが大きいよ」今日も彼の運転は荒い。

「やっぱり、エジプトらしいものってあるんだ。なんだろう、それは食べ物であり、人であり、笑うときのつぼであり、道であり……。それらがこうやってちゃんと自分の日常の中にあるときとそうじゃないときでは、自分自身の状態がやっぱり違うと思う」

奨学金をもらってニューヨークにある映画の大学院に行ったこともあったが、気に入らず半年で帰ってきてしまったらしい。仕事をしているドバイの会社では正社員にならないかと折に触れて打診されるが、ドバイが生活の拠点になることがやっぱり腑に落ちないという。

「ドバイで正社員になれば収入が格段に違うけど。今でもなんとか暮らしていけてはいるし、自分の映画もあるからなあ」

自分の映画は15分のショートフィルム。かれこれ2年間取り組んでいるという。「ずいぶんかかるものなんだね」と私が驚いていると、ムスタファが言った。

「まあ、メシの種のドキュメンタリーもやらないといけないから映画だけに集中できないしね。それに本気で撮影したり、映像を編集したり、データを管理したり、テーマ音楽を人に頼んだりするのは、かなりの時間とスキルを要するんだぜ」

私は、自分が何の経験もなく、旅をしながら映像を撮って歩いていると言ったことが恥ずかしくなってしまった。

立役者たち

デモに行くけど来るか?と聞かれたのは、3日目の昼過ぎだった。「うん」とひとこと頷いて私は車に乗った。怖さ半分弱、好奇心半分強。

大使館が集中するザマレク地区に向かうと、すでに数百人規模の人がリビア大使館前に集結していた。「リビアに自由を」「カダフィーによる暗殺をやめさせろ」――。彼らが掲げるサインを、メディアがビデオカメラに収めていく。そのリビアではインターネットが遮断され、記者が国内に入れずにいるらしい。リビアから物理的に離れているとはいえ、ここでメッセージを発する方が国際社会に届く可能性は高そうだ。海外メディアの注目は今まだエジプトにある。

そのうちに集団の中にいた30人くらいの若者が、別の大使館に行くと言って移動を始めた。ムスタファや彼の友人たちと一緒に、イエメン、バーレーン、モロッコの大使館をまわる。彼らは陽気なドラムのリズムに合わせて、歌い上げていく。

「立ち上がるイエメンの人々を応援します」

「バーレーン、そしてアラブ諸国に自由を」

マーチの中を歩きながらふと私は、たとえば隣国の韓国や中国で何かが起きたときに自分が日本で行動したことがあったかと考えてしまった。もちろん目の前の彼らがこうやって大使館を歩いてまわろうとするのは、アラブ諸国が対峙している課題が国は違えどある程度共通していることや、蜂起が連鎖して起きていることが大きいのだろう。でもそれ以前の問題として、彼らが「アラブ」というように、私は「東アジア」を考えたことがなかった。

マーチはとくに大きくなる気配は見せなかった。大学生から30代前半くらいまでの若者たちが大体30人、多いときで50人。そびえ立つ大使館の門を前にした彼らに迫力はないのだけれど、真剣そのもので叫んでいる。その横を歩く私は、言葉が分からなくても手だけでも叩こうか、それともカメラを回すことに徹底しようか、関わり方に揺れている。

マーチは最後にチュニジア大使館にやってきた。

「ありがとう、ありがとう、チュニジア」

チュニジアのジャスミン革命があって今のエジプト革命があるからだとムスタファは解説してくれた。

小さなデモだったが、モナは海外のラジオ局やテレビ局のスタッフからインタビューを依頼されていた。そのモナを待ってムスタファと3人で近くのイタリア料理屋にご飯を食べに行った。モナは車に乗った後も「ちょっとごめんね」と言って、後部座席でブラックベリー携帯とパソコンを交互に眺めながら忙しく手を動かしている。

「明日のデモの件、決まりそう?」運転席のムスタファが彼女に声をかける。

「それがまとまらないのよ。そのまま座り込むって言う人もいれば、日中だけでいいじゃないかっていう声もあって。ああ、なんでフェイスブックの呼びかけ人なんてさせられているんだろ。なんでこんなにツイッターから離れられないんだろう。しまいには自分がツイッターでつぶやきすぎていることについてつぶやいている」そう言いながらも彼女の指は止まらない。

「まったく革命のお陰でみんなツイッター中毒になっちまったよな」ムスタファが相づちを

打った。

「モナは普段は何をしているの？」

「私は大学で癌治療の研究をしているのよ。でも革命のせいで大学がストライキに入っちゃって。今月はお給料がもらえないかもなあ」

「自分が始めた革命じゃん」すかさずムスタファが笑った。

「まあね」モナも笑う。

「えーっ？　モナが始めたの？」私は思わず聞き返してしまった。

「私だけじゃないよ。でもまあ、私の家族にとっては長く大きな戦いだったんだ。ムバラクが辞任した日、私は実をいうとちょっとしか広場には顔を出せなかった。父親が、今日だけは家族でお祝いがしたいって言ってね。久しぶりに家族揃ってゆっくり食事をとって、今までの長い日々のことを振り返っていた。特別な日だったよ」

モナは活動家の家に生まれた。弁護士の父親は、ムバラク大統領の人権侵害を30年間訴え続け、それを理由に投獄生活を送ったこともあるという。タハリール広場でデモが始まると同時にモナの母親、モナ、モナの妹は広場にテントを張って座り込みを開始した。デモが長引くのを知ると、南アフリカに住んでいる兄夫婦も駆けつけた。

「広場で一番驚かされたのは、妹の活躍ぶりだった。『若者』っていうと、きっと10代から30代くらいまでを広く指すのだろうけど、妹のような17、18歳の活躍ぶりと言ったら！　彼女たち、デモのことをきちんと報道してくれないメディアに対して怒ってね。自分たちで新聞を発行し始めたの。印刷会社にはタダで印刷してくれるように約束を取り付けて。毎日広場で配っていた。毎日多くの人が広場に来ていたから、新聞の存在はあっという間に広まってさ。革命の行方はまだ未知数だけど、彼女たちの年代から勢いと自信を引き出したことは間違いなく革命の大きな功績だよ。いまや『タハリール新聞』として発行を続けたいっていう出版社からのオファーもあるみたい」

運ばれてきた大きなパスタをゆっくり食べながら、モナは嬉しそうに話す。

「モナはこれからどうするの？」

店を出て再び車に向かう途中で聞いてみた。革命の行方は未知数。戦いの中心にいたモナはここからどこに行くのだろう。愛嬌も利発さも、そして美しさも持ち合わせている彼女にはなんでもできそうな気がする。

「たぶん調整屋じゃないかな。革命で色んなグループができたけど、それぞれ色があるから、異なるカラーを持つ団体たちの架け橋になる役回りを、ね。年齢が上の世代のグループと付き合うとか他の若者が苦手なところが私は意外と得意だから。たとえば革命で息子を失った家族に金銭支援をしたいっていう話がビジネス界のグループから出ているから、彼らと該当する家族たちの橋渡しをするとか。あと今回の革命でもたくさんの逮捕者が出ていてね。弁護士の人たちに動いてもらってその人たちをなんとか釈放させるとか。いずれにせよ裏方の仕事をすると思うよ」

臨時レポーターまで務めた彼女にしてはあまりに謙虚だと思った。浮き足立つポスト革命の街で、彼女は冷静に前を見据えているような気がした。

ひんやりと涼しい夜風が吹いた。

「モナの兄貴のアラーは、エジプトで独裁政府の批判をしたブロガーの先駆的存在なんだ」

ムスタファのアパートに帰ると、彼はキッチンのテーブルでパソコンを広げ、革命に関するウェブサイトをあちこち開きながら、詳しい話をしてくれた。モナとの食事は刺激的で、私は帰ってからも、あれが分からない、これを教えて欲しいと、ムスタファに質問攻めだった。彼はどこからそんなにすらすらと知識が出てくるのだろうと不思議になるくらい色々なことを知っていた。

＊　＊

「たとえばこれ、6年前にアラーと仲間たちがつくった〝2月30日運動〟っていう団体があってさ。今までの世代がやっていた堅苦しい政治運動じゃなくて、楽しく笑いながら独裁政治への反対姿勢を示そうぜっていう運動だったわけ。汚職への抗議運動としてモスクをモップで掃除してみたりとかさ。モスク側はすごく迷惑がったらしいけど。そもそも名前からしてイカしているだろ。2月30日。存在しない団体なんだから」

それから数年の間にエジプト内のブロガーは増え続け、虐待の映像に特化して発信する人、労働問題に関心を寄せる人など、それぞれが活動の範囲を開拓していった。デモを計画する団体も増えた。２００８年4月6日、北部の町の労働者によるストライキを受けて計画された大規模なデモが政府によって鎮圧されたが、運動自体はフェイスブックのページを持つ団体として残り、今回のデモの呼びかけにもひと役買った。デモで逮捕者が出た場合に即座に動ける無償の弁護士集団などもできた。細々と、しかし根強く続いていた抗議活動は、それを支える社会インフラを生み出してきたのだ。

ムスタファの説明はどんどんと進んでいく。

「それで、1月25日の直前には、漫画家が独裁政権の風刺画を描いたのがネット上で大流行したりして……」

「ちょっと待って。その前に。なんでそんなに詳しいわけ？　なんで、こんなに中心人物たちと友達なわけ？　革命の最中はドバイにいたんじゃないの？」

私は思わず口を挟んだ。革命の最中。私がヨルダンで二の足を踏んでいた頃、ムスタファはたしかにドバイにいた。エジプトに戻って来られたのは私がカイロに戻った5日も後だった。それでもムスタファは、まるで見てきたかのように革命のことを話し、その背景を深く知っていて、実際に手を動かしていた人たちと親密な関係にある。

「最初の2つの質問は、アラーやモナはいわゆる幼なじみだから。まったく左翼が機能していないエジプトにおいて、社会主義に傾倒していた両親たちの元でお互い育てられてきたから。デモに行く人たちが100人にも満たない頃から一緒に活動しているから」

「それで3つ目は、革命が始まってから頭の中にエジプトのことしかなかったからだよ。職場でパソコンにかじりついていた。一刻も早く帰ってきたかった。苦しくて気が狂ってしまいそうだった」

隣のムスタファは、さらにおもしろい画像やウェブサイトを教えてくれるべく、グーグルにアラビア語を打ち込み始める。その横顔を見ながら私は、ヨルダンにいた頃にフェイスブックの画面が常にムスタファの投稿するアラビア文字で埋まっていたことを思い出していた。ずっと続けてきた戦いが大きな節目を迎えるときにそこにいられないのは、どんなに悔しかっただろうと想像していた。

「しばらくはエジプトにいるの？」

「次の仕事の依頼はきているんだけどね。引き延ばせるだけ引き延ばすつもり」

タハリール共和国

「いいか、バックパックは前。カメラは必要なとき以外はバッグの中だ」
ムスタファは何度目かの念を押すと、じゃあ行くかと車を出た。同席していたロブナと私も車を降りた。

ロブナはムスタファの近所に住む女の子だ。28歳。ベリーショートの髪に緑色のくりくりした目。タンクトップにカーディガン、そしてジーンズ。普段はアメリカで比較文学の博士課程にいるが、エジプトでデモが始まると半年の休学届けを出して戻ってきたという。「まだ革命が成功するかも分からない段階で半年の休学届け？」私が驚いていると、ロブナが笑った。「教授までが、『行かなくてどうする！』って言ったわ。『一生のうちで、自分の国の革命を体験する確率なんてどれだけあると思っているんだ。半年でも1年でもエジプトに帰って、やるべきことをやってこい』ってね」

革命の要求が通るまでデモの勢いを消してしまってはいけないというのが、ムスタファやロブナの考えだった。広場に来る前に立ち寄ったムスタファのスタジオでも、ムスタファは同僚の女性たちに今日のデモに来るようにと説得していた。アラビア語で繰り広げられる会話をロブナがかいつまんで解説してくれたところによると、彼女たちは今はデモに出るべきときではないという考えらしい。まずは大統領辞任後の暫定体制に任せて様子を見て、それでも彼らがいい仕事をしなければ、その時点で道に出る方が効果的だと。その意見は至極まともに思えたが、ムスタファは「それでは機を逃してしまう」と反論した。

昼過ぎのタハリール広場には、まだパラパラと人影が見えるだけだった。先週の金曜日とは違い、広場の輪郭がよく見える。円形のタハリール広場は車道にぐるりと囲まれた孤島のような場所で、思っていたよりもずっと小さかった。この車道へ放射線状に延びる5本の車道が合流しているため、車の量も多い。走ってくる車を避けながらでないと、対岸から広場には近づけないようになっていた。ヨルダンで18日間のデモを見ていたときにずいぶんと広場が大きく見えたのは、この広場を縁取る車道も人で埋め尽くされ、そこから延びる車道にも向かいの歩道にも人が溢れていたからのようだ。

ロブナとムスタファは大きな横断幕を立てるために、他の若者たちと協力して広場の一角の土を掘り始めた。まわりにはわらわらと人が集まり始め、地面に座って話し込んだりしている。その近くで女の子が1人、シールを配り始めた。何が書いてあるの？と聞くと、シールには「シャフィークの首相辞任を」「デモ隊殺害に関わった官僚に裁きを」などいくつかバージョンがあって、自分が共感するシールを受け取って貼れる仕組みになっていると教えてくれた。

横断幕には革命の要求が書かれていた。アラビア語で書かれた内容を通りがかった男の子が訳してくれた。「秘密警察は解体を」「政治犯として捕まった人たちの釈放を」「非常事態令の解除を」「最高評議会は軍と市民両方を代表に」「前政権にも既存政党にも関係しない専門家による暫定内閣を」――。

「これらは全部革命が始まったときからの要求で、まだ実現されていないんだ」

彼は日系の旅行会社で働いていた。歳を聞くと26歳だった。デモが始まってからツアーはパタリと途絶えてしまったけれど、それでも革命が起きてよかったと言っていた。「僕は泊まり込みはしないけど、これから毎日広場の様子を見に来るつもり」

集まる市民の間を制服を着た兵士たちが巡回している。彼らは何度も横断幕の近くまでやってきては若者たちとにらみ合いになった。横断幕は上がりそうになっては下がり、また上がりそうになっては下がった。ムスタファは全身の感覚を研ぎすませて状況を把握しようとしている風に見えて、話しかけづらい。兵士がまわりにいるとことさら落ち着かず、私は広場を歩いてみることにした。

「よー元気か?」背後から声がして振り向くとカリムがいた。昨晩ムスタファから来るようにと、声をかけられたのだという。

「あれ? カリム、仕事は?」

「来月から別の銀行への転職が決まって、しばらく休みができたんだよ。まったく休みばっかりだ。もうどこかに出かけようかな。来てはみたものの、俺はどうもこの連中のやろうとしていることに賛成できないしなあ」

広場を見渡したカリムの表情には影があった。ただ反対しているのではなく、カリムも色々と考えているんだろうなと思った。カリムは、革命の終盤に就任したシャフィーク首相にはリーダーシップがあると期待していたし、前政権とまったく関係のない政府をつくるのは非現実的だと考えていた。少なくとも「潔白な」政府ができるまで市民がデモやストライキを繰り返すことには反対していた。

「働いて経済活動を再開させないといけないのに。これじゃ俺たち市民がダダをこねているみたいだ」

日本でもし同じことが起きたら。そう考えると、呆れた様子のカリムの気持ちは私にも想像できる。私も目の前の光景をどう捉えていいのか、分からずにいる。

いつの間にか広場に多くの人が集まっていると気づいたのは、祈りの時間が始まったときだった。デモのかけ声が中断され、代わりに祈りの歌が流れる。大勢の人がタハリールを縁取る車道に並び、俯き、膝をつき、頭を地につける。気がつけば、車道からは車の流れが消えている。


ムスタファやロブナは祈りには参加していなかった。やっと横断幕が上がったところで、休憩しようということになった。広場に急遽現れた出店から、薄い紙にくるまれた焼き芋を買う。適当に地面に座り、アツアツの芋を割って近くの人同士分ける。水分が多いのか、すぐに形が崩れてしまうが、日本の焼き芋と同じ甘さだ。おじいさんが寄ってきたので手元にあったサツマイモを割って渡すと、おじいさんは嬉しそうに受け取って輪の中に入ってきた。東洋人は珍しいのか、古い携帯電話を取り出して一緒に写真を撮って欲しいと言う。ムスタファの仲間のカメラマンが写真を撮ってくれたお陰で、かなりいい写真が撮れた。

モナがアメリカ人の男性を連れてやってきた。「取材で来たダビッドよ」とまわりに紹介して回る。ジャーナリストの彼はニューヨークから着いたばかりなのだそうだ。「ツイッター上でモナがたくさん情報発信していたのを見て、彼女とやり取りを始めたんだ。そのうちに直接来た方がいいだろうってことになって、この通りだよ」

次第に広がっていく輪の中でリムという女性を紹介された。偶然にも彼女は、ムスタファや私が通った高校の姉妹校の卒業生だった。学年は私の1つ上。お互い自己紹介をしていると、通りかかった人が一枚の紙をリムに渡した。広場では、実にたくさんの紙が配られていた。

「この手紙とても美しいわ」渡された紙をしばらく眺めたあと彼女はそう言った。

そして私が頼むよりも先に「一緒に見ようよ」という風に、1語1語そこに書かれたオタマジャクシのような記号を英語に訳してくれた。それは「タハリール共和国」と書かれた手紙のような詩だった。


「エジプト人のみんなへ。

大統領の辞任は叶いましたが、私は今の状況があまり好きではありません。

主張の違う者たちがいがみ合い、やれこのグループはムスリム化を企んでいる、やれあいつらは共産化だと言い合う。

もうデモは解散しろ、いや、まだやるといがみ合う。そんな状況を嘆いています。

18日間のデモを思い出すとき、僕は美しかった広場のことを思い出します。

ここではみなが兄弟、姉妹のようでした。

みなが協力して広場の安全を守り、
貧しい人も裕福な人も、限られた食料と水を分け合いました。

イスラム教徒が祈るときはキリスト教徒が、キリスト教徒が祈るときはイスラム教徒が手をつないで陣を組み、相手を守りました。

僕は、ベールに身を包んだ女性が、傷を負い、裸になった男性の手当をする姿を見ました。

コプト(キリスト教徒の一派)の女性が、祈りのために身を清めたいと願うイスラム教徒に、水を運んでくるのを見ました」

「この水を運んだ女性って、私のことかもなあ」リムが微笑む。

「えっ、そうなの？」

「他にもいたんでしょうけど。私はコプトで、たしかに『祈りたい』と言ったイスラム教徒のためにホースを引っ張って水を運んだわ」

リムはまた少し微笑んで、「続きを読むね」と言った。


「老人と若者が語り合い、男性と女性が同じテントで眠りました。

あらゆる違いを越えて、ともに。

ここにはタハリール共和国がありました。

僕は素朴なエジプトの男です。なにか賢いことが言えるわけではない。

具体的なこれからのステップを描けるわけでもない。

それでもこの国の未来を思うとき、エジプトがタハリール共和国のような国になって欲しいと思う。そう願うのをやめられないのです」


私は、紙のコピーを欲しいと頼んだ。リムはもう一枚、紙を貰ってきてくれた。

リムの雰囲気はどことなく自分の親友と似ていて馴染みやすさがあった。嬉しくなった私は一緒に焼き芋をほおばりながら、広場の様子についてムスタファに聞けなかったことを彼女に聞いた。


祈りの時間が終わると広場のあちらこちらが騒がしくなった。広場のまわりを練り歩き始めた一団。何人かの男性が肩の高さに担がれ、拡声器を使って叫び、エジプトの国旗を振る。広場の中ではそこかしこで人々が立ち話をしている。不思議なことに、最初は2、3人で始まる立ち話がいつの間にか大きな人だかりになる。じっと見ていると、途中から口々に議論に参加していく人たちがいて、そこにさらに人が吸い寄せられているようだ。年末のカイロ空港で、私の背後にいつの間にか9人もの人がいた光景が思い浮かぶ。エジプトの人たちは、自分の視界にいる人をとかく放っておけない人たちなのかもしれない。

横断幕の近くでは、先日の大使館デモでかけ声をかけていた男の子が太鼓の準備を始めた。ぽぽんっ、と明るい音が鳴る。私は近づいて声をかけた。

「そのリズム大好き。あなたが考えたの？」

「まあね」彼は照れたような顔をした。

「でも、僕はこれまでずっと音楽をやってきたけど、こうやってデモに参加するのはこの革命が初めてなんだ」

「初めて？　じゃあ、かけ声はどうやって考えているの？」

男の子はしゃがんでドラムの調子を確かめながら、しばらく黙っていた。やがて準備ができると、「ヤラ！」と呟いて立ち上がった。それが、行くぞ！という意味だということをこの数日で知った。ムスタファが私をせかす際によく使う言葉だ。人が集まって来た。

ドラムの彼はふと思い出したように、私のことを振り返る。

「言葉は叩きながら歩いていると、自然と降りてくるんだ」

軽快なリズムが流れ出す。ムスタファやロブナ、リム、横断幕を設置していた若者たちが一緒に歌い出す。そのまわりにまたさらに人が集まり、そのままグループは広場から車道に降りる。入り乱れる色んなデモの間を縫って広場から離れるように歩き始める。

20分ほど歩いた道路の先が通行止めになっていた。進もうとするデモ隊を、柵の向こうから兵士たちが睨む。背後からは一団、また一団と人の集団がやってきたが、途中で諦めて帰る人たちも少なくなかった。1時間ほど柵の前で粘った後、ムスタファも引き揚げようと言った。

そのままストリートカフェに行き、お茶を飲んだ。

「広場に今晩泊まるべきかどうか、様子を見ているんだ」ムスタファが言った。

何が、そして誰が、泊まり込むか否かを決めるのかはよく分からない。ムスタファは代わる代わる誰かと話していた。今日のデモがきっかけでまた懐かしい出会いもあったようだ。

結局その日は夜更けまでカフェにいて、帰宅した。

泊まり込み

何日かは同じ様子だった。広場に行く。昼過ぎから晩まで集まってくる人と話をする。泊まれる状態かを見て、結局は家に帰る。そんなことが何日か続いたある夜、私は広場で若い男の子に声をかけられた。

「この雑誌、タハリールで発行しているんだよ」

そのとき私はムスタファたちが数日前に立てた横断幕の下にいて、ムスタファや彼の仲間たちが今晩の判断を下すのを待っていた。差し出された冊子が、先日モナの話していたタハリール新聞かと思い興味を示したら、いつの間にかたくさんの若い男の子たちにまわりを囲まれてしまっていた。

「なんで外国人のクセに広場にいるんだ」

「答えろよ。なんで」

「友達が……」と言いかけ、迂闊なことは言ってはいけないと言葉を飲み込む。こういうときは分からないふりだ。まゆげを上げ「ん?」という顔をつくって相手を見ながら、体の中では心臓の鼓動がどんどん早くなっていく。

近くにいたロブナが「アキコ、こっちにおいで」と声をかけてくれた。男の子たちはロブナにも言葉を浴びせる。しばらく黙って聞いていたロブナが喰ってかかる。アラビア語で言葉を浴びせあう彼らの会話の内容までは分からないが、明らかに雰囲気は良くない。

ムスタファの従姉妹のアリアが、いつの間にか私のそばに来てささやいた。

「大丈夫。怖がっている表情を見せちゃだめだよ。つけ込まれるから」

アリアは「少し歩こうか」と言って、動けなくなっていた私を男の子たちから上手く離してくれた。

「ありがとう。ねえ、あなたは怖くなったりしないの?」

黒いお下げの髪。ジーンズの上に少し大きすぎるコート。小柄なアリアはまだ大学生だ。ムスタファが頼んでいてくれたのか、ここ数日アリアは広場で私がひとりでいるのを見かけると、よく黙って一緒にいてくれる。小さなノートパソコンをいつも持ち歩き、モナのように四六時中そこから情報発信をしている。私は、自分だっていつもパソコンをバックパックに入れて持ち歩いているくせに、重そうな鞄を小さな肩にかけて歩き回る彼女のことを時々心配していた。

考えを紡ぎ出すように、彼女はゆっくりと言った。

「うん。怖くならない、かもな。デモの最初の頃は、広場を囲んでいるあの辺りのビルの上にレーザー銃を持った兵士たちがいて、正直言えばいつ撃たれるか分からなかった」

思いついたことが可笑しかったのか、少しはにかむ。

「でも怖いって考えるとその場にいられなくなるから、考えなかった。そういうのは家に帰ってから考えることにしてた」

だいぶ後になって、おとなしいのに芯の強いアリアが、かの有名な#Jan25のハッシュタグを作った人物だったことを知ったとき、私はこのときの会話を思い浮かべた。「エジプトのみんな、#Jan25(1月25日)には、外に出てデモに参加して!」ツイッター上で発信された彼女のひと言がきっかけで、デモに参加した多くの人が、自分のツイッター上での発信に#Jan25

と書き込むようになった。#Jan25は、あっという間にエジプト革命に関するありとあらゆる情報を束ねる存在になり、インターネット上での人々の情報収集や意見交換を支えていった。

少ししてから振り返ると、ロブナたちも場所を移した後だった。先ほど私を取り囲んだ男の子たちが広場の電柱に登り、ムスタファたちが苦労して掲げた横断幕を取り壊しにかかっている。その光景をロブナたちは悔しそうに見ていた。

その夜、ムスタファと私は家に帰ったが、アリアは「もう少し夜が更けたら、広場に泊まる」と言って、広場の近くのアパートに姿を消した。広場のまわりには、若い革命家達のためにアパートを開放してくれている人たちがいるのだとムスタファが教えてくれた。

「泊まる」という行為に固執することが正しいのか、ストライキやデモはいつまで続ける気なのか、カリムの意見にも共感する私はムスタファに聞いてみたことがある。ムスタファはぴしゃりと言った。

「アキコ、これは革命だ。何が正しい、何が間違っているか、全員がYESというまで延々議論するときじゃないんだ。まだまだひっくり返さなきゃいけない状況は残っている。どんな国をつくりたいか、どんな国に住みたいのか、それぞれが自分の思い描く未来に向けて行動を起こす。他の人たちも賛成すればそれは大きな動きになるし、そうじゃなければ自然消滅する。違うか？」

がつん。

「俺はね、18日間の泊まり込みがもう少し長く続けばよかったと思っている」

まだ前の言葉にしびれている私の隣で、彼は続ける。

「人々が集まって、それぞれが何か始めるだろ。たとえばあのときは広場に医者たちが医療テントを張ったから、今まで病院にアクセスのなかった人たちでも医者に相談ができるようになった。もしこの仕組みをサポートしたい人が現れたら新しい医療システムがそこから小さく立ち上がったかもしれない。人が集まればとにかく何かが始まる。そこに本当の意味があると俺は思っている」

* *

ムスタファのポリシーは「仲間に必要とされるならば泊まる」ということらしかった。午前中は砂漠で撮ってきたドキュメンタリーの編集作業をし(締め切りは大幅に過ぎているらしい)、昼間から一緒にタハリールに行き、毎晩門限を破る。その繰り返し。1日が終わる頃にはお互い疲れきっていて、キッチンで少し話をした後はベッドに倒れ込む。

ある晩、聞き慣れた電話の着信メロディーが眠りの中に紛れ込んできた。「必要とされれば電話がかかってくるから、そしたら真夜中に出かけることもあるかもしれない」たしか、そんなことを言っていた気がする。

私はベッドから飛び起きた。ムスタファのiPhoneが鳴りっぱなしだ。出かけるのかなと思い、壁の向こうに耳を澄ませてみる。隣の部屋のリズミカルないびきは乱れない。部屋同士の間の壁をコンコンと叩いてみるが、向こう側で起きる気配はない。私はいよいよ慌てた。何度も執拗に流れる着信メロディーがSOSに聞こえて仕方がない。

しばらく部屋の前を行ったり来たりしたり、ドアをノックしてみたりしたが、ついに我慢できなくなった。部屋に入りムスタファを揺り起こす。

「iPhone鳴りっぱなし。大丈夫か不安になって」

ムスタファは寝ぼけながら着信履歴を見て、それからツイッターを開いた。

「何があったの？」

「いま見ているから。どうもタハリールが襲われたらしい」

「え？　みんなは大丈夫なの？」

「えーと。行方不明者は今のところなし。アリアはつぶやいているから大丈夫。今動画を見ているけれど、武器は絡んでなさそうだ。あ、でも、誰かが殴られているな。ロブナもやられたみたいだ」

夜中に起きた出来事が、夜も明けないうちにウェブにアップされている。ニュース顔負けの早さだ。ムスタファはロブナに電話をかけたが、なかなかつながらない。

「ねえ、ロブナは大丈夫かな」

「大丈夫だろ。だいたいタハリールで寝泊まりする女に手を出そうなんて、襲う方も度胸いるぞ。彼女たちは軍との修羅場でも前線に立っていたくらいの恐れ知らずだから」

ムスタファは、iPhoneの画面を再びツイッターに切り替える。

「暴徒はいなくなったし夜は明かせそうだと、モナのツイッター情報。とはいえ、これは朝がまずいな。警察とかいろいろ。ちょっとしたら行ってくるわ」

明け方になると、ムスタファはシャワーを浴びて出て行った。「一緒に行く」と言ったら、「後で色々と持ってきてもらうかもしれないから待っていろ」と言われてしまった。

昼過ぎになっても電話はこない。やきもきした私が電話をかけると、ムスタファは広場の近くにいると言った。今のところ何もいらないと言うので、私も広場に向かってみることにする。

彼のアパートはタハリール広場からだいぶ離れた地区にある。そこのけそこのけといわんばかりに走りながらクラクションを鳴らしまくるムスタファの運転でも、ひとたび渋滞に捕まれば1時間以上かかってしまう。最寄りのギーザ駅まで行けば、そこから広場までは電車で20分だが、ギーザ駅は歩ける距離ではない。とりあえず近くの大通りまで歩いてみるとやたらとミニバンが通っていた。開け放たれた扉から男性が上半身を出し「ギーザ、ギーザ、ギーザ！」と叫んでいる。

せめて駅まではタクシーを使えと言われてはいたのだけれど、試しにミニバンに乗ってみる。人がぎゅうぎゅう詰めのバンの中、身振り手振りのやりとりで料金を払うと、どうやらおつりが足りないらしい。少し足りないけどいいか？と聞かれたので、いいよと頷くと、左隣のおばさんが「よくない。ちゃんともらいなさい！」というらしきことを言ってくれた。料金係の男性に本当におつりがないことが分かると、今度は右隣のおじさんが自分のポケットから出した10セントを私にくれた。

バンはちゃんとギーザ駅に着いた。

広場のあるサダト駅で降りてムスタファに電話をかけると、中に入らずに待っていてと言われた。広場は道を渡ればそこにあるのに。ムスタファは私と落ち合うと広場を背にして歩き出した。朝から警察とのやりとりを丸く収めるのに大変だったのだという。

「サルマはすぐに喰ってかかるし、ロブナはあの格好であのアクセントだし」

サルマという女性のことは広場で何度も見かけていたが、言葉を交わしたことはほとんどなかった。ムスタファの古い友達だというその女の子は、お互いを紹介されたとき、「どうも」とひと言だけ言ってすぐに別のところに行ってしまった。その鋭い視線は〈あんた、なんの役に立つの？〉と聞かれているようで、私はそれ以来広場で彼女を見かけても声をかけられずにいた。


ロブナはイスラム教色の強い人たちの中でも平気でミニスカートをはく。服装は欧米寄りで、エジプト人に見られにくいのだという話は前にも聞いたことがあったが、アクセントのことはよく分からない。

「エジプト人はさ、生まれ育った経済階級によって話し方が違うんだよね。ロブナは金持ちのアクセントだから、なかなか広場にやってくる他の人と同じ目線に立つのが難しいんだ。俺がいま一緒にいるのは中流より上の連中が多くて、だから警察との交渉やら、反対意見を持って広場にやってくる人たちとの対話やらは、俺が出ていかないと収まらないことが結構あるんだ」

「君はなんでアクセントがないの？」

「貧しい家庭で育ったからだよ」


ムスタファの母親の家はとても広く、居間にはセンスのいい絵がたくさん飾られていた。私が不思議がってそう言うと、ムスタファは静かに言った。

「俺の母親は元々はとても貧しかったんだ。俺が小さい頃は知り合いや親戚の家を転々としていてさ。居候の立場だったからトイレに行くのも家の人が全員終わるまで我慢するようにしつけられた。母が成功したのはそれからずいぶん後のことだよ。彼女はアラブの若者たちが自由に表現できるような場をつくりたくて芸術関係の会社を起こして、それがようやく軌道に乗ったんだ」

様々な経済階級に身を置いた結果、ムスタファは臨機応変に言葉が使い分けられるようになったという。

「それでも、今日はさすがに神経を使うことが多くて疲れた。とにかく革命話の聞こえないところに行きたい」

連れて行かれたのは小さなパスタ屋だった。店内にはキッチンのみがあり、テーブルと席は適当に外に並べてある。

「ここのシェフはイタリアに不法移民として渡って、ミラノのレストランで30年働いて、それから不法滞在が判明してしまってエジプトに戻ってきたんだ。1個1個注文を受けてから作るから待ち時間は長いけど、美味いぞ」

注文してから30分はかかる。その間ムスタファは車の中で仮眠をとると言った。私はタハリール広場の様子が見たかった。走っても片道10分はかかるから広場にいられる時間は10分もない。それでもつい足が向かってしまう。夕暮れの広場は、仕事帰りの人が様子を見に来ているることもあるのか背広姿の人が多かった。相変わらず自然な輪ができ、人々が喧々と議論している。ロブナを見つけて「大丈夫？」と声をかけると、「なんのこれしき」と返事が返ってきた。

走って屋台に戻るとちょうど30分だった。目の前に運ばれたお皿を見て私は歓声をあげた。

贅沢に山の形で盛られた魚介類の上に、大きな蟹が丸ごと乗っている。そして、その下のパスタはアルデンテだ。今までどの国で食べた料理よりも気前がいいと思った。そんな豪華な食事を質素な屋台が出してくれるなんて。その感動はどこかタハリール広場にも通じている気がする。ぼろぼろのテントが並ぶ広場に出現したというタハリール共和国。私はエジプトに惹かれていくのが分かった。

ムスタファは広場に泊まるべきか思案していたが、結局家に帰ることになった。先に寝ると言う彼に、パソコンをインターネットにつなげられるUSBスティックを借りた。ツイッターを開いてしばらく画面を眺める。呼吸のように小刻みに投稿が増えていく。モナが広場の様子を細かく中継していた。「タハリールに向かいます」「タハリールの様子です。テントが少し増えています。」「タハリール広場、今日はとても穏やか。テントの前で輪になって、人々がゆっくり語り合っています。これからどうしていきたいのか、どういう国をつくりたいのか」「楽器を持ってきてくれた人がいて、演奏が始まりました。美しい夜です」

＊　＊

ムスタファは明け方から起きて仕事をしていたらしい。寝坊した私が彼の部屋を覗くと、彼の弾くウード(アラブの伝統楽器)の演奏が、編集された動画に組み込まれていた。

「ちょっと音量の加減を見てくれ」

私はイヤホンを片方受け取り、できたてのドキュメンタリーに耳を澄ます。砂漠の中でベドウィン族のおじさんがこちらに向かって語りかけてくる。

「すごいんだぜ、この人たち。らくだを表現するのに12種類くらいの違う言葉を持っているんだ。らくだだけじゃない。語る言葉すべてがとても詩的だった」

画面を見つめながらムスタファが言った。

「それってさ、彼らが定住しないことも関係していると思うんだよね。彼らはどんなに綺麗なものを見たって、それを持って帰れないことを知っている。そのかわり、その美しいものを覚えておくための表現を磨いてきたんだ。彼らの持つ表現はとても詩的で、繊細だった」

言葉は運べるから、とムスタファは言った。私は密かに、その言葉で自分にもできることがあるはずだと思った。

その日の午後、先に広場に向かっていたムスタファからお使いの電話が鳴った。持ってきて欲しいもの。シャツ数枚、暖かいジャケット、延長コード、Ｗｉ-Ｆｉ用のＵＳＢスティック。タンスと段ボールを漁り、荷物を詰めて私は駅に向かった。

夕方、広場で合流すると、彼は地面に杭を打ち込み、今日買ったばかりという赤いテントを張っているところだった。声をかけると、テントを張るのを手伝っていた1人の男の子を紹介してくれた。幼なじみだというその男の子は、タリアーウィという舌を噛みそうな名前。建築家の卵で、普段はイタリアの大学院に通っているらしい。タニアーリ？　タワリーニ？　なかなか名前を正しく言えない私のことを笑いながら、幼なじみは自分と革命の関わりについて話してくれた。3年ほど前からムバラク大統領の代わりを探そうという動きがあったこと。エルバラダイ氏を担ぎ出そうと、2年前、同氏を空港で70人くらいの若者が出迎えたこと。彼は私がまだ詳しくは知らない歴史のピースを興奮しながら語ってくれる。じっくり話を聞きたいと思った。できたら動画も撮らせて欲しい。彼は去り際に「今晩も明日の晩も広場に泊まるから、ゆっくり話そう!」と陽気な返事をくれた。

テントが立つと今度は毛布の調達に出かける。知り合いのアパートに積んであった毛布のひと山をアリアとムスタファと私とで運び出す。堅い毛布の束を肩の上に担いで夜の街を歩いていると、どこか違う世界に向かっているような気になった。

「アキコ、今晩から俺の住所はタハリール広場だから。でも、アキコは帰ること。外国人が泊まるとそれだけでトラブルになりかねないから」

本当は泊まりたかった。夜の広場でどんな会話がなされるのか、泊まり込むとはどんな感じなのか、とことん経験してみたかった。しかし数日前に若者たちに囲まれた夜を思い出すとムスタファの言葉を飲むより仕方がない。足手まといにだけはなりたくなかった。

広場のちから

朝一で広場に顔を出すことが私の日課になった。テントの数は日に日に増えていった。狭い広場のあちこちに、ぽつりぽつりと立てられていたテントは、次第にお互い寄り添うような形にまとまり、広場の中でいくつかの島をなしている。島のまわりには細いロープが張られ、生活の場と歩道が分けられた。いつの間にか広場は小さな村のようになった。

ムスタファの赤いテントも移動してひとつの島の中に収まっていた。ロープの下をくぐって島に入る。10個ほどのテントが張られた島の真ん中にはスペースが空いていて、砂だらけの地面の上にラグが敷かれている。その上に小さなあぐらをかいてパソコンのキーボードを叩くアリアや、新聞を読んでいるガルベーヤと挨拶を交わす。

「昨晩はどうだった?」

「うん、安全に夜を越せたよ」

「ムスタファは?」

「まだ寝ている」

そんな会話から1日が始まる。たいがい誰かしらが朝のコーヒーに誘ってくれた。広場にはいつの間にか数件の屋台が常駐してお茶とコーヒーを出していたし、広場を出て近くのカフェに行くこともあった。

「あなた日本人?」

テントのひとつから、そう日本語で話しかけられたときは驚いた。振り向くと、茶色い髪の女の子がテントの中からひょいと顔だけ覗かせていた。ガーダと名乗るその女性は私よりもひとつ下の27歳で、なんと東京生まれ。10歳までを日本で過ごしたエジプト人だった。ここから車で2時間ほど離れた街に住んでいたが、革命のニュースを聞いてカイロを目指してきたという。大統領が辞任した後は広場を離れたが、先週広場が襲われたと聞きつけてまた戻り、泊まり込んでいるらしい。

「広場に来て人生が変わったの」彼女は言った。

「私はフィットできない人だった。日本でもエジプトでも、どこか外の人。エジプトに住み始めてから厳格なイスラム教徒になろうとしたけど、それも違った。反動で今はベールも被らないし、お酒も飲む。それも私のまわりでは受け入れられないことだった。でもここに来たらなにも関係なくて。『エジプトを変えたい』大事なのはそれだけで、相手が何者かなんて品定めする人はいなかった。本当に多様な人たちがお互いを受け入れあっていてさ。初めて居心地がいいと思えたの」

受け入れられるということは私も経験していた。毎日広場に来ていても、たいがい寝ているか、どこかに出かけているか、誰かの相手をしているかでタイミングが合わないムスタファと、私が言葉を交わすチャンスはほとんどない。外国人で、アラビア語も分からずただ座っているだけの私を、テント村にいる人たちは時間とともに受け入れてくれていた。なかなか名前の覚えられない女性が、ある朝、言ってくれたことがある。

「大丈夫。あなたのことはよく見かけるから。ここに一緒に座っているの、知っているから。きっと志がつながっていると思っているから」

広場は力を与えてくれたのだとガーダは言った。
「私、自分はもう駄目だと思っていたんだよね。居づらくなった家を出て、結婚したけど離婚して、見つけた仕事も辞めてしまった。無職で、バツイチで、どうしていいのか分からなかった。でも革命が始まったとき、今ここで何かしなきゃって心が動いて。広場に来てみたらそこには希望があって。その希望に後押しされるように私は色んな人と出会い、仕事も見つけることができたの」

あの18日間のデモのときのように人々がひとつになれないのは感じている。広場に残るべきか泊まり込みを解除すべきかの話題をはじめ、意見が割れることも多いらしい。それでもエジプトはここまですごくなれる――その象徴である広場の行く末を見守りたい。そんな想いで、ガーダは広場から出勤していた。毎朝、間借りしている知人の家でシャワーを浴びて着替え、仕事が終わるとまた広場に戻ってくるのだと言った。

昼近くになると広場は賑やかになる。あちらこちらでデモらしきかけ声がかかる。若者のテント村にも入れ替わり人が来ては、ムスタファやムスタファの友達を囲んで何かを話しかける。怒っている人もいれば、何か相談に来ている風の人もいる。テントを張る前はそれらの議論は立ちっぱなしで行われていたのだけれど、テントが張られてからというもの「まあまあ座って」という感じで、集まった人たちが車座になることもあった。

その時間帯になると、手持ち無沙汰になった私は広場を歩く。時折声をかけられて立ちどまると人々は自分の話をした。私がアラビア語を知らないのでお互い困ってしまうこともあったけれど、運良く英語を話せる人が飛び入りで通訳してくれることもあった。そうして私は、彼らがどこから、どんな想いでここに集まっているのかを聞くことができた。

別の島にテントを張っている大柄のエジプト人が「観光ガイドをしていたんだ」と言って、片言の英語で話しかけてきた。目には白い眼帯。彼は自分の顔写真が載った新聞の切り抜きをテントに貼っていて、誇らしげに指差した。その記事には、最初の座り込みのときに広場を囲んだ兵士達が撃ったレーザー銃やゴム玉で目を失ってしまった人の数が千人を超えたと書かれていた。

「俺はスエズの出身だが、今は広場の住人だ。この国から汚職がなくなるか、もうひとつの目を失うまではここに住み続けるぜ」

彼は熱っぽく言った。後からアリアが教えてくれたところによるとスエズの人たちには戦いの血が流れているらしい。「歴史上ずっと。最初の座り込みのときも、一番勇敢だった。彼らはいつも前線にいて、誰かが負傷したり亡くなったりするとその人をモスクまで運んで、また淡々と前線に戻っていった」

夜になると、広場は少し落ち着く。人々は地面に座り、ゆっくりとお茶を飲みながら語り合う。若者だけでなく、子どもたちもお年寄りもスーツ姿の大人もいた。ベールに身を包んだ女性も、長い髭をはやした男性もいた。そこには外国人も受け入れてくれるオープンさがあり、私の他にもこの状況に興味を持って集まってくる外国人をよく見かけた。

一度だけひやりとしたことがあった。ほんの一度だけ、私を以前取り囲んだような若い男の子たちが棒切れを片手に広場に攻め入ろうとする局面に出くわした。広場の人たちも同じように棒切れを持ち出して、道から一段高くなっている広場の縁に立ち、相手を威嚇する。不安気な表情を隠せない私はテントの中に入れられた。まだあどけなさの残るストリートチルドレンのアーメッドが、大丈夫だからという顔をしてテントの見張りに立ち、私に自分の雄姿をカメラで撮ってくれとせがむ。テントの中では2人の女性が、うんと小さい子どもたちが怖がらないように膝の上に乗せてカードゲームをしていた。他の女の子たちは広場の縁でにらみ合いに参加している。

「アキコ、俺たちは命をかけているんだ」

私の表情を読み取った男の子に後で言われた。その中で自分はとても宙ぶらりんだ。

私はただ座っていることしかできなかった。でも、できるだけ長くそこに座っていたかった。門限前にムスタファの家に着くぎりぎりの時間まで広場にいて、地下鉄やタクシーで帰るようにしていたが、すぐに門限さえ気にするのが嫌になった。広場から少し離れたところに安宿を見つけ、そこに泊まることがしばしばあった。宿は革命のせいでお客さんが少なく、タハリール広場に通いたいという事情をオーナーに話すと、必要なときがあれば深夜にふらっと来てもいいよと言ってくれた。

宿では革命を取材しに来たヨーロッパ人たちに混じって、時折日本人の旅行客を見かけた。

「まったく革命のせいで観光の予定がパーになって頭にきています。いつまでこんなこと続けるんでしょうね。さっさと終えて欲しいんですけど」

大学生くらいの男の子が悪態をつく。

「すごいことが起きているから、広場に行ってみたら?」

私が勧めると、彼は呆れたようなため息をついて首を横に振った。明日はピラミッドと美術館に行くのだと言う。ピラミッドはムスタファの家のすぐ近くにあり、博物館はタハリール広場のすぐ隣にあるというのに、私はまだそのどちらにも行っていない。

旅に求めるものはそれぞれ違う。私には広場が成長していく生き物のように見えた。

「18日間の座り込みのときに、多種多様な人が集まって語り合ったのよ」

みんなが口々に話していたこと。それが今ここでゆっくり再現され始めているのかもしれないと思うと、その成長を一瞬たりとも見逃したくなかった。

＊　＊

ある朝広場に行くと、みんながお茶を飲んでいた。リムが「用事があるからアパートメントに行こうか」と誘ってくれた。「アパートメント」は広場から5分くらいのところにある彼女たちの秘密基地だ。アパートの1室を持っている資産家が、若者たちが自由に使えるようにと鍵を貸してくれていて、私も何度かムスタファにくっついて入ったことがあった。さすがに埃っぽい広場で毎日テント暮らしをしていると疲れがたまるらしい。広場のムスタファの仲間たちは、ここで仮眠をとったり、シャワーを浴びたり、テレビを見たり、動画のアップロードをしたりする。普段は使われていないのか大した家具もなく、騒がしい広場と対照的な何もない静かな部屋だ。

部屋に入ってお茶を飲んでいると、ぼんやりとテレビを見ていた数名が少し身を乗り出した。

「何が起きたの？」

一番近くに座っていた見慣れた女性に声をかける。

「シャフィーク首相が辞任した」

「え、辞任したの？」

　大統領が辞任したときにヨルダンから見ていたデモの映像と比べて、今のタハリール広場の座り込みの規模は明らかに小さかった。少なくとも政府を脅かす影響力などないように思えた。それがなぜ？

「すごいね。要求のひとつだったんでしょ」

　自分が少し興奮しているのが分かる。広場に行くだけの私に見えていない要因も実はたくさんあるのかもしれないが、それにしても平和的なデモが政局を変えてしまった。

「そうだね」女性はぽつりと言った。

　歓声をあげても、小躍りしてもおかしくない「成果」がニュースで流れているというのに、いつもにも増して静かな部屋。その中に座っていると、口に出さずにはいられない疑問が湧いてくる。

「ねえ嬉しくないの？」

「うん。でも次の首相が誰になるか、これで閣僚が本当に全員交代するか分からないから。まだ気が抜けないんだ」

　静かな声の中には落ち着きがある。私ひとりが浮ついているのかもしれない。

　私はリムの近くに寄った。

「広場の座り込みは続けるの？」

「分からない。広場の様子を確認しないと」

　彼女はそう言うと立ち上がった。ひとまず広場に戻らないと。

広場が本当に事の中心となっているのが不思議な感じがした。広場に行く途中、ガルベーヤに「ねえねえ、どんな気持ち？」と聞いてみた。

「さあ次、という感じだよ。まだまだ先は長いから」

早足の彼に少し取り残されながら、私はこの人たちはいったいどこまで先を描いているのだろうと考えていた。ひとつ確かなのは、そこは私が今まで「一般の人たちが変えられる範囲」として想像もしていなかったような遠いところだということ。夢物語にしか聞こえなかった彼らの要求――そこに向かって石がひとつひとつ積み上げられていく。今日積み上げられた石はとても大きい。

本気で新しい国をつくろうとしているんだ。

そう気づくと、照りつくような太陽の下で武者震いがした。

＊　＊

首相が突然辞任すると、外国人ジャーナリストたちは若者たちのテント村にコメントを取りにきた。

「ねえ、フランス語できる人いない？」

ＩＣレコーダーを片手に持った少し年配の男性がテント村に入ってくる。

「いるけれど、まだ寝ているわ」

「起こしてくれないかな。僕フランスの記者なんだ。僕が書いた記事に名前が載るなんて、光栄なことだと思うけど」

「彼女はあんまり興味ないと思うな。それにあの子、寝起きはとても不機嫌なの」

人々はテント村に意見を求めにやって来た。いったい何が起きているのか、新しい首相には何を要求していけばいいのか、自分はこう思う、お前はどうか――。ムスタファによると、脈略のない人生の苦労話を延々と聞かされることも少なくないらしい。でもそれも、話をしに来た人たちがこの革命を自分ごとと考えている表れのようにも思える。そして愚痴をこぼしながらも、広場でのそうした対話をやめないムスタファたちを偉いと思う。

首相が辞任した翌朝は金曜日だった。毎週大きなデモが行われる金曜日。正午の祈りの時間までは比較的緩やかな時間が流れていた。

テント村の若者たちのところには真っ黒なベールに身を包んだ年配の女性が来ていた。1人の男の子が彼女の話を聞きながら、大きめの紙に文章を綴っている。読み書きができない人でもデモのときに自分の主張を掲げられるように、こうして若者たちが相手の話を聞き取り代筆しているという。

ムスタファの妹のライラは子どもたちに囲まれながら、大きなボードにサインを書いている。集まった子どもたちが、散らばったサインペンで嬉しそうに色を添える。その様子を、ストリートチルドレンを題材にドキュメンタリーを作ろうとしているイギリス人の若いカメラマンがカメラに収めている。

ロブナが段ボール箱を抱えてきた。中から何かがプリントされた紙の束を出し、まわりにいた人たちに振り分けていく。今日のデモで配るらしい。それはタハリール広場の住人たちの共同声明だった。

ドラムの彼がやってきた。最近は相棒を見つけたらしく、ドラムは彼、かけ声は相棒と、役割分担ができるようになったようだ。相棒は新しいフレーズを色々と考えてきたらしい。小さく折り畳んだ紙を広げ、ドラムの彼とリハーサルを始める。陽気なリズムと新たに生まれたフレーズに引き寄せられるように人が集まってくる。いつの間にかテント村の前につくられた小さなスペースには、彼らを囲んで一緒に歌うたくさんの人々がいた。次々と歌い上げられるフレーズをみんなが手を叩きながら復唱する。おもしろい内容が多いのか、歌いながら笑い声が絶えない。時折、復唱した人たちが手を横に振ってノーサインを出すこともある。

「歌詞は面白くしたほうがいいけど、誹謗中傷とかやりすぎはよくないからね。事前チェックの役割も果たしているね」

集まりに合流したタリアーウィが教えてくれた。

突然始まったドラムサークルは、私だけでなく、広場に普段からいる人たちにとっても嬉しいようで、入りきらなくなった小さなスペースの外にも人が溢れた。別の島から様子を覗いている人、手を振る人、水のボトルを差し入れてくれるおばさん。ぴょんぴょん跳ね出す子どもたち。砂だらけのラグの上に座り、思わず一緒に体を揺らしている自分がいた。

午後になると広場は人で埋め尽くされ、タリアーウィが興奮した様子で私の腕を引っ張った。

「首相が来たんだ！　新しい首相が、タハリールに挨拶に来た！」

私たちはテント村を出て、一段高いところにある広場を下りた。広場を囲む道路は人で溢れていた。自分より背の高い人たちの頭と様々な音の入り乱れる中で、首相は来たのか、スピーチは始まったのか、もう終わったのか、それすら分からなかった。

疲れた私たちは、道路の縁に腰をおろした。

「この前の話の続きをして」タリアーウィに頼む。

エルバラダイ氏という別の大統領候補を担ぎ出そうとする動きの話。それは革命が先か、個人の意識の変化が先かという話へと展開した。

「君は革命で何か変わったことがある?って聞くけど、一概には言えないんだと思う。革命で意識が変わったっていう人はたくさんいる。革命が起きたことが、今僕らに力を与えてくれていることは間違いない。でもね、同時に僕らの意識が変わらなければ革命は起こらなかったとも思うんだ。僕は2年くらい前にウェブ上に自分の考えを書き込んでやろうって思った。たぶんその頃僕は、僕なりにこの社会に対して感じていることについて言葉を見つけ始めていたんだ」

あたりは拡声器を通したデモのかけ声に包まれている。行き交う人たちの足元を眺めながら、私はタリアーウィの声に耳を澄ませる。

「僕は、何かに焚き付けられたようにウェブに自分の考えを書き連ねていった。この国に革命が必要というようなことも書いたけど、社会を変える前にまずは自分を変えようと思っていた。建築家としての自分のキャリアをどう変えていきたいかということについて書いた記事のほうが多かったと思う。次第に、僕たちと同年代のやつらで、近い考えを持っている人たちが多いことを知るようになる。ばらばらに色んな芽が出ていたんだ。その人たちの一部が、この間も話していた『エルバラダイ氏を担ぎ出そう』っていう運動を始めた」

だからね、とタリアーウィが続ける。

「僕らの多くは、どこかで社会を変えよう、あるいは自分自身を変えようって思っていたんだ。それと革命が起きたことは無関係じゃなくて、むしろ引き寄せたんだと思う。で、引き寄せた大きな流れが、より多くの人をして『自分自身も変わった』って言わせることにつながったんだと思う。」


その話、日本だったらどうだろうなと考える。

「結局さ、鶏が先か、卵が先かって話」chiken first or egg first——イタリア留学中のエジプト人も、私たち日本人と同じたとえを使うのだということが、なんだか可笑しかった。

歴史の変わる瞬間

革命が起きたと聞いたときもカイロ滞在はせいぜい1週間と思っていたのに、私の滞在は1週間、またもう1週間という感じでずるずると延びていった。「好きなだけいて、好きにしたらいい」私がもう少しいたいと告げるたびに、ムスタファはそう言った。

ムスタファは、シャフィーク首相が辞任した夜からまた家に帰ってくるようになった。泊まり込み自体は必要だと思っているみたいでテントは広場に残したままだった。「さすがに働かないと生活費がまずい」フリーランスで働く人たちは時間が比較的自由になり、昼夜問わず広場の活気を支えていたけれど、働かなければ当然収入は入らない。ムスタファは広場から距離を置いて、ドバイから催促されている次のドキュメンタリー用の資料を読み込んだり、1つ2つミーティングに出かけたりするようになった。時折、突発的にミーティングに行くのだが、いつも同行できる雰囲気でもなかったので、私は私でタハリール広場に通っていた。

ムスタファの仲間たちはまだ広場で泊まり込みを続けていた。広場の外側は透明のビニールで囲まれ、いくつかの入口ができていた。入口で荷物検査をしている若者たちとも顔見知りになった。テント村の一番大きなテントの中には、誰が都合をつけたのか電源コンセントが出現し、たこ足にはたくさんの携帯電話やパソコンがつながれていた。ガルベーヤが「またメディアキャンプを再開しようかな」と呟く。その思いつきに、わくわくした。

「今日は別の場所になった」

午後まで待てばタハリール広場に車で送れると言っていたムスタファが突然そう言い出した。家でプレゼン資料を作りながら彼の作業が終わるのを待っていた私はむうという顔をしないように気をつけながら言った。「分かった。じゃあ私はバスに乗って行くから気にしないで」

「いやアキコも一緒にどうかなと思って」

「私、今日はタハリール広場をもう一度撮影しに行きたいんだ。明日、日本とスカイプでつないでエジプトのことを中継することにしているから、少しでもイメージが伝わるように動画を作ろうと思って」

プロとして映像に関わっているムスタファに「映像を撮りに行く」と言うとバカにされそうな気がして、私はもごもごと言った。

「たぶん今日広場に行っても、アキコのインタビューしたいような人たちはいないと思うよ。みんな別の場所に行っているから」

みんなというのが誰を指すのか、その場所がどこなのか、何時間ぐらいかかるのか、聞きたいことはたくさんあったのだけれど、ムスタファがとても急いでいる様子だったので、とりあえず車に一緒に乗りこんだ。車はそのままダウンタウンとは反対の方向に向かっていく。私はイライラしながらも観念した。この街は、少なくとも私の今の状況は、どうも自分が行きたいと思ったときに行きたい所には行けないようにできている。

ムスタファは「ナサール市」に向かっていると言っただけで、後はずっと電話で誰かとアラビア語で会話をしていた。もしかしてこれから行くミーティングはずっと「みんな」がアラビア語で議論していて、私には何が起きているか分からない時間が延々と続くのかなあ。そう思うとなんだか憂鬱になった。そんなときたいてい私は手持ち無沙汰で、居心地が悪かったのだ。

ナサール市に着き、車を止めたときにムスタファが言った。

「アキコ、今日は危なくなる可能性があるから、ある程度見たらこの辺のカフェでお茶でもしていてね」

「ねえ、何しに行くの？」ムスタファと歩きながら私は聞いた。

「これから秘密警察の本部の前でデモをやるんだ」

「ふーん。で、なんで危険なの？」

「秘密警察の本部だぜ。何があってもおかしくない」

「ふーん……」話を聞きながら、それならむしろできるだけくっついていようと思った。ムスタファが車を止めた辺りは、外にテーブルを置いている店が1軒、キヨスクが1軒という感じだ。人も少ない。こんなところでお茶を飲んでいるほうが目立ってしまって危険な気がした。

10分も歩くと小さな人だかりが見えた。横断幕を掲げる若者たち。ベールに身を包み子どもの写真を抱える女性。デモが始まるときの光景だ。ムスタファの妹とそのボーイフレンドがいたので挨拶をすると、ボーイフレンドが「これから秘密警察を解体するんだ」と息巻いた。

その秘密警察というのはデモの人が集まり始めた通りの真向かいにあった。秘密警察だというのに全然秘密じゃない。3~4ブロックを軽く占める大きな敷地は壁に覆われていたけれど、正面玄関として建っている構造物は上に向かって広がっていく奇妙な格好の建物で、異様な存在感を放っていた。そしてその正面玄関の前には戦車が1台、そのさらに手前に迷彩服を来た兵士がずらりと30人は並んでいる。私たちが着いたとき、市民の方は100人くらいしかいなかった。なにか大それたことが起こる気配はない。きっと大使館をまわったときのようにアピール行為なのだろうと思った。

デモの中で背の高い金髪の男の人を紹介された。名前をルイと言った。イギリス人でサルマの結婚相手。祈りの時間がきて、跪き始めた人たちに私がカメラを向けようとすると、「アキコ、そっちはみんながお祈りするから、下がろう」と後方に引っ張られてしまった。ムスタファや妹のライラ、従姉妹のアリア、そしておそらくサルマも、祈りの集団のさらに先、デモの一番先頭に行ってしまっていたが、ルイは外国人としての立ち位置は後方と考えているようだった。

祈りが終わって日が落ちる頃になると市民がさらに集まってきて、兵隊が整列する目の前で叫び始めた。その後ろを何台もトラックが通るので、いつの間にか私たちは離れた道路の向かい側に退くことになった。数メートル離れたところまで下がって驚いた。いつの間にかデモの規模は数千人単位にふくれ上がっている。先頭のほうで高い塀を乗り越えようと試みる若者の姿がちらちらと見えた。

「アキコ、来ていたんだね。今、すごいことが起きようとしているの」

私を見つけたリムが駆け寄ってきた。「秘密警察を管轄していた内政省のトップが昨日辞任させられたの。秘密警察は事実上解体したんだ。こんなことが起きるなんて」

「解体したのならこの騒ぎはなんなの?」

「内部の職員たちが今、おそらく必死で汚職や拷問の証拠を処分しようとしているから、その証拠が消される前に中に入れろと言っているのよ」

実際、昨晩アレクサンドリアの街では秘密警察の支部が燃えるという事件が起きていた。デモ隊が放火したと報道されていたけれど、証拠を隠蔽しようとした内部の人間が自分たちで建物に火を放った可能性も高いとリムは言う。

「この警備でしょ、入れるはずないじゃん」

「うーん。でも、入れるかも」

目の前には戦車。ムスタファが危なくなったら逃げろと言った状況がようやく飲み込めてきた。

突然、目の前にいた人たちが一斉に右に向かって走り出した。理由も分からず大勢の人が急に走り出す光景は怖いのだと、そのとき知った。誰かが私のカメラを指差して叫んでいる。1人の男の子が私に向かって駆け寄って来た。

「すみません、ジャーナリストの方ですか？」

「いえ、あの、その。私は……」

「できたら一緒に来てもらえませんか。記録に収められる人が欲しいんです」

近くを走り抜けていく人としばらく言葉を交わしていたリムがこちらを振り向いた。

「とにかく行ってみよう」

ムスタファに声をかけようとしたけれど、敷地内に今にも押し入りそうな群衆の中にきっと飲まれてしまっている。ルイのことも暗くてぱっとは見つけられない。リムと私は新しくできたばかりのもうひとつの人の流れを追いかけた。正門から100メートルほど離れたところで人々が1台の中型トラックを囲んでいた。それは3次元の輪だった。前、後ろ、横を囲まれるだけではなく、ドアが開いてしまった運転席の上にも次々と人が上り始めていた。トラックが動けなくなったのは道の真ん中。運転手はどうなったのか、一瞬そんな心配がよぎるが、答えを考える間もなく、先ほど一緒に来て欲しいと言った男の子が「後ろに来て」と手招きした。

ちょうど荷台の扉が開けられ、集まった人からどよめきの声があがった。現れたのは袋に詰められたシュレッダーのかすだった。「あっ」とリムが息を飲んで、それから悔しそうに言った。

「さっきからやけにトラックが通ると思ったら、こういうことだったのね」

どこかのテレビ局が持ってきたらしいフラッシュがたかれ、誰かが大きな声で叫ぶ。

「復元できるから、捨てるな」リムが背後で訳してくれる。

「上には布がかかっていたし、最初はいらなくなった家具でも運んでいるのかと思ったけれどシュレッダーにかけた書類だった可能性が高い。もちろん断定はできないけれど」

いつの間にか私たちに合流していたガルベーヤが、状況が飲み込めない私に相変わらずの落ち着いた調子で説明した。

様子をビデオに収めているとほどなくして、今度は正面玄関の方で大歓声があがった。「戻ろう」また走る。今日は走ってばかりだ。私たちが戻ると、正面玄関はどういうわけか開放され、人々が歓声をあげながら中になだれ込んでいくところだった。門の裏には広いスペースがあるらしく、中に入れた人はいったんそこで止まっているようで声を揃えて何かを叫んでいた。ひしめく人たちの一段高い所で、ムスタファの妹ライラがかけ声を先導しているのが遠くに見える。ガルベーヤとリムは吸い寄せられるように足早に中に入っていった。

入ったらきっとムスタファに怒られる、そう思うと私の足は止まった。さっき私たちをトラックの場所に連れて行った男の子が「どうする、入る?」と私に聞いているうちに、警備が持ち直したのか扉が再び閉められてしまった。扉の前には中に入りかけた人たちが溜まって、巨大な人だかりになる。いったいいつの間に人がこんなに集まってきたのだろう。

「残念だったね。でも、これでよかったのかもなあ」

私たちと一緒に走っていた男の子が言った。名をモハメッドと言った。

「実をいうと僕はね、秘密警察に乗り込むことにはあんまり賛成じゃなくて。でも、どう判断するにしても自分の目で様子を見ておかなきゃって思ったんだよね」

エンジニアの彼は今まで、どうやってエジプトを出てよりいい国に住めるかということばかり考えていたという。でも革命が起きてからは、どうしたらこの国をよくできるかを考え始めている。そのためにもメディアの報道ではなく自分の目で見ておきたい。エジプト人にしては珍しく口べたな彼は、正面玄関の様子を見つめながら、ぽつり、ぽつりと言葉を紡いだ。

携帯電話が鳴った。「アキコ、今どこだ?」ムスタファの声。

「正面玄関の前」

「いいか、時間がないからよく聞いて。今すぐそこを離れて。タクシーを拾って先にダウンタウンに帰ってくれ」

「どういうこと? みんなは大丈夫なの?」

「今それを確認中なんだ。アリアはつながった。妹はまだだ。でもいいか、そこを離れるんだ」

「みんなが出てくるまで待ってる」

「アキコ、お前が危ないんだ。いま建物の中で日本人のカメラマンが殴られたらしい。しかもかなりぼこぼこに。そっちに飛び火する可能性がある」

私はまわりを見渡した。たしかにちょっと嫌な雰囲気が漂い始めていた。何をするわけでもない人たちが集団でうろうろしている。1週間以上前の広場の夜が甦る。だから余計に集団を離れてひとりで歩くのは怖い。

「どうしたの?」モハメッドが聞く。

「なんかね、中で日本人のカメラマンが殴られたんだって」

「そう……」

ルイの姿が目に入った。その近くでは白人の女の子が数人のエジプト人男性に囲まれていた。罵声のする方にさりげなく近づいていく。

「失礼、あなたは何人ですか?」輪の外に着くと彼女を取り囲んでいた1人が私の方を向いて言った。私は答えないことにした。

「外国人のあなたが、こんなところで何をしているのですか」

「エジプト人の友達が中にいるのです」

ルイが私たちを引っ張った。「行こう」人々がまだ女の子に詰め寄る。それをたしなめようとする人たちもいて、なかなか輪は崩れない。しばらくやりとりが続いた後、ルイは悠然と歩き出した。人々が今度はルイに向かって言葉を浴びせたが、ルイは彼らにアラビア語で二言三言告げると、後は何も言わずに淡々と歩き続けた。私はモハメッドに目でさよならと告げて後を追った。

私たちは暗い道を歩き続けた。ルイが車で私たちを街まで送ってくれると言った。その後で自分は妻を迎えに戻ってくると。私は心の中で「自分も一緒に戻ってこよう」と思っていた。

車に乗ると「ホントごめんね」と、先ほど詰め寄られていた女性が謝った。

「いや、君のせいじゃないよ。それにそろそろ引き際だったんだ」

「でも迂闊だった。アレックスに声をかけたばっかりにあんなことになって。しかも当の本人はいつの間にか逃げていた。あの卑怯者」

彼女はアメリカの人権保護団体から派遣されてきたのだと言った。アレックスはアメリカから来ている学生兼ジャーナリストで、彼の立ち居振る舞いが気にくわなかった現地の人たちが喰ってかかってきたのだという。

「あいつのやり方は問題だよなあ。でも囲んだエジプト人の方もたいがいだけどね。俺は『このユダヤ人、お前はスパイだ。出ていけ』って言われたよ。俺はエジプト人と結婚して、エジプトに住んでいる。エジプトの未来だって当事者だ。それでもこの先どれくらいの間こんな対応をされるのかと思うとうんざりする」

ルイのことはムスタファから少しだけ聞いていた。数ヶ月アラビア語を勉強しにくるつもりだったのが、もう3年もエジプトにいるという。

「ここには変な魔力があるからな。アキコもうかうかしていると帰れなくなるよ」

滞在を延ばすたびにムスタファからそう言われていたのだが、どうも実際私もその通りになりつつある。

当初ルイからは、ザマレクで彼女を降ろすからその先は適当に帰ってくれと言われていたのだけれど、2人は予定を変えてダウンタウンの路地裏にあるバーに向かった。

バーに入ってしばらくするとルイの電話が鳴った。話し終えるとルイは興奮した様子で言った。

「今、サルマから電話があったんだけどさ、秘密警察の中でファイルを漁っていたら、友人の名前が書かれたファイルがいくつも出てきたんだって。それでそのうちの1人のファイルを開けたら、俺と一緒にビールを飲んでる写真が出てきたらしい」

「えー。どういうこと？」

「まさか、自分がエジプトの秘密警察にマークされてたなんて思わないよな」

ルイは苦笑いしながらもこの状況にいささか興奮しているらしく、その場でイギリスの両親に電話をかけて、事の顛末を報告していた。


テーブルには噂のアレックスもいた。アレックスは店にひとつしかない電源にミニパソコンの充電器をさして、イヤホンで耳をふさぎ、時折ビールを手にしながらまわりの会話には目もくれず記事を書いている。なるほど、協調性はなさそうだ。


ほどなくしてもう1人、アメリカ人の女性が入ってきた。彼女は均衡が崩れた際にエジプト人たちと一緒に秘密警察の中に入ったものの、中まで追ってきた兵隊に出ていくように言われ途中までしか行けなかったらしい。私たちは彼女のデジタルカメラの映像に見入った。

「それにしても奇妙なことが起きたのよ。出ていく前に私はバッグの中身を調べられた。カメラは没収されるだろうって半ば諦めていたけれど、ICレコーダーはなんとか守らなきゃって焦っていた」

彼女も学生兼ジャーナリスト。アメリカから留学中に革命が起き、そのままNPRというアメリカの有名なラジオ局に雇われたという。

「そうしたらね、バッグから没収されたものはただひとつ。なんと私の常備していた風邪薬だったの」

　ぽかんとした顔をしないようにするのが大変だったと言って彼女は笑った。あまりにも滑稽なオチにテーブルのみんなも笑った。エジプトって本当に常識じゃ考えられないことが多いよねと誰かが言った。


「それこそ秘密警察に若者たちが素手で入って書類を押えるなんて、常識じゃあ考えられない」

　誰かのコメントにテーブルがシーンとなった。私たちは、それぞれ今日目撃したことを回想していた。


「まさに歴史的な瞬間だった」ルイが言った。

「2月11日よりも今日のほうがすごいことだと思う。独裁政権がいつか倒れることは予想できても、今日のあれは無理だった」


「悔しいな」私は思わず呟いた。

　今日のことはNPRを通してアメリカには伝わる。現場でヨーロッパとオーストラリアのメディアも見かけた。でも日本にはこのニュースは伝わらない。

「こんなすごいことが起きているのに」

　エジプト革命に対する今までの日本の報道を見ていても絶対にこの熱は伝わりそうにない。若者たちが持っているスケール感の大きさも。

「それってさ、あなたが伝えるしかないよね」

　人権保護団体から来た女の子が励ましてくれた。


　ムスタファからまた電話があった。

「いま終わった。直接家に帰るよ。1時間後に家で待ち合わせでどう?」

「もう少し遅くなると思う。まだまだ話が聞きたい」

私はそう言ったのだけれどムスタファは珍しく譲らなかった。今日は門限が敷かれる可能性も、取り締まりが厳しくなる可能性もあるから早く帰って来いと何度も電話がきた。私も私で珍しく譲れなかった。歴史的な瞬間に居合わせてしまったという興奮が冷めず、好奇心を満たさないままにこのバーを去りたくなかった。バーに集まったメンバーたちとのやり取りを通じて、自分の中で今まさに芽を出そうとしている想いにもう少し栄養と水をやりたかった。それにサルマがバーに向かっていた。着くなり彼女はルイの膝に座り、興奮した声で中の様子を語り始めた。結局「はい、さすがにもう閉店させて」というマスターの声で会がお開きになるまで、私はそこにいた。


家に帰るとムスタファがじっとパソコンに向かっていた。

「おめでとう」と私は声をかけた。

「なかなかだったでしょう」ムスタファが少しだけ笑った。

「歴史的な1日ですが、どんな気分?」

「とにかく疲れていて、早く眠りたい気分」

家の鍵はひとつしかないため、ムスタファは私を待って起きていてくれた。私は友人たちに守られていることを改めて思い知る。

「そういえばさ、妹さん大丈夫だった?」

「あいつなー。ハラハラさせるけれど、なかなかやるよな。先頭に立って『冷静に、冷静に』っていうかけ声をリードしていたんだ」

あのとき秘密警察の門を突破した人たちは「冷静に!」と自分たちに言い聞かせながら入っ

ていったのか……。

「聞きたいことはいっぱいあるんだけど、明日にした方がいいかな？」

遠慮がちにムスタファに聞くと、彼は目をこすった。

「うん。あとは、フェイスブックに聞いてくれ。ほれ」

私は彼の隣に座ってパソコンを覗き込んだ。数時間前に立ち上がったばかりというフェイスブックのページに数千人の人がすでにいいねボタンを押し、何百という投稿があった。

「誰が作ったか知らないけど、誰でも今日、秘密警察の中で撮った写真や動画をこのページで共有できるようになっているんだ。なかなかいけているでしょ」

アラビア語が相変わらず読めないと言うと、英語ページも立ち上がっているよと教えてくれた。

「中は自由に撮影できたんだね」

「まあ軍が後ろから追いかけてくるのから逃げながらだから、ブレているやつが多いけどね。俺のもこんな感じ」

ムスタファの携帯カメラには豪華な金の彫刻や職務室、そこに入っていくガルベーヤの姿などが映っていた。

「他にも5つ星級のベッドルームを発見したやつとか、サルマのように自分の書類を発見したやつとか、色々いたらしい。拷問室を探しに行った連中もいる（秘密警察の本部には、地下に政治犯を入れておく拷問室があるというもっぱらの噂だった）。明日の朝にはもっとデータが共有されていると思うよ」

それだけ言うと、ムスタファはふらふらと立ち上がってベッドに向かった。聞き慣れたいびきが家中に響き渡るまで5分とかからなかった。

次の朝、私はスカイプ越しに、日本側で集まってくれた数名の聞き手に向けて自分が体験してきたことを話した。伝えたいことは湧き水のように際限なく出てくる。現場には緊迫感も日常もあること。私たち若者はもっと夢を見ていいのかもしれないこと。それが人のつくったものである以上、人は社会を変えられること。話しているうちに、私は自分の中に小さな使命感が生まれるのを感じた。

ムスタファの車、そして道行くミニバンやバスに自分で
乗れるようになってから、行動範囲がぐっと広がった。
彼の家はギーザ。ピラミッドはすぐ近くなのにまだ行けていない。
アーメッドの家はモアッタン。その先にはナサール市。
秘密警察に行ったことが、まだどこか信じられない。

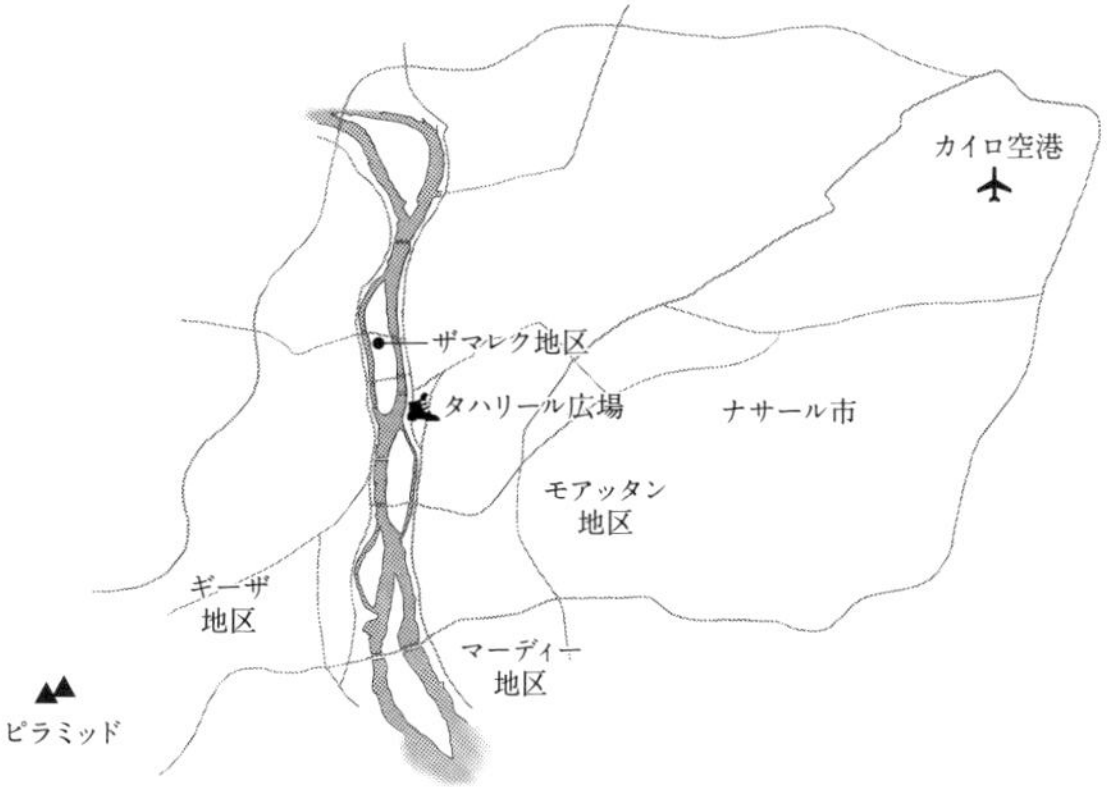

いとおしい場所

次の日も、その次の日も、私はタハリール広場に出かけていった。名前を覚えて声をかけてくれる人が1人、また1人と増えるたびに広場は居心地がいい場所になっていく。夕方いつものように広場に顔を出すと、ストリートチルドレンのアーメッド(アーメッド・ガルベーヤとは別のアーメッドだ)が私を見つけるなり寄ってきて手を握り、テントのそばに座るように合図した。面倒見のいい若者たちが集まる広場はストリートチルドレンにとっても居心地がいいのだろう。いつもたくさんの子どもたちが走り回っている。

地面には1枚の紙が敷かれていて、アラビア語のアルファベットを練習した跡があった。アーメッドは私に「見ていて」と合図すると、黙々と文字を書き始める。

そばにいたテントの住人のひとり、モハメッドが状況を教えてくれた。

「アーメッドにね、試しに自分の名前を書いてみろって言ったんだよ。そしたらへんてこりんに書くから、正しいのを教えてみたんだ」

まずは自分の名前、アルファベット、そして3つの言葉を教えたらしい。

「いつもは、ただ『かまって!』と訴えながらうろうろしているんだけど、今日は目の色が違う。彼、教えたことをスポンジみたいに吸収していくんだ」

モハメッドは興奮気味に言った。

紙の上に書き出したアルファベットを繰り返し真剣に練習する彼には、様子を見守っていたまわりの大人たちも驚いていた。

ほどなくしてタハリール広場のキャンプでドキュメンタリーを撮っているカサンドラが、新品のノートと筆箱とペンを抱えて帰ってきた。彼女がノートの表紙を指すと、アーメッドはとても嬉しそうに、そして少し緊張しながら覚えたての自分の名前を書いた。書き終えるとノートをそっと抱きしめ、また新しい言葉を教えて！とモハメッドにせがんでくる。


その様子を見ながらテントの別の住人が呟いた。

「足りなかったのは、きっと気にかけてくれる誰かの存在だったんだ」

まわりは無言で頷く。

「これからはたくさん教えてあげるんだ」また別の大人が言葉を重ねた。

モハメッドが教えた3つの言葉とは、「自由」「正義」、そして「国の人」。

アーメッドの変化を見た夜、私は幸せな気分でテントを出た。みんなに「おやすみ」の挨拶をして回っていると、タハリール広場でメディカルセンターを運営しているという若いお医者さんを紹介された。


最初の18日間の座り込みのとき、タハリール広場にメディカルセンターができた話はムスタファから聞いていた。怪我人を手当する必要性からデモに参加した医師たちが自発的に始めた取り組み。「そのまま運営し続ける形が見つけられれば、病院に行けない人たちが定期的にメディカルチェックを受けられる仕組みが生まれたかもしれなかったのに」——非常時に始まった取り組みを通常時にも機能できる形にデザインする。スキル、資本、場所などを提供できる人たちがともに対話する機会があったなら、それは可能になっていたかもしれない。18日間はそのステップに行く時間としては若干短すぎたというのが彼の意見だった。

そのメディカルセンターがいつの間にか復活していた。若いお医者さんがテントを見に来る?と誘ってくれたので寄らせてもらうことにした。

「正直、僕個人は、シャフィーク首相が辞任した今も座り込みを続けようという人たちの意図が理解しきれない。でもみんながいる限りここのメディカルセンターは続けるよ」

一緒に歩いていると、「ドクター」「ドクター」とみんなが彼に挨拶してくる。

メディカルセンターの近くまで来ると、私たちは「談話室」と呼ばれる賑やかなテントの中に招かれた。テントの中には、若い人、お年寄り、小さな子ども、赤ちゃん。男の人も、ベールを被った女の人も、カールの髪をむき出しにした女の人も、老若男女20人くらいの人がぎゅうぎゅう詰めに座って、歌いながら夜を楽しんでいた。次から次へと曲のリクエストが飛び出して、歌える人がリードしていく。

私たちが中に入ってしばらくすると、誰かが「次は日本の歌!」と提案した。迷った末にスピッツの「空も飛べるはず」を歌うと、隣の男の人がドラムを叩き、ベールに身を包んだおばあさんたちが楽しそうに手拍子を打ってくれる。そこに含まれているという感覚は温かく、時間はあっという間に過ぎていった。結局、私のいたテントから徒歩30秒の距離にあるメディカルセンターまで辿り着くのに1時間弱もかかった。

「メディアカルセンター」と段ボールの看板が掲げられたその場所は、ロープで仕切られた広場の小さな一角。薬などを置いている3つのテントの外にはいくつかの椅子。ロープ越しにテントの外を通りかかる人々と若いお医者さんたちが雑談をしている。たしかに人々が気軽に相談に立ち寄れそうな雰囲気だ。

第一弾の座り込みのときと違い、今は瀕死の状態で運ばれてくる怪我人はいない。それでもたくさんの人がお医者さんと話をしにくる。ムスタファの言っていたメディカルチェック的な取り組みが自然にでき上がっていくのかもしれないと感じた。

テントの入口に座っていた女医さんは私と同じ年だという。ロープの中に入れてくれながら「なんでも聞いて！」とにこやかな笑顔で言った。

聞きたいことがたくさんあった。この診療所も、そして今日始まったばかりの小さな学校も、今までアクセスがなかった人たちに必要なものを届けることができるかもしれない。広場で行われているこれらの取り組みを続けるにはどうすればいいのだろう。門限が迫り、カメラを回すにも辺りが暗すぎたので、「ありがとう。また明日寄らせてもらうね」と言って私は診療所のテントを出た。明日、たくさん話を聞こうと思った。きっと素敵なインタビューができると思うと家に帰る足取りは軽かった。

「また明日」――その明日が来ることはなかったのに。

崩壊

3月9日午後3時、タハリール広場に数百人の集団が攻め込んだ。そして軍が続いた。広場のキャンプは一掃され、100人以上の逮捕者が出た。ちょうど用事があって「アパートメント」に来ていた私は、「とにかく今は外に出るな」と言われ、そう言われている間にも人々が次々と逃げ込んできた。白昼の出来事だった。

翌朝、気になって広場に戻ってみると、タハリールには何もなかった。警察が何人も巡回しているので近づくことすらできない。iPhoneの中継ソフトを立ち上げ、遠巻きに広場の中継を始める。見つかったらと思うと心拍数が上がっていくのがわかる。

「この状況をどう思う?」見たことのないおじさんに声をかけられた。

どぎまぎしながら、私は小さな意地をはる。「残念です」

「私は毎日広場に来ていたんだ。この状況を憂いているよ」と彼は言った。

「君のことはよく見かけたよ。ロブナの友達だよね?」

知っている女の子の名前が出て少しほっとする。

その頃、広場の縁には少し人だかりができてきて、その中心にいる人が何かを叫んだ。おじさんに訳してもらったところによると、「人だかりをつくるな! 暴徒たちが戻ってくるぞ!」と叫んでいるらしい。暴徒とは昨日まで広場に座り込んでいた人たちのことを指していた。

「やつらはこの場所で浮浪者のように寝泊まりし、麻薬を吸い、乱交していた。広場に泊まっていた女たちはみんな娼婦で処女ではなかった。やつらは革命広場を汚したんだ!」叫び声はそう続き、集まってきた人々は頷いて広場を離れていった。

涙が出そうになった。

革命派と呼ばれるタハリールの人たちが、私が見ていた世界がすべてではないことが急に思い出される。カリムの友達がテレビで革命を見ていたこと。カリムが座り込みに反対していたこと。ヤスミンが手放しに革命を喜び、座り込みを続けようという人たちを「頭がおかしい」と言っていたこと。わたしの見ていた広場は、そこにあった輝きはあんなに確かだったのに、それをぐしゃりと潰されて、多くの人が逮捕されて悪者のレッテルを貼られてしまう。

広場にいた人たちは戦っていたのだ。武装もせずに。楽しい歌を歌いながら、互いに助け合いながら。そこに居続けることで、笑い続けることで戦っていた。

俯いてしまった私を、おじさんはコシャリを食べに行かないかと誘った。私は用事があるからと断る。おじさんは、私が探していた携帯電話の店まで連れて行ってくれた。私は申し訳ないぐらいに、いつか彼の態度が変わり警察が出てくるんじゃないかと気が気でならなかった。「俺たちの中にスパイがいた。警察は狙いを定めて広場にいた連中を逮捕している」――ムスタファが広場から逃げる車の中で言った言葉が頭の中にこびり付いている。恐怖はここまで自分を疑心暗鬼にさせてしまうのかと思うと悔しい。

帰りにアパートメントに寄ってみた。大半の人は仮眠をとっていて、部屋は驚くほど静かだった。起きていた数人はタハリールが壊される様子がアップされた動画を繰り返し見ていた。

誰からともなくため息が漏れる。

　どよんとした空気の中、広場で知り合った女性が部屋の片隅でオランダ人の若い記者からインタビューを受けていた。記者が立ち去ると彼女はぼそっと私にこぼした。

「彼は先日起きたとされているムスリムとクリスチャンの対立を追っているんだって。あれは明らかにやらせなのに。チンピラにお金を渡して『コーランを唱えながらクリスチャンを襲え』って言ったら、はい望んだ構図のできあがり。メディアは『ついに始まった宗教対立』って書き立てるし、国際社会はそれじゃあ手を出せないと思って引いてしまう。結果タハリールのことは記事にならない。ずっと体制側が使ってきた常套手段だってことを今まで説明してたんだけど伝わったかなあ」

　これまでエジプト革命を追っていたメディアにアプローチできないの？と聞くと、彼女は、もう何度も仲間たちが、広場で知り合った記者たちに電話をかけていると言った。

「でもアルジャジーラはじめ国際メディアは、リビアにかかりっきりでこっちには戻ってきてくれない。映像はこっちでなんとかするにしても、ニュースの枠にも限りがあるから入れられないんだって。なかなかうまくいかない」

　ふうとため息をつくと彼女は立ち上がった。しゅんとして座っている男の子たちに「はい、どいてどいて」と言いながら、散らかった食器を片付け、床を水拭きし始める。

「落ち込んでもしょうがないでしょ。部屋が綺麗になったら妙案も浮かんでくるかもしれないじゃない！」

　サルマが駆け込んできた。

「証言とってきた！　アップするから誰かパソコン貸して！」

部屋の奥のソファーに座ると、猛烈な勢いでパソコンに打ち込み始める。

「英語にも翻訳したほうがいいよね。誰かお願い！」

すぐにロブナが作業にとりかかる。


続いて先ほどのオランダ人の記者が駆け込んできた。

「さっきのインタビューで聞き損ねたことがあったんだ。君の年いくつ？」

間の抜けた質問に一瞬場が和み、彼女が苦笑しながら答える。「29よ」

サルマが彼に聞く。

「ね、タハリールが壊されて、逮捕者が出たのは知っている？」

「なんだって？　どういうこと？　いや、ごめん、ぼく入稿の締め切りがぎりぎりなんだ。また明日来てもいいかな？　あ、電話番号教えてよ」

彼らのやりとりが行われている中、他のみんなはサルマの撮ってきた映像に釘付けだった。昨日逮捕され、今日になって釈放された男の子へのインタビュー。彼の背中には無数のあざがあり、電気ショックも受けていた。あまりの生々しい画像に私はつい目を背けてしまう。


その光景を一瞥してオランダ人記者が部屋を出ていく。がちゃりと閉まったドアが、すぐにまたガチャリと開いた。

「あ、ねえやっぱり前言撤回。いま教えて欲しい。時間がないからＩＣレコーダーに録音でもいいだろうか」

サルマが食いつく。「大丈夫。証言も、映像も、全部ここに揃っている」

インタビューが始まった。

私は先日YouTubeで見たアルジャジーラのＣＥＯがエジプト革命に関して行ったスピーチを思い出していた。その中で彼は、自分の携帯電話に広場にいた若者から直接電話がかかってきたエピソードを紹介していた。「……彼らは私に、メディアを広場から引き揚げさせないでと言いました。あなたたちが監視の目となってくれるから軍は私たち市民を弾圧できないのだと」海外の目、それはこれまで暴力を食い止める上で大きな役割を果たしていた。

インタビューの光景を見ながら、私の中では悔しさと情けなさと、しっかりしなければという気持ちがぐちゃぐちゃに混ざった。私だって外国人だ。

大きな揺れ

3月11日。目覚めて最初に飛び込んできたのは日本の地震のニュースだった。「揺れた」「揺れてる」ツイッター上にコメントが洪水のように流れてくる。

「アキコ、どうする？ 今日はやめとく？」ムスタファの心配を振り切って一緒に車に乗り込む。ひとりで家にいることの方が怖かった。カイロに来て4回目の金曜日。2日前にタハリールのキャンプが撤去されて以来、初めてのデモ。私の現場は今ここだ。

そう言い聞かせても地震のことが気になって仕方がない。iPhoneを使ってデモを中継することにしていたのだが、中継を止めるたびにツイッターを覗く。そして日本のみんなのつぶやきを見ながら、不思議とアイデアが溢れた。日本にいる外国人向けに重要な情報を翻訳してつぶやいてみよう。溢れてくるつぶやきは全部ハッシュタグを付けるように呼びかけてみよう。

今までの自分だったら、どんなことでも自分にできることを何か思いつけただろうか。画面にかじりつきながら、私はモナやアリアのことを考えた。ツイッターで人を動かし続けた彼女たち。そのそばにいて自分も変わったんだ、という確かな手応えを感じた。

充電はすぐに底をつく。テントでよく顔を合わせるうちに仲良くなった若者、ファーティーが、私を広場に面した建物の中に連れて行ってくれた。豪華なエレベーターで8階に上っていき、5、6人がぞろぞろと降りて部屋に入っていく。ファーティーの後について私も入る。

「ファーストクラス革命席だよ」と彼は言った。

そういえば前に一度ムスタファが、私がここから広場の様子を日本に中継できるようにと、電話で部屋のオーナーに掛け合ってくれたことがある。そのときは許可が下りなかったが、今日はすんなりと入れてもらえた。

ファーティーはアパートの中にいた数人に私を紹介すると、そのまま私をベランダに連れていった。

「アルジャジーラもかつてはここから中継をしていたんだ。アキコもここから広場の様子を見てみなよ」

眺めは圧巻だった。部屋が無数にあるこの豪華なアパートは、デモが開始された直後から一部のマスコミやデモに参加する人々向けに開放されていたらしい。

「すごいでしょ。今日は好きなだけいていいから」

彼は諭すように言った。

広場に戻るから、と言いかけてやめた。きっと今iPhoneにかじりついている私は、広場にいても足手まといになるだけだ。座り込みができないようにと放水された広場は水浸しだった。着いて早々ロブナは「何しに来たんだ」と詰め寄る人たちに囲まれた(それでも怖じけず主張するところが彼女の強いところだ)。そして広場の縁で始まったデモには不気味な空気が流れていた。今こうして広場を上から見ていると、軍の行動に抗議する人、これは宗教対立ではないと主張する人、デモや座り込みに反対する人などが入り乱れているのが分かる。軍服を着た兵士が、その合間を縫って巡回している。

「お茶飲むか」とファーティーに言われて部屋に戻ると、テレビがつきっぱなしになっていた。アルジャジーラニュース。そこで初めて私は、東北地方を襲った津波の映像を見た。どうにもできない大きな波が町を飲み込んでいく様子が、繰り返し、繰り返し流れる。ここの人々は流れを変えるために戦っているけれど、私の国を襲った波は、とてもかなわない自然の力だ。

涙が頬を伝う。静かに、幾筋も伝う。「泣いてはだめだ、ここの人たちは戦っているんだ」そう思えば思うほどに止まらない。気づけば、今日初めて知り合った人たちさえもが、切なそうに私のことを見ていた。

「誰かビデオカメラ持っている人来て！　ちょっと様子が変なの」

声がして私は慌ててまたベランダに向かった。ジャーナリストのほとんどが引き揚げてしまった今、部屋でまともなカメラを持っているのは私だけだった。少しの間ビデオを回していて欲しいと頼まれる。

「メディアはより劇的な場所に移ろいでいくからね」

隣でコンパクトデジカメで撮影していた女の人がため息をついた。国際的な監視の目がなくなった今、何かひどいことが起きてしまうのではないかと心配する気持ちが、ここにいる人たちから痛いほどに伝わってくる。

「今度は日本……」私もため息をついた。

痛々しい映像を何度流しても津波の被害が軽くなるわけではない。報道用のヘリが救助の障害になることすらあるとも聞いた。でもここは、メディアが戻ってくれば状況が変わる場所だ。

必要なところに必要なものが届くとは限らない——そう思うと悔しい。意地でもエジプトのことを発信しなければという気になる。

幸い大きな事件はなく、日は暮れていった。暗くなるにつれて広場の人数は急速に減っていく。もう1回座り込むと息巻いていた人たちも諦めざるを得ない状況だった。

夜ご飯を食べに建物を出て、広場にいた人たちと再会すると、いつもそこにいるのにどことなく取っ付きにくくてほとんど言葉を交わさずにきたサルマが私を見るなり言った。

「アキコ、大変なことになってしまったね。日本のこと、心配しているよ」

「家族や友達は大丈夫？」ロブナも声をかけてくれる。

私には誰の安否も分からなかった。けれど激動の国に身を置いた者同士として、今目の前にいる人々がぐっと距離を縮めてくれていることに、不思議な安心感を覚えた。

1日中私を守ってくれていたファーティーが私の肩を叩いた。

「ねえ。昨日までは君がエジプトのために叫んでくれていた。今日は僕たちが日本のために祈るよ」

私は、ムスタファとリムとロブナに連れられてガルベーヤの家に向かった。途中リムが「アキコ大丈夫？」と泣きそうな様子で何度も心配してくれた。デモの中、何度もムスタファに私が大丈夫か尋ねるメールをくれていたらしい。ガルベーヤの家に着くと、集まったメンバーはビールを飲みながらこれからのことを打ち合わせた。誰がスパイだか分からない今、「アパートメント」はもう使えない。別の場所に移る相談だった。

私はムスタファと一緒に、近くのムスタファの実家に泊まることになった。ライラが家に帰っていたので、居間にあるソファーをひとつ使わせてもらうことにした。

ムスタファが冷蔵庫から缶ビールを出してきた。ガルベーヤの家でみんなが飲んでいるときには断ったそれを、私は受け取った。「俺は人が悲しんでいても同情できないタイプなんだ」1ヶ月をともに過ごす中でそうぽつりと言っていた彼の、気遣いの形のような気がした。

栓を開けたもののひと口しか飲めなかった。

毛布にくるまり、ただ日本と、エジプトを想った。

エピローグ

間にか夏が近づいていた。

「それでそれで？」

ポルトガル人の後輩イネシュが身を乗り出す。リスボンの小高い丘からはオレンジ色の屋根が連なる街と穏やかな大西洋、そして深い緑に覆われた山々が見えた。ヨーロッパにはいつの間にか夏が近づいていた。

「ムスタファとアキコのフェイスブックを追いながら、トラブルに巻き込まれるんじゃないかと心配していたんだから」

実際に大冒険だったのかもしれない。3月11日の後も、エジプトの歴史は立ち止まることを知らなかった。私は地震の数日後に「しばらくうちに来ない？」と誘ってくれたリムの家に移って、さらに1ヶ月強滞在した。

その間にも激動は続いた。軍がデモ隊を逮捕するという声明を出し、私のまわりの若者たちはそれでもデモを続けた。あるときは軍の若者たちが「人々には主張する権利がある」と言って座り込みに参加し、その翌晩、命を落とすようなことすらあった。

これまでの憲法の一部修正を問う国民投票があり、投票日の前日は「イエスでもノーでも投票に行こう」というメッセージを掲げた音楽祭が行われた。若者たちが夜中まで、なぜ賛成か、なぜ反対かを書いた自作のビラを路上で配るのを見て、リムが声を震わせた。「エジプトで、今までこんなことが起きたことはなかった」

翌朝リムと出かけた投票所では、3時間待ってでも投票しようとする人たちの整然とした列ができていた。夕方様子を見に行った別の投票所では、次期大統領候補者のエルバラダイ氏が投票所に着くなり、地元の住民が車に投石し、彼に詰め寄り、暴力的に追い出した。リムは「投票に来た人に暴力を振るうなんて許せない!」と呟くと、群衆の中に飛び込んだ。幸い彼女は無事だったが、彼女の友人はひどい怪我を負った。

最初は軍が演出していたキリスト教徒とイスラム教徒の衝突は、いくつかの本当の衝突に発展した。でも、もっと身近なところでは、コプトの家系のリムとムスリムの家系のガルベーヤが付き合い出して、毎日幸せそうに手をつないでいた。

私が広場に通っていた間にタハリール共和国が復活することはついに叶わなかった。震災に関する一連の議論の中で「災害ユートピア」という言葉を知ったが(災害後にお互いを支援し合うことで高揚感が高まる現象。危機的な状況下で生まれる理想的な共同体のこと)、タハリール共和国もまた一種のユートピアだったのかもしれない。それでも何かを求めてタハリールに繰り返し繰り返し集う人たち、そこで一時的にでも復活していたユートピアの片鱗、そして声をからして叫ぶ若者たちの姿は、私の世界観を元には戻れないほどにひっくり返した。

荒波に揉まれながらも新しい国づくりを夢見て行動する若者たちに何人も出会った。「あなたにとって革命ってなに?」いつしか私は同世代の人たちにそう聞いて回るようになっていた。「自由」「民主主義」と答える人がいる一方で、じっと考えて、何日も考えて、「革命とは、僕の生き方そのものになったんだ。だからその問いは難しい」そう静かに答えた人もいた。
この問いを聞いたときのガルベーヤの答えが、結局すべてを物語っているような気がする。革命とは自分の手で変えること。それが国であっても自分自身であっても。

「私もエジプトの若者たちのこと、もっと知りたいな。私たちも今、過渡期にいるから」

イネシュが隣でため息をついた。ひとりのポルトガル人の若者として。ポルトガルは格付けが下がり、ＩＭＦ（国際通貨基金）が介入を決めたところだった。今日の夕方には全国放送で大統領が、ＩＭＦの介入にともなう今後の経済立て直し案を発表する予定になっている。その立て直し案が今でも不安定な雇用環境で働く若者たちを直撃することは目に見えていて、彼女たちは自分たちの生き方、あり方をずいぶんと問われているのだという。

私は今、世界がどこまでも揺れているのだと感じながら、街の先に広がる大西洋を見つめた。

エジプトで自分の国のために体を張って戦っている人たちを見ていたそのさなかに、文字通り日本を揺るがす出来事が起こった。国のことを自分ごととして生き始めた同世代に囲まれながら、私は揺れた。この旅で初めて日本に帰りたいと思った。それでも明日には、西へとこの海を渡る。そして南米、北米へと、旅を続けていく。

それが適切な選択なのかどうかは分からない。でも今、私はここにいて、道は友へと開かれている。

「そういえば、ホセがクリスマスに帰ってきたとき、アキコと再会したときの話をずいぶんとしていたよ」イネシュが思い出したように言った。「その後にメールが来たんだけどね。彼、いまポルトの街で古くなった建物を改造してアーティストに住んでもらうってことを考えていて、コンテストに案を出しているみたい。私はその話を聞いたとき、アキコと再会したことが関係しているのかなって思った」

その根拠のない話に、私は思わず微笑んだ。そして背の高いポルトガル人がウィーンの街を歩く姿を思い出すと、その上に次々と、さまざまな街で見たかつての仲間たちの仕草が重なっていった。

私たちは、今でもきっと、お互いに影響しあって生きている。

ふたつの旅

秋晴れの代々木公園でこの原稿を読み終えたとき、私は自分がもうひとつ旅をしていたことを知りました。かつての仲間を訪ねる旅の３６５日目に日本に一時帰国した私は、東京の西国分寺でクルミドコーヒーの店主影山さんと出会い、新たな仲間たちとともに喫茶店から本を出すというひょんな展開に身を委ねることになりました。人から人へと縁はつながり、そこから1年にわたった「本を作る旅」が今、ひとつの区切りを迎えようとしています。17歳の頃、かつての仲間たちとグランドキャニオンに行ったときの感覚が甦り、今と重なってゆきます。あのとき何日もの間20キロのバックパックを担ぎながら歩き、ようやく道の終わりが見えてくる頃に感じたのは、仲間への感謝と、これから何でもできそうな高揚感、そして終わって欲しくないという言いようのない愛おしさでした。

「お気に入りのハイキングブーツを履いていていつかみんなに会いに行くからね」あのときの仲間と自分に約束してから10年、その旅のことを誰かに説明するのはとても困難なことでした。「結局君は何がしたいの？」「その旅に出て何になるの？」。――人を旅したい。そしてその心模様を書きたいという想いは持っていたものの、聞かれた相手からは「ふうん」と曖昧な反応を引き出してしまう。いま思えば私は、早く自分が社会のどんな役に立つのかを言葉にしなければならないという焦りに捕われすぎていたのかもしれません。

友人たちとの再会、想像もしていなかったアラブの春との遭遇を経て、旅はかつて自分が暮らした南米、北米へと続いていきます。そこで新たに世界の揺れを感じることになることも、かつての友が記憶の中で大切に守っていてくれた私自身と再会することもまた、想像のできなかったことででした。そしてこれまで説明のできなかった旅がひとつひとつ言葉を得ながら、こうして本へと綴じられていくことも。一歩踏み出してみれば道は開かれつながっていく。そのことに旅と生きることの不思議を思います。

人の心を旅することは自分を旅することとでした。

友を訪ねる旅と本を書く旅、2つの旅を通じて私は自分が「肩書きのある何者かではないけれど、なにかではある」という手応えを掴んだように思います。それは人とゆっくり深く会話を紡いでいるとき、あるいはその時間を思い浮かべながら、目の前に流れる景色や机の上の原稿と向き合っているときにじわりじわりと浮かび上がってくる輪郭のようなもの。時にとても確かなものになったり、また変形したりしながら、いつの日か名前がつくかもしれないし、つかないかもしれない自分だけの輪郭。今はまだうっすらとしたその輪郭を携えながら、私は自分の旅を続けていこうと思います。

この2つの旅をともにしてくれた大切な人たちに感謝を。

10年ぶりにひょっこり目の前に現れた私を受け入れ、宝物のような話を惜しみなくわけてくれた同級生、先輩、後輩たち。ホセ、デビッド、リナ、サリー、イダ、ベニー、カミロ、ハビエル、グラシアラ、ダニエル、ノアム、アミナタ、アンジェラ、モリツ、ペテル、ヨニー、カリム、ヤスミン、ムスタファ（そして、この本には登場しませんが、ルカス、カゴ、クリス、ヒメナ、アルバート、ユーミン）。

旅路を支えてくれた友人たち。ロンドンで宿無しになった私を泊めてくれた槌屋詩野さん、山口幹生さん、偶然居合わせてくれた今は亡き各務泰樹さん。「本の装丁は余白があるから美しい。人生もきっと一緒」――互いの余白を重ねられる仲間の尊さ、それを教えてくれた愛おしい時間のことは生涯忘れません。ロンドンでもうひとつの宿を提供してくれたかつての仕事仲間キャサリンとエド。アメリカでお世話になった大学時代の同居人ジェシー、後輩の竹本祥子さん。東京の同志でニューヨークとムンバイで再会した藤田周子さん。出発前、「原点を大事に」と応援してくれた津崎太佳良さん、星野太志くん。そして井上英之さん、有紀さん、片口美保子さん、佐々木けんしさん、岸上潤子さん、岡本拓也さん、神代伸一さん、SVP東京のみんな。西郡俊哉さんはじめ、赤坂秘密基地のメンバーたち。迷路の中を歩いていると思っていた私は、大学、そして就職した東京で宝物のような出会いを得ていました。

旅を通して出会った新しい友。エルサレムのセッペとすぐるさん。ベツレヘムのバハ。ヨルダンで出会った四宮博樹さん。自転車で長い時間を経て届けられる手紙に、私は自分自身を重ねて進みました。辿り着いた相手に言葉以上の何かが伝わると信じて。カイロへの扉を開いてくれた二ツ山達郎さん。カイロからなにかを発信しようともがく私を助けてくれた共同通信の島崎局長。日本側でサポートしてくれた須子善彦さん。革命を教えてくれたリム、ガルベーヤ、ロブナ、タリアーウィ、ファーティー、ガーダ。

本を書く旅をともにしてくれた仲間たち。まだ言葉さえ見つけていなかった私の想いを汲み取って、以来ともに歩いてくれている影山知明さん。「はじめに」の元になった旅立つ前の想いと、初稿を読んでくれた高野達成さん、西尾直樹さん、吉野博文さん。ある日ふらりと現れて、以来カフェの片隅で原稿を書き始めた私を受け入れてくれたクルミドコーヒーのみなさま。吉間店長、古橋さん、北村さん、川上さん、沖居さん。そしてともに立ち上がってくれたクルミド出版チーム。この本の世界観を繊細な地図に表現してくれた中村雄吾さん。本の佇まいをつくってくれたデザイナーの畑文恵さん。校正以上の編集をしてくれた石川理麻さん、吉田史織さん。書く道をともに歩んでくれた小谷ふみさん。愛しのハイキングブーツを甦らせてくれた太田真紀さん。何度も原稿を読み、出版の準備を整えてくれた森久美子さん、秀田絹さん、大西悠介君、湯浅はる菜さん、長崎陽子さん。その小さくて大きなチームをまとめてくれた小島理絵さん。本の印刷をしてくれた中央精版印刷さん。1つ1つの本を愛情をこもった手で綴じてくれた美篶堂のみなさま。親身になって相談に乗ってくれた上島親方、明子さん。

いつかみんなに会うために世界を旅するから。このどうにも説明できない夢を抱き続ける私を、ときに心配しながらも見守ってくれた両親、弟、祖父母。旅と執筆の日々の一番の理解者であり、心の支えでいてくれる夫。

そして、なによりもこの本を手に取ってくださったあなたにありがとう。この本が、あなたと誰か古いお友達、新しい友、あるいはもしかしたら、あなたと私の何かのきっかけになれば嬉しいです。

人から人へと続いていく旅は、ヨーロッパ、中東、そしてこの日本を経由して、これから先へと進んでいきます。次は南米・北米の話をお届けできたらと思っています。

帰り道、渋谷の歩道橋。足下の揺れが前よりも怖くなくなった著者より。

with my
favorite hiking boots.
I will walk around the
world. one day I will
come see you!
until then.
akiko

旅の地図

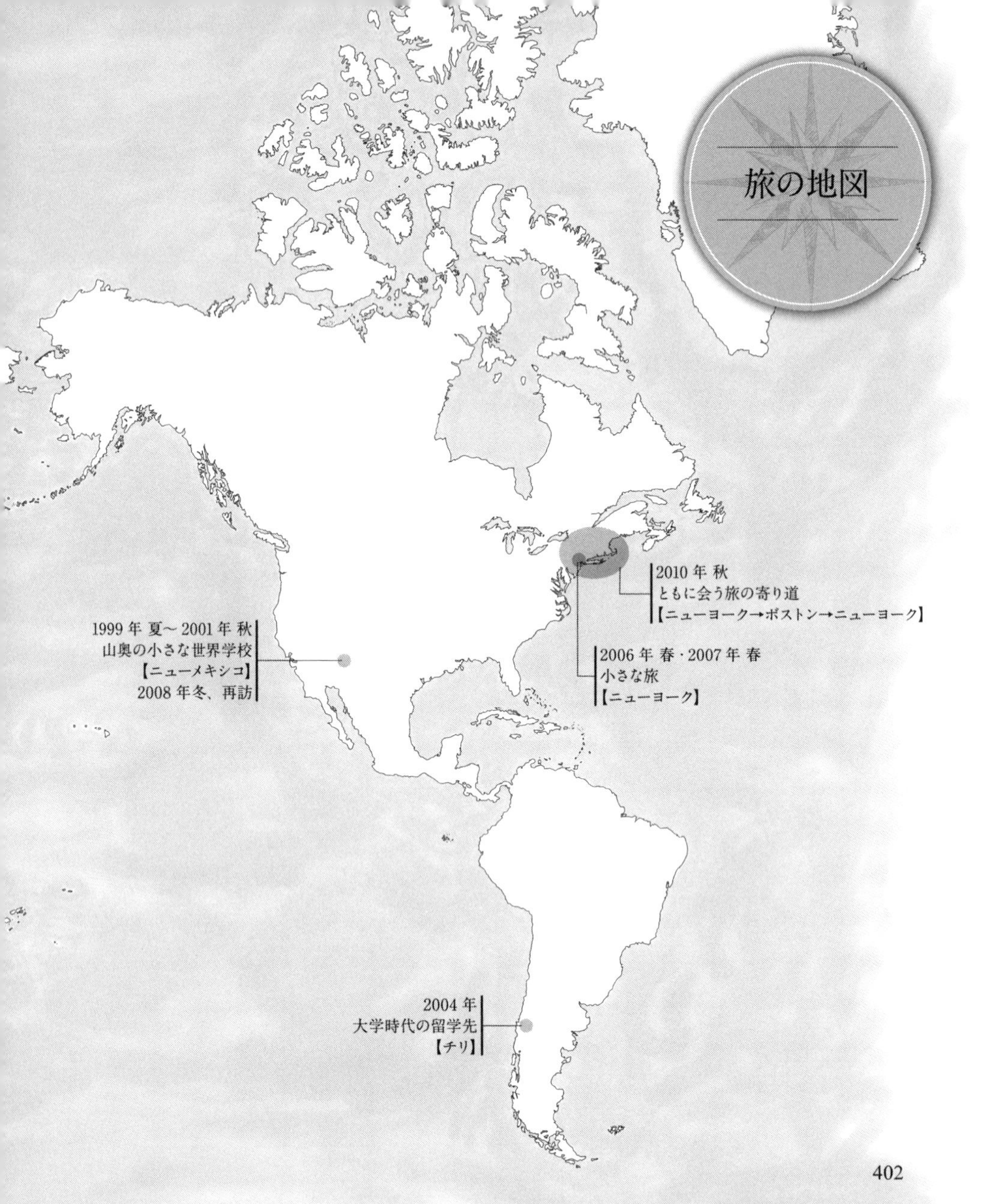
2010 年 秋
ともに会う旅の寄り道
【ニューヨーク→ボストン→ニューヨーク】
1999 年 夏～ 2001 年 秋
山奥の小さな世界学校
【ニューメキシコ】
2008 年冬、再訪
2006 年 春 · 2007 年 春
小さな旅
【ニューヨーク】
2004 年
大学時代の留学先
【チリ】

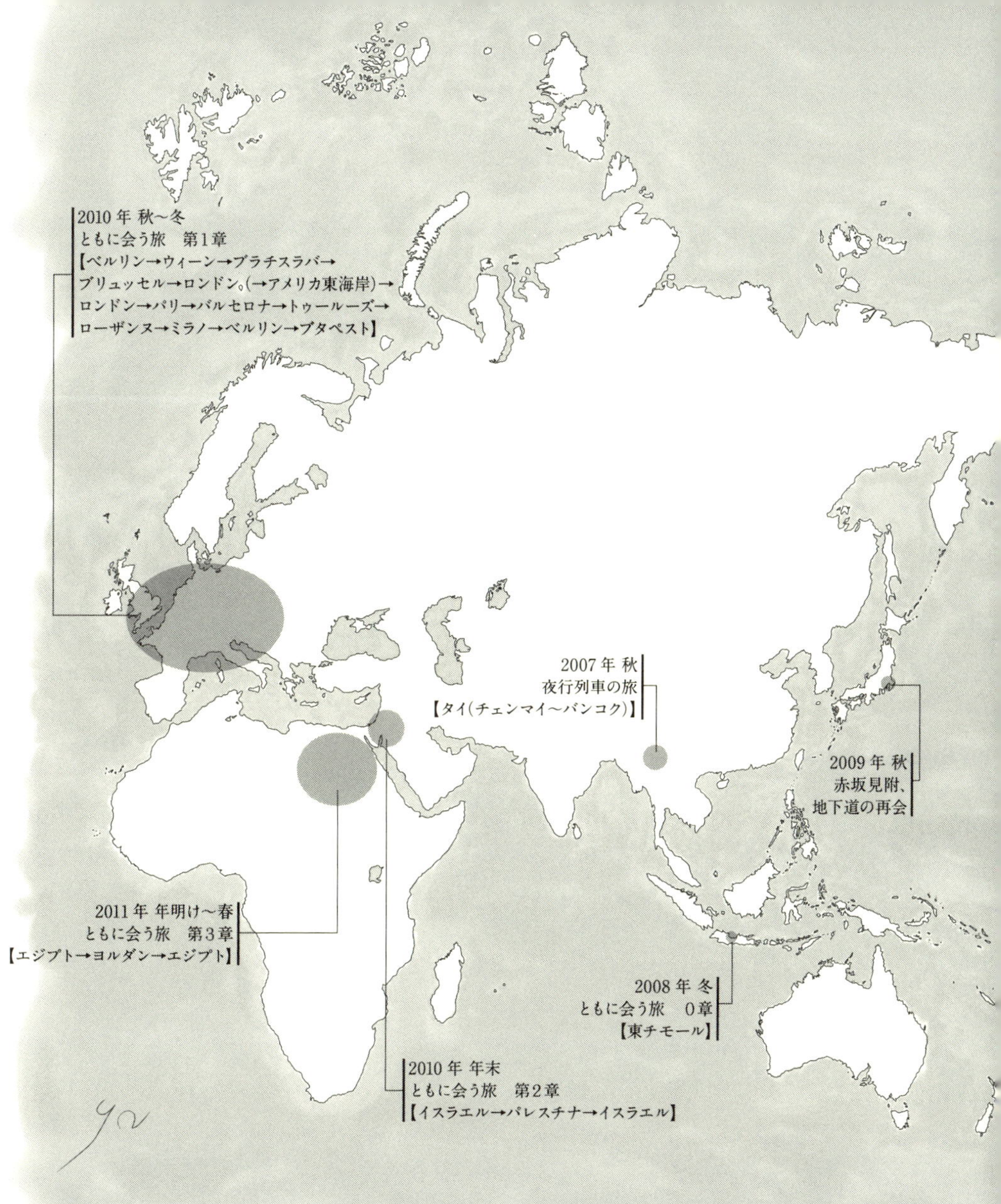
2010年 秋〜冬
ともに会う旅　第1章
【ベルリン→ウィーン→ブラチスラバ→
ブリュッセル→ロンドン。(→アメリカ東海岸)→
ロンドン→パリ→バルセロナ→トゥールーズ→
ローザンヌ→ミラノ→ベルリン→ブタペスト】
2007年 秋
夜行列車の旅
【タイ(チェンマイ〜バンコク)】
2009年 秋
赤坂見附、
地下道の再会
2011年 年明け〜春
ともに会う旅　第3章
【エジプト→ヨルダン→エジプト】
2008年 冬
ともに会う旅　0章
【東チモール】
2010年 年末
ともに会う旅　第2章
【イスラエル→パレスチナ→イスラエル】

寺井暁子　てらい・あきこ

1982年下北沢生まれ。16歳の時にユナイテッド・ワールド・カレッジのアメリカ校に派遣され、80カ国近くの国と地域から集められた同世代と2年間をともに過ごす。マカレスター大学地理学部卒業。その間にチリ短期留学。卒業後に帰国し、通信会社、ビジネスコンサルタントを経て、フリーで活動を始める。
好きなこと。あてもなく散歩すること。知らない言語の歌を聞くこと。居間のソファーで会話すること。楽器を触ること。焚き火。

---

10 年後、ともに会いに

2012 年 10 月 1 日　第 1 刷発行
2016 年 8 月 1 日　第 2 刷発行

著者　寺井暁子

発行人　影山知明

発行者　クルミド出版
〒 185-0024　東京都国分寺市泉町 3-37-34
マージュ西国分寺 1F
電話　042-401-0321
メール　hon@kurumed.jp
URL　https://www.kurumed-publishing.jp/

デザイン・装幀／畑文恵

地図／中村雄吾

本文印刷／中央精版印刷株式会社

表紙・製本／美篶堂

○この本は、寺井暁子が高校時代の同級生を訪ねて、二〇一〇年九月六日から二〇一一年九月五日まで世界を旅した記録である。本編においてはポルトガルで一旦の区切りとなっているが、旅自体はこの後、南米、北米へと続いていく。そしてその記録をまとめた「第四部」が実は存在する。さらに彼女いわく、旅はまだ終わっていないらしい。

○この本は「世界旅行」の体を取ってはいるが、あくまで「友を訪ねる」記録。読み手ひとりひとりが、自分にも起こりえた話、起こり得る話として読んでいただけたらと切に願っている。

○本のサイズ・版形は、岩波書店発行「愛蔵版・モモ」を参考にして決めた。

○それぞれの世界観で読んでいただきたい思いから、本文フォントはオーソドックスなモリサワのリュウミンRとした。

○本文中、そして巻末に登場する地図は、中村雄吾の手によるものである。実際の地図を参照しながらフリーハンドで描線し、海の雰囲気も手で描くという職人技を見せてくれた。

○「ふたつの旅」末尾には「お気に入りのハイキングブーツで、いつか会いに行くからね」という、高校時代、寺井が卒業アルバムのために寄せて書いた(しかしなぜか実際には掲載されなかった)メッセージを再掲している。添えられた挿し絵は太田真紀の手によるものである。

○印刷は中央精版印刷にお願いした。紙は淡クリームラフ書籍四二・五キロを用いた。

○製本は、信州伊那の里、美篶(みすず)に製本所を持つ「美篶堂」にお願いをした。すべて手と、手の延長のような道具・機械とで、一冊一冊これらの本はつくり出されている。職人たちの、その静かで手際よく美しい工程は、モノとしての本に最後の生命を吹き込んでくれたように思う。

○表紙の色は、今回の本の制作において最も選択に悩んだことのひとつだったが、空に光と影の混じる色とした。読み手の心境によって夕暮れにも夜明けにも見えるのではないかと思う。クロス貼りで、素材はアサヒクロース No.四〇二五。

○花布(はなぎれ)は「日の光」、栞紐(しおりひも)は「灯しながら歩くろうそく」のイメージからオレンジ色とした。ともに伊藤信男商店。

(発行人)

クルミド出版
KURUMED PUBLISHING

クルミド出版は、土でありたいと思いました。

土は動きません。ずうっとそこにあり続け、水や光の恵みを得て、生命を育む本（もと）になります。

土は種を受け止めます。根に抱きしめられ、抱きしめ返し、種がやがて、その種にしか出せない小さな芽を出す、その時を待ちます。

至哉坤元　万物資生

至れる哉（かな）坤元（こんげん）　万物資（と）りて生ず
大地の徳とは、なんと素晴らしいものであろうか。
万物はすべてここから生じる。

中国の古典『易経』の一節。

クルミド出版は、土でありたいと思います。